ポール・R. クルーグマン著

国際金融の理論

高中公男訳

文眞堂

Currencies and Crises

by

Paul R. Krugman

©1992 Massachusetts Institute of Technology

Japanese translation rights arranged with the Group of Thirty for the chapter 1, the American Economic Association for the chapter 2, the Elsevier Science Publishers for the chapter 3 and 7, the Cambridge University Press for the chapter 6, the International Monetary Fund for the chapter 8, Revista de Analisis Economico for the chapter 9, the Centre for European Policy Studies and the Bank of Greece for the chapter 11, and the MIT Press for the chapter 4, 5, 10 and overall translation control acting through its department the MIT Press, Cambridge, Massachusetts by Kimio Takanaka.

著者まえがき

　本書は筆者にとって2冊目に当たる論文集である。最初の論文集である *Rethinking International Trade*, The MIT Press, 1989.（高中公男訳『国際貿易の理論』文眞堂，2000年）は，収穫逓増と不完全競争とを想定した貿易理論の再構築という1つの試みのもとに書かれた論文で構成されたものであった。一方，本書の内容は筆者の国際金融を扱った論文で構成されており，多くの分析モデルの構築を試みているが，それは理論の再構築を目的としたものというよりは，急激な変化をみせる世界を十分に説明可能なモデルを構築することに主眼がおかれている。その意味では，知的整合性は低いものの，現実世界にはより整合的な内容となっている。

　こうした試みは，単独では成し得ないものであって，筆者の国際金融に関するアイデアは，さまざまな形での議論を通じて形成されたものである。例えば，それは，早朝6：40発のワシントン行きのフライトの中で，眠気で霞んだ目で交わした議論であったり，ケンブリッジでの黒板上の熱を帯びた議論であったり，予定外のセミナーの席上で紙コップから苦いコーヒーをすすりながらの議論であったりした。その意味では，本書に収められている論文1つ1つに数名の共著者がいることになる。また，政策範囲と洞察力とを拡大させ続け，知的鋭敏さを備えた Rudiger Dornbusch は，筆者が大学院生時代以来，筆者のアイデアの貴重な源泉であり，重要なアドバイザーであり続けている。筆者の同僚であり，共著者でもある Julio Rotemberg は，数年にわたって筆者にとって変わることのない共鳴板としての役割を果たしてくれている。また，Ken Froot も，本書に収められている論文の執筆に際して重要な役割を果たしてくれた。そして筆者の研究全ては MIT（マサチューセッツ工科大学）と National Bureau of Economic Research（全米経済研究所）とが提供してくれた知的環境の賜物であったともいえよう。

最後に，いつものように筆者の家族，それは両親であり，また妻の協力があったからこそ，本書の完成があったことは間違いない。

ポール・R. クルーグマン

目　次

著者まえがき

序　章　イントロダクション（本書の課題と構成） ……………1

第Ⅰ部　為替レートと国際収支 …………………………………17

第1章　国際経済における調整 ……………………………19

　　第1節　調整メカニズムに関する一般的な考え方 ………21
　　第2節　財政政策によって経常収支操作は可能か ………25
　　第3節　実質為替レートは変化しなければならないか …31
　　第4節　名目為替レート調整の役割 ………………………39
　　第5節　結論および政策インプリケーション ……………45
　付論A　貿易収支と実質為替レート ………………………48
　付論B　m および m^* 推計の導出 ……………………………52

第2章　Jカーブ効果の含意 ………………………………55

　　第1節　資本流入と資産転売 ………………………………57
　　第2節　市場の信認，Jカーブ効果と為替レート ………58
　　第3節　1つの数理モデル …………………………………60
　　第4節　政策的インプリケーション ………………………62

第3章　所得弾力性における相違と実質為替レートの動向 …64

　　第1節　所得弾力性 …………………………………………65

第 2 節　1950 年代および 60 年代における 45°ルール……………68
　第 3 節　明確な所得弾力性の相違についての説明 ……………70
　第 4 節　1970 年代および 80 年代における 45°ルール……………78
　第 5 節　結論 ………………………………………………………81

第Ⅱ部　投機と為替レート……………………………………83

第 4 章　経常収支危機モデル ……………………………85
　第 1 節　マクロ経済モデル ………………………………87
　第 2 節　動学的行動と変動相場制 ………………………91
　第 3 節　固定相場制と動学的行動 ………………………94
　第 4 節　経常収支危機の分析 ……………………………96
　第 5 節　政府の政策が不確実な時の投機：一方的選択 ………102
　第 6 節　本章の要約と結論 ………………………………103
　付　論　固定レート下における価格水準の決定 ……………104

第 5 章　ターゲット・ゾーンと為替レートの動学分析 ………106
　第 1 節　基本モデル ………………………………………108
　第 2 節　数理分析 …………………………………………112
　第 3 節　曲線 S の終点のつなぎ止め ……………………114
　第 4 節　マネーサプライの行動 …………………………116
　第 5 節　不完全な信認 ……………………………………119
　第 6 節　結論 ………………………………………………121

第 6 章　ターゲット・ゾーンに対する投機的攻撃 ………123
　第 1 節　基本モデル ………………………………………124
　第 2 節　外貨準備が少ない場合における為替レート目標 ………126
　第 3 節　外貨準備が大きい場合におけるターゲット・ゾーン …128
　第 4 節　金本位制モデル …………………………………132

第5節　境界としての金平価 ……………………………………135
　　　第6節　結論 ………………………………………………………140

第Ⅲ部　債務危機とその影響 …………………………………………143

第7章　債務超過に対する対応：融資と免責 ……………145
　　　第1節　債務超過問題：事例研究 ………………………………147
　　　第2節　債務超過の数学的モデル ………………………………155
　　　第3節　請求権の性質の変容 ……………………………………158
　　　第4節　結論 ………………………………………………………163

第8章　市場志向型債務削減スキーム …………………………165
　　　第1節　協調融資の合理性 ………………………………………167
　　　第2節　債務免除の分析 …………………………………………171
　　　第3節　債務買い戻し ……………………………………………174
　　　第4節　証券化 ……………………………………………………178
　　　第5節　債務の株式化 ……………………………………………181
　　　第6節　要約と結論 ………………………………………………185
　付　論　債務免除，買い戻しおよび証券化の数理モデル …………186

第9章　発展途上国における債務削減 …………………………191
　　　第1節　一方的債務削減措置 ……………………………………192
　　　第2節　対外的融資による債務買い戻し ………………………198
　　　第3節　債務スワップ取引 ………………………………………201
　　　第4節　国内資金による債務買い戻し …………………………203
　　　第5節　債務の株式化 ……………………………………………206
　　　第6節　協調的債務削減策と市場志向型債務削減策 …………209

第Ⅳ部　国際金融システム ……………………………………………213

第 10 章　ドルの国際的役割：理論と展望 …………………215

第 1 節　ドルの 6 つの役割 ………………………………218
第 2 節　国際的な交換手段としてのドル ………………221
第 3 節　国際的な計算単位としてのドル ………………227
第 4 節　国際的な価値保蔵手段としてのドル …………231
第 5 節　ドルの役割についての見通し …………………233

第 11 章　通貨統合の政策問題 ……………………………240

第 1 節　貨幣と通貨統合：一般的な考察 ………………243
第 2 節　最適通貨圏アプローチ …………………………246
第 3 節　政策協調と中央銀行の役割 ……………………253
第 4 節　信認 ………………………………………………257
第 5 節　財政政策 …………………………………………261
第 6 節　通貨統合と政治統合 ……………………………263

参考文献 …………………………………………………………265
訳者あとがき ……………………………………………………269
索引 ………………………………………………………………276

国際金融の理論

序章　　　　　　　　イントロダクション
　　　　　　　　　（本書の課題と構成）

　1970年代初頭に固定相場制を基礎とするブレトン・ウッズ体制が崩壊したとき，国際経済学者のほとんどは何ら驚きもしなかった。なぜならば，彼等は為替レートの大きな伸縮が良いことであると確信していただけでなく，むしろ，新しいシステムが機能することを自らが合理的に十分理解していると確信していたからである。

　しかしながら，彼等は間違っていたのである。その後20年間の国際金融システムは，驚きの連続であったわけであり，しかも，その多くは，好ましからざるものであり，それによって，経済学者は，新たな問題と従来のモデルにおける予測不可能な変化とに絶えず苦闘せざるを得ない状態になった。

　本書に収められた11本の論文は，筆者の1970年代末から1990年代初頭までの国際金融問題に対する苦闘の記録である。それらは，国際金融および国際マクロ経済学に関する論文を書いている筆者を含めた全ての経済学者が繰り返し過ちを犯してきた時期に起因している。例えば，誤った予測を立てたり，新たな問題に内包された重要な点を単に見落としていたり，といったことから生じた誤りである。しかしながら，それはまた非常に知的興奮を掻き立てる時期でもあった。なぜならば，それは逆説的な意味で，間違いなく経済理論が誤った方向に進みがちなラディカルな変化の時代であり，また経済理論が極めて有効であり，かつ，面白い時代であった。平時は，理論研究者は問題を正確に捉えており，経験のある実務者から何ら示唆を得ること

も，新しいアイデアを得ることもない。しかしながら，波瀾の時期には，理論研究者というものは，ほぼ間違いなく過ちを犯すものであり，また経験のある実務者も何が起きているのか理解できず，その糸口すらつかめないものであるが，むしろ，新しいアイデアは日々の新聞報道等を通じて調査担当者によって導き出されるものである。事実に対応して迅速に行われる調査が期待されることになるかも知れないが，経験的には現状を理解するために書かれた論考が，時代を試す上で最良のものであることが多いといえる。

例え遠回りであろうとも前進することは素晴らしいことであろうし，そうした論考が国際金融論とマクロ経済学との1つの統合理論への途上の歩みであるといえればよいのであるが，残念ながら，そうではないのである。その理由は，そうした論考が，一般理論を追求するために書かれたものであるというよりも，特定の問題に対応すべく書かれたものであるという点にある。しかしながら，そのこと以上に，それが国内金融であれ，国際金融であれ，統合的な金融理論の最終的な目標が毎年毎年遠ざかっていっているように感じられることの方が問題なのである。本書は，1つのソナタのような楽曲というよりも，別々の歌をまとめた歌集に近いものである。しかし，そこにはいくつかの統一的なテーマがあり，それらのテーマには全ての論文に当てはまるものと，特定のグループと論文を結び付けるものとがある。

一般統合的テーマ

本書における中心的な統一テーマは，方法論である。本書を構成する全ての論文では，同一の基本的なアプローチが踏襲されている。それは，難問あるいは論争を1つの原因とする現実世界の問題を取り上げることであり，その問題の本質を単純化しつつも反映するような小さな理論モデルを構築することである。本書の中には理論化を志向したものばかりでなく，実証化を試みたものもあるが，こうした経済分析の重要な目的は直観的理解を形成することにある。こうした営みの成否はaha指数（読者が「ああ，なるほど」

と納得する度合）で測ることができる．つまり，1つの論文が何かを達成したということは，その論文の読者が，その論文によって1つの重要な問題に対する大きな洞察が得られたと感じることであり，その問題を議論することができるようになることである．これは，経済学の分野で考えると，成長理論の概念を導入したときのRobert Solow，q理論を導入したときのJames Tobinあるいは景気循環論に合理的期待を導入したときのRobert Lucusの営みと同じである．

　こうした新しい理論は少なくとも普遍的な支持は得られないものである．今日の経済学者の多くは，経済分析というものは，ミクロ経済学の基礎の上に積み上げられてきたものであると信じており，途中からモデル化する余地はないと考えている．その上，危険なことに，学界の大勢も，理解が容易なものであれば，取るに足らないものと決め付け，単純化したモデルを退ける傾向がある．その一方で，経済学者の一部と実務者の多くは，いかなる形においても難解な理論化に効用を見出すことはなく，すぐに適応可能な実証的成果を欲しているのである．

　筆者はこのどちらの立場にも賛同しない．既に議論したように，経済学における厳密かつ数学的難解さに対する要請は一層強まってきている．しかしながら，厳密にミクロ経済学の原理に合致した考え方以外を全て拒否するのであれば，経済学を味気ない無用のものにしてしまいかねない．いずれにしても，厳密な分析は必ずしも現実的には確かなものとはいえない．最も特徴的な事例をあげれば，経済学者の多くは，名目価格が粘着的であるという考えを否定してきたが，それは，そうした粘着性が完全な合理的行動とは整合的でないと信じているからに過ぎない．しかし実際には，価格が粘着的な根拠はたくさんあり，反対に人々が完全に合理的な根拠など全くないのであって，粘着的価格を想定する経済学者は，それを非難する経済学者よりも堅固な基礎の上に立っていることになる．次第に経済学者達は，1つの整合的な仮定に基づいて全ての問題にアプローチするような一枚岩のような構造になってきているのかも知れない．しかしながら，新しい時代の幕開けは間違いなく近づいており，多少異端的な考え方であっても，それを捨てずにいる

必要がある。

　但し，現実には，特定の予見を導くより，いくつかの洞察を提供するような経済学者には容赦ないところがあり，経験豊富で，モデルに即した考え方に基づく学界で支持されている経済学者が一般に支持される傾向がある。しかしながら，急激な変化の時期には，こうした志向性は間違いなく誤ったものとなる。そのことは，この逸話が如実に物語っている。すなわち，筆者はかつて第三世界の債務国の基礎資料作成を手伝ったことがあるが，そこにいろいろな問題と共に，当該国の債務の一部を流通市場（secondary market）で再購入するという危険な計画が含まれていた（この問題の重要性については，第9章で取り上げる）。

　当該国の中央銀行は，銀行団からのアドバイスによって，実務者の経験よりも抽象議論に基づく愚論に同調し，怒りのコメントと共に，その愚論に対する批判を却下した。しかし当然のことながら，第三世界における債務削減の分野で経験豊富な実務者などいない。現在経験しているような事態は1930年代以降発生していないのである。全ては当て推量に過ぎないし，モデルに基づく推測を慎む方が，間違いないのである。事実，市場原理に基づく債務削減の分野では，経済学者が融資計画の限界を正確に指摘したにも拘らず，銀行は金融工学が導き出す永久運動装置について議論しながら，恒常的に全く非現実的な対応に終始してきたのである。

　本書では，抽象的なモデルを用いた方法論的アプローチによって結び付けられた論文があるが，そうした論文では，洞察を得るためには厳密性はむしろ放棄されている。この方法論は，モデル化に向けた1つの方向性も示している。すなわち，可能な限り単純化が志向されているのである。柔軟かつ都合のよい比喩より極大化および均衡が不変の原理であると信じている経済学者にとっては，単純さ，美しさよりも真実の方が重要であり，実際に実証モデルを構築しているような経済学者にとっては，現象をモデルに取り込むためには複雑さが不可欠かも知れない。しかしながら，ある洞察を得ようとするのであれば，可能な限りの捨象は不可欠である。つまり，ここでは最も単純で，最も明瞭なモデルの追求が志向されているのである。

もちろん，ここでいう単純化は技術的な部分の欠落を意味するものではない。また，単純なアイデアを表現するために難解な数式を導入しなければならないこともある。例えば，Ｊカーブおよび調整プロセスを扱った第2章，投機的攻撃を扱った第4章における分析では，期待の重要な役割を示すためにサドル・パスの不安定性を援用しているし，為替レートのターゲット・ゾーンの分析を扱った第5章，第6章では，投機的行為の複雑さを単純化するため微積分による計算を用いている。また，為替相場体制を論じた第11章では，クレディビリティ問題の本質を捉えるためサブ・ゲームの考えを暗黙のうちに強調することになっている。しかし，ポイントは1つの技法に拘泥するのではなく，目的となる事柄をより単純に示すために軽く用いるということである。本当の意味での洗練というものが，ノーベル賞もののアイデアを単なる図式あるいは事例で説明するための1つの方法を見出すことであるなら，論文が洗練された理論・原理に基づいているという誤解をしてはならない。

　本書の中の論文全てに共通する背景は，方法と形態である。しかし，本書はその共通テーマとは別に本質的なテーマに即して4つのパートに分けて構成されている。本書で第1のサブ・テーマは，国際収支調整における為替レートの役割であり，第2のサブ・テーマは，為替相場体制の機能における投機の役割である。第3のサブ・テーマが，第三世界の債務問題で，最後の第4のサブ・テーマが，国際金融システムの構築についての問題である。

　各パートの中では，各章で関連したモデルが用いられているので，少なくとも各パートの中の各章は特定の目的に統一的アプローチが用いられることになる。したがって，国際収支調整に関する3つの章では，実質為替レートの役割に焦点が当てられ，その役割を静学的なものから動学化することが試みられている。一方，投機に関する3つの章では，同様に分割されたマネタリー・アプローチが用いられているし，その3つ目の章では前の2つの章を本質的に統合するような形がとられている。また，債務を扱った3つの章では，債務削減がインセンティブとオプション価格との間のトレード・オフ関係にあることを示すと共に，債務削減のフレームワークについての政策志向

的議論の構築という共通のテーマが設定されている。そして，国際金融システムに関する2つの章では，通貨に関するミクロ経済学的アプローチが重視されている。しかしながら，各パートを構成するそれぞれの章に共通するような首尾一貫性は，パートごとに異なった仮定に基づいているため，ほとんどないことになる。

為替レートと対外調整

　第1章から第3章までの3つの章では1つの長く論じられてきた問題について検討している。それは，平価切り下げと貿易収支の関係に関する問題である。
　驚くべきことに，この問題は依然として論争の的となっている。1940年代から50年代にかけて，平価切り下げの理論的分析についての古典的な論文が書かれている。Joan Robinson, Gottfried Harberler, Sidney Alexander, そして James Meade の論文がそれである。一方，短期，中期の貿易フローの決定要因について1980年代初めまでに多くの実証的研究がなされており，過去10年以上にわたり，その成果は確立されてきた。その意味で新鮮味に欠けると感じられるかも知れない。
　しかしながら，1980年代のドルの乱高下により，為替レートと貿易収支は論争の的として取り上げられるようになった。その理由の1つが，影響力のある経済学者の存在であった。特に Ronald McKinnon と Robert Mundell が，その代表的存在であった。彼等は伝統的な貿易収支赤字が平価切り下げによって容易に改善可能であるとする考え方を痛烈に批判したのである。彼等は，資本の国際移動増加によって為替レート調整は事実上不可能になったと主張し，それは政策担当者やジャーナリストにも広範な支持を得ていた。彼等の論点は，国内貯蓄・投資バランスにおける変動によって貿易収支は強い影響を受けるのであって，平価切り下げは有効な政策手段ではなくなったというものである。これは単なる分析上のポイント以上の含意を

有するものであった。McKinnon＝Mundell の論点は，固定為替レート制への回帰についての論争上の重要なポイントであった。国際経済学者で，伝統的な考え方を擁護しようとするものはほとんどなかった。なぜならば，過去10年間に貿易収支調整の問題は，ほとんど研究対象として取り上げられていなかったので，単純なことは忘れられてきたのである。

しかしながら，こうした一般的に支持されている考え方に対する挑戦が，論理的にも実証的にも間違ったものであると議論する必要があった。第1章は，当初は非公式の諮問機関であるグループ・オブ・サーティにおいて，貯蓄・投資バランスの重要性を主張する目的のために書かれたものである。第1章では，広範な支持を得ている金融資本の移動性の高まりによって，為替レートが重要な役割を演じるメカニズムよりも貯蓄・投資バランスの変動が輸出入に直接影響を及ぼす余地が生まれるという議論を取り上げている。John Williamson は，このことを「無原罪的移転 (immaculate transfer)」の原理と巧みに命名しているが，それは純粋かつ単純な間違いに過ぎない。また第1章では実証上の1つの問題も取り上げている。それは，貿易赤字削減には，赤字国による実質的な平価切り下げが必要となることであり，そこでは実質的な平価切り下げが名目上の為替レートの下落によって容易に生じることになるという根拠が示されることになる。つまり，第1章では広範な支持を得つつある為替レート調整の無効性という伝統的な考え方に対する批判から，伝統的な考え方を擁護する議論が展開されることになる。

第1章が書かれた1987年夏の時期には，平価切り下げの有効性，影響力についての議論は，ほとんどなされていなかった。貿易赤字の別側面としての資本流入が，次第に外国による米国企業買占めの様相を示し始めていた一方で，ドル安は貿易赤字削減においては顕著な効果はみせていなかった。このことが，国際金融論者と保護主義者によるドル安が貿易赤字削減ではなく，米国資産の投げ売りに繋がるという反論を惹起することになったのである。第2章は1988年に書かれた論文であるが，米国資産投げ売りの主張と，その論理が間違いであり，それが調整過程においては自然なものであることを示すことを試みたものである。正確には，貿易フローの為替レートに対す

る反応における長いラグのために，その変動過程で通貨価値の下落を通じて米国が資本を誘引するであろうことは予測できたことなのである。

　第1章と第2章は，本質的には保守的な内容であり，短期・中期的な貿易調整についての伝統的な考え方が，知的反発を浴び，しかも貿易統計上に示される実績では不本意な結果が数年間示されることにはなるものの，依然として正しいことを論じている。しかしながら，第3章では，中期的な貿易フローを説明可能な需要サイドのフレームワークが，長期的には残念ながら誤解を生むことを取り上げている。標準的なフレームワークでは，各国は輸出に対して非弾力的な下降カーブを示すものとみられている。このことは，日本あるいは韓国のような急激な輸出拡大を伴う諸国は，長期的には急激に相対的な輸出価格の低下に見舞われることを示唆することになる。しかしながら，このことは，標準的なモデルでは，高度成長と所得弾力性上昇との間の同時相関性によって説明されるような事例ではなく，事実なのである。

　第3章で取り上げていることは，同時性を含まない単純モデルを援用することによって，輸出入の長期トレンドが，従来から誤った推計がなされている供給サイドの効果と，所得弾力性の引き上げ効果を反映しているということである。この議論の中心的な意義は，購買力平価が，短期的には全く説明力を持たないが，長期的には均衡為替レートへの良いガイドになるということである。

投機と為替相場体制

　1970年代以前の国際収支分析は，フローに焦点が当てられていた。それは貿易収支であり，何が持続可能であるか，そして資本の緩やかな移動に焦点が当てられていた。事実，当時の経済学者にとって国民経済は経常収支に長期資本収支を加えた基礎収支で評価するのが一般的であった。この基礎収支は，厄介な短期資本フローを含む概念であるが，当時は本当に重要なものであると考えられていたのである。

しかしながら，1970年代以降の資本の国際移動の増加により，次第に特定の通貨が玉突きのように，他の通貨へと突き動かされるほどの資本の実質残高が形成されていることが明らかになってきたのである。そして，自国の為替レートを固定しようと試みた諸国は，例外なく激しい投機的攻撃によって外貨準備が瞬時に枯渇することを思い知らされることになった。また，変動相場制を採用している諸国も，投機家の期待により為替レートが乱高下することを思い知らされることになった。ちょうどその時代は，経済学では合理的期待による理論的革命が進んでおり，そうした新しい潮流によって(必ずしも正しいわけではないが)，投機的行動は，従来よりも興味深い説明が可能となった。

第4章は，本書の中では最も古い論文であり，そこでは固定相場制の崩壊に際して投機が及ぼした効果について論じている。第4章が書かれた1977年初めは，ブレトン・ウッズ体制とそれに続く短命のスミソニアン合意とが崩壊するという印象的な時期でもあった。しかしながら，第4章で用いたモデルは数年後には債務危機直前のアルゼンチン，ベネズエラ，そしてメキシコで生じた巨額の資本逃避(キャピタル・フライト)によって本当の意味で支持されることになった。Stephen SalantおよびDale Hendersonによる金市場に関する古典的な分析のモデル化を通じて，第4章では特定国通貨の急激な暴落が必ずしも投機家における非合理的大衆行動の結果であるとは限らないことを示している。対照的に，特定国が政策目標に即した国内政策なしで自国通貨をペッグしようとする場合には，当該国の外貨準備を瞬時に枯渇させるような投機的攻撃がまさに生じ得る状況となる。投機的攻撃の概念は，今日では国際金融分析では標準的なツールの1つとなっている。しかし残念ながら，政策担当者は依然として投機的攻撃を惹起するような余地を与えているのである。

一方，第5章では，全く異なったコンテクストでの投機の効果について論じている。1970年代から80年代にかけての期間には，為替レートの予期せぬ変動によって大きく振り回されることになった。しかしながら，完全な固定相場制への回帰について検討することには抵抗を感じる向きが多かったの

も事実である。ヨーロッパ諸国が欧州通貨システム（EMS）を結成した時，ヨーロッパ諸国はブレトン・ウッズ体制下以上に為替レートが変動することを容認したのである。全ての主要通貨の安定化を主張する影響力のある経済学者は，依然としてJohn Williamsonが「ターゲット・ゾーン」と呼んだより広い変動幅の必要性を主張していた。ターゲット・ゾーンの主張は，それによって変動性が保たれることを期待しての主張であったが，その一方で，投機的不安定性の抑制は，変動相場制下では悪影響を及ぼすものであった。

　しかしながら，ターゲット・ゾーンは広範に議論されながら，実際には十分には履行されなかったこともあり，1987年後半まではゾーンが機能する変動幅について明確なモデルは存在していなかった。経済学者の中には，ターゲット・ゾーンが投機家にターゲットを提供することによって為替レートを不安定化させる可能性を示唆する向きさえあった。第5章（これは当初1987年の会議で発表された論文であるが）での議論は，ターゲット・ゾーンのモデル化のための一つの単純なアプローチの導入であり，単一ゾーン下では合理的な投機行為が実際には安定化されることが示されている。第5章における関心は，現実的な適用可能性だけでなく，その技術的な新奇性にも向けられていた（その新しい技術は，Avinash Dixitが同時かつ独立的に国際経済学に別のコンテクストで持ち込んだものであった）。そして，それは制限付きブローニアン運動を国際経済学その他のより複雑なモデルに適用した多くの論文へと引き継がれていくことになった。

　第6章では全く異なったモデルの拡張について論じている。すなわち，ターゲット・ゾーン分析を第4章の投機的攻撃についての分析に結び付けている。少なくとも，第6章で用いたモデルは部分的には，固定相場制のようにターゲット・ゾーン制という国内政策による十分な支持が得られ難い概念が動機となっている。また，投機的攻撃の可能性を容認することが，元来のターゲット・ゾーン・モデルをめぐって進展をみせてきた技術的メカニズムのいくつかの明示化を促進することが分かる。

第三世界における債務

　1982年に発展途上国に対する銀行貸付が枯渇した。多くの諸国が発展途上国には債務返済能力がないことに気付いてはいたが，債務は10年以上にわたって拡大してきたのである。債務危機は政策上の懸念材料であった。債務危機初期段階には，筆者も大統領経済諮問委員会（CEA）のスタッフとして，そうした感覚を共有していた。そして，正直なところ，債務危機は知的好奇心をとても刺激するものであった。

　第7章，第8章，そして第9章は，債務危機初期ではなく，債務危機を解決するための戦略が実行され始めた1986年以降の時期に書かれたものである。1982年から83年には，筆者を含めてほとんどの分析担当者の間では共通して，発展途上国の債務が繰り返されるか，集中貸付等を通じて利益が再び生み出されるのであれば，債務国のほとんどで経済成長が可能になると考えられていた。また1986年頃には，非現実的な考え方が広まり始め，債務免除に対する要請が強まってきた。しかしながら，適切な債務戦略の選定方法についての明確な考え方があったとはいえない状況にあった。

　第7章では，こうした問題を明らかにすることが目的とされている。第7章は筆者がIMFで客員研究員を務めた1986年と1987年の冬の時期に書かれたものであるが，当時の債務戦略の議論は専制主義による妨害を受けていた。それは銀行団，あるいは米国政府からであり，そこでの要請は，あくまで債務はどのような場合であれ，免除されるべきではないということであった。一方，経済学者の中には，債務不履行に陥った場合にはいつでも全体利益に鑑み，現実を認識し，債務負担の軽減を論じるものもいた。第7章のポイントは，そこにはトレード・オフが存在するため，そのどちらの主張も誤ったものになるということである。債権国というものは，債務国が予想以上の回復を示した場合に利益を確保するために恒常的に請求水準を引き上げるものであるが，しかしながら，その一方で請求減額は債務負担が軽減され

ることで債務返済能力を高める可能性があるのである。

　1986年から1989年までの期間には，正式な政策としては，いかなる共同債務削減措置も受け入れられていなかったが，その間に，債務の株式化などのような巧妙な融資スキーム（制度）が，債務問題に対する分散的解決を模索するために用いられることへの期待が広まっていた。1988年初期に書かれた第8章のポイントは，そうした期待のほとんどが誤った方向へと導かれるものであることを取り上げている。第8章では，第7章で論じたトレード・オフについて要約し，債務救済のための「ラッファー曲線」とでも呼ぶべきものについて取り上げている。この体系的措置は，金融工学によって債務国と債権国との利益が確保される状況下での条件と，全体的な利益における債務共同削減下での条件とが本質的には同じであることを示すために用いられたのである。

　1年後，状況は再び一変した。1989年初め，Nicholas Brady米国財務長官は発展途上国の債務削減に同意し，少なくともその財源として世界銀行その他から債務削減のための融資が可能となるような意向を示した。しかしながら，「ブレイディ提案」の実際の内容は不透明なものであった。少なくとも当初，米国政府は，賢明な融資策によって民間債権者への強制なしに，僅かな外部からの資金注入で大きな債務削減効果が得られるものと信じていたようである。第9章は中南米計量経済学会の夏季大会で発表した論文であり，啓蒙的な意図を持って書かれたものであった。第8章と同様のフレームワークを用い，数理的説明を可能な限り避けながら，市場原理に基づく債務削減よりも債務共同削減策の全体像を示すことを試みている（現状では，本当の意味でのブレイディ提案が実施されたのはメキシコ向けのみである。銀行団はオプション・メニューを提供されたが，それらに参加するオプションは与えられず，自主性の原理は事実上放棄されたのである）。

国際金融システム

　ブレトン・ウッズ体制，それは固定為替レートの1つのシステムであり，米国によって効果的に国際的な金融政策として用いられ，1970年代初頭に終焉を迎えた。しかしながら，それに続く新しい体制（あるいは無体制）は現実的には定着していない。

　ドル本位制下の為替レート・システムの崩壊にも拘らず，米ドルは依然として特別な国際的役割を果たしている。しかしながら，変動相場制移行直後には，ドルが基軸通貨としての地位を維持するか否か，あるいはドルがその役割を喪失することによって変動相場制をも危険にさらすのではないか，という懸念をめぐって相当の投機的動きが生じた。第10章は1980年に書いた論文であるが，そこでは基軸通貨としての役割における自己永続的側面によって，ドルは予測し得る将来にわたって特別な地位を維持することが許されることについて論じている。第10章の中心的な論点は，国際金融システムにおける収穫逓増，循環的因果関係（作用），複数均衡の重要性を指摘することにある。当時，こうした問題はあまり馴染みのないテーマであったが，近年では数多くの分野で理論的先端分野となってきている。

　最後に，1980年代末，それまでに生じたこと全てを理解したと思い込んでいた矢先に，ヨーロッパにおける通貨同盟の結成という驚くべき問題に直面させられることになった。第11章では，金融分野における統合の可否についての解説的なサーベイを行っている。本書の第1章および第2章のように，その大部分は，多くの批判の中で，今日ではそれが革新的なもののような伝統的な考え方を擁護する内容となっている。通貨に関する伝統的な分析においては，マクロ経済学上の効率と調整との間の厳しいトレード・オフ関係が強調されてきたが，回避不可能なトレード・オフ関係は，1つの世界がいくつかの最適通貨圏へと分割されることによって最良の方向に導かれることになったのである。しかしながら，固定為替レートおよび通貨同盟に対す

る新たに生じた熱狂的支持の中で，経済学者の多くは，そうしたトレード・オフ自身の存在をも否定するようになってきている。例えば，そうした経済学者は，（第1章で論じたことの繰り返しになるが）為替レートのフレキシビリティがマクロ経済学的な利益（優位性）をもたらすことを否定し，インフレーション抑制上の信頼性保持の必要性のような新たな問題を提唱し始めるのである。したがって，第11章では，従来からのトレード・オフの考え方が，依然として有効であることが論じられることになる。そしてまた，支持の得られにくい点，すなわち，欧州通貨同盟（EMU）に対する現在の熱狂的支持には何らの現実的根拠がないこと，EMUが本質的には経済よりも政治的なものであること，などが論じられる。

何が次に来るのか

　国際金融は，経済学において最も長い歴史を有する分野である。例えば，1753年に刊行されたDavid Humeの『*Of the Balance of Trade*』は，今日理解されている限りにおいて最初の経済モデルを用いた文献であった。また，国際金融は最も革新的で急激な変化を遂げている分野の1つでもある。なぜならば，国際金融における最高の分析が，確立された理論との相違から導き出されるのではなく，断続的に変化している世界を合理的に説明する必要性から生み出されているのである。

　いつでも将来における興味深い研究分野がどこにあるかと予測することには危険を伴うものである。特に，過去20年間にわたって予測不可能なほどの変化が連続していればなおさらである。しかしながら，今後数年間にわたって国際金融論の中心は，マクロ経済学からミクロ経済学へとシフトすることになろう。いつものことながら，興味深い研究成果は現実世界の事象によって，特定の重要な領域へと導かれることになろう。その1つの事例が，地域統合であろう。ECは1992年の拡大によって強化され，米加自由貿易協定もメキシコの加盟によって拡大されることになる。そしてまた，非制度

化を特徴とし，依然として実勢的関係を優先させている東アジア貿易地域においても日本を中心とした統合への動きが胎動し始めている。そうした状況の中では明らかに通商協定が金融協定にどのような影響を及ぼすかが，次なる問題になる。ヨーロッパの答えは，ECの公式文書に示されているように「1つの市場，1つの通貨」である。しかしながら，このことが，カナダあるいはメキシコが自由貿易の全体利益を認識できたとして，自国の通貨をドルに切り替えることを意味するものなのかどうかということである。

この問題の答えを探すためには，国際金融をミクロ経済学的視点から検証する必要がある。この課題は，最近まで理論的には取り上げられていなかったものである。現実の事象が，その課題を重要なものとしているし，以前に比べれば，新しい技法によって，その課題は取扱いしやすいものとなってきてもいる。このことは，これまでにないような国際金融論を導き出す新しい技法と現実世界一貫性との幸運な合成という別のケースとなるかも知れない。

自らの生涯の内に国際金融における統一された壮大な理論の確立を目の当たりにすることができるかどうかは分からない。予測されることは，現実の事象が引き続き研究を促進させる要因となることであり，こうした研究が引き続き重要な洞察をもたらし，混沌としつつも刺激的な研究を通じて，国際金融における理論的な進歩が続いていくということである。

第Ⅰ部　　　　為替レートと国際収支

第1章　　　　　　　　国際経済における調整

　1980年代に工業諸国間で顕在化した国際収支不均衡については，普遍的意見ではないまでも，是正を求める考え方が広範な広がりをみせている。しかしながら，経常収支不均衡の是正を望む諸国の間では，その処方箋について，大きな意見の相違がみられる。（1987年には）ドルはほぼ1980年の実効レートの水準まで低下したが，ここでの課題は，財政収支不均衡（赤字）の是正なのか，為替レートの安定化なのか，という点にある。すなわち，貿易をめぐる好ましくない状況を前提として，一層のドルの低め誘導を図るべきなのか，あるいは，為替レートに対しては寛容な姿勢をとり，むしろ，財政・金融政策を国内政策目標に向けさせることを優先させるべきなのか，ということなのである。

　政策論争の多くにみられるように，為替レート政策をめぐる論争は，一面では，利害対立に根差したものであるが，他面では，実証的変数をめぐる理論的な対立に根差したものでもある。しかしながら，政策論争は国際調整メカニズムがどの程度機能するものなのかについての，純粋かつ単純な混乱から表出するものである。本章では，議論を必要最小限にし，こうした混乱の可能な限り多くの部分を無視することにする。

　国際調整メカニズムに関する最近の議論は，それが2つの整合的な立場における議論でないことから，非常に不明瞭な議論となっている。その一方で，必ずしも正しくなくとも，整合的で一般的な考え方に対しては，実にさ

まざまな批判と反論がぶつけられている。こうした一般的な考え方とは，要するに，(1) 経常収支不均衡は誤った財政政策の結果であり，(2) 財政不均衡は，米国の財と生産要素の価格における上昇を通じて経常収支不均衡を発生させ，(3) 経常収支における不均衡を是正するためには，財政収支における不均衡を是正し，他の工業諸国通貨に対するドルの名目価値を低下させる必要がある，という考え方である。この考え方に対する反論としては，財政政策が経常収支に直接的に作用すること，あるいは，実質為替レートが経常収支に作用すること，名目為替レートの動向が実質為替レートに作用すること，これらを否定するものがある。こうした一般的な考え方に対する反論は，整合的なオルタナティブを提示することはなく，むしろ実際には，その中に相矛盾するものすらある。それは論争をケインジアン＝マネタリストあるいはサプライ・サイド＝ディマンド・サイドの間の論争へと矮小化させ，単に混乱を助長することになる。

　本章は5つの節から構成されており，第1節では，経常収支不均衡の原因と是正策に関する一般的な考え方について詳細な説明を行うと共に，こうした一般的な考え方に対する反論が，一般的な考え方では肯定的に捉えている3つの重要な問題のいずれかに対する否定的な見解を構成するものとみなすことが可能なことを示唆している。第2節では，財政政策によって経常収支が操作可能か否かについての合理的かつ実証的な根拠について検討する。第3節では，同様に実質為替レートの変更が経常収支調整の重要な構成要素であるという命題と，現代のような統合化された世界経済においては，こうした調整メカニズムは作用しないという反論を取り上げ，これらを評価する。第4節では，実質為替レートの最も簡単な変更方法は名目為替レート調整を通じた方法であるという正統的な考え方が有効か否かについて検討する。そして第5節では，国際調整メカニズムに関する知見と，政策に関する知識とに関する評価をめぐる議論を取り上げる。

　結論を先取りするならば，一般的な考え方において最も関連性が弱い部分は，広範に認められている部分であり，それは財政収支不均衡と貿易収支不均衡の関連である。これについての一見もっともらしい事例を作ることが可

能な一方で，全く反対の根拠もある。しかしながら，他の一般的な考え方に対する反論は，経済論争における反論同様に単なる誤りに近いものである。例えば，実質為替レートが貿易収支に中立的であるという見解は，しばしば論じられるものの，収支恒等式と実際の行動との間の混同に過ぎない。また，原理上，経常収支調整が相対価格変化を伴う必要がないという事例もあるが，こうした事例も実証的に排除することができる。同様に，相対価格変化は名目為替レート調整によって促進されないという見解もしばしば論じられるが，これも誤りであり，こうした理論的かつ整合的な見解については，根拠に基づき排除することができる。

第1節　調整メカニズムに関する一般的な考え方

1980年代における経常収支不均衡の原因に関する一般的な考え方は，周知の恒等式を端緒とするものである。すなわち，

$$S-I = Y-E = X-M$$

ここで，Sは国民貯蓄，Iは国民投資，Yは国民所得，Eは国民支出，そしてXは財・サービスの輸出（輸出等），Mは財・サービスの輸入（輸入等）である。対外赤字は，国内貯蓄を上回る国内投資の別側面でなければならないし，したがって，国民貯蓄率における自律的変化に赤字の原因を見出すことになる。また，恒等式は以下のように書き換えることもできる。すなわち，

$$S_P + S_G - I = X - M$$

ここで，S_Pは民間貯蓄，S_Gは政府貯蓄を意味する。このことからすぐに，財政赤字がどのように関係してくるかが示される。すなわち，財政赤字の拡大は，政府貯蓄の減少であり，民間貯蓄の増加によって相殺されない限り，投資の減少あるいは対外赤字の増加となって顕われることになる。負担分の発生を対外赤字に求めることは，一見もっともらしくみえるものであり，財

政赤字は貿易収支赤字に結び付けられることになる。

　経済は収支恒等式を重視すべきであるが、恒等式をみることが完全な分析とはならない。ここでの問題は、収支恒等式を個人の行動に影響を及ぼすインセンティブにどのように読み替えるかということである。一般に、財政赤字が貿易赤字に読み替えられるメカニズムとしては、金利および為替レートを通じたチャンネルが強調されている。これは Martin Feldstein が米国大統領経済諮問委員長時代に、その権威を背景に解説したものであった[1]。これは Branson (1985) などへと引き継がれ、分析も洗練されたものとなったが、全体的内容における重要な特徴は全く変わらなかった。

　一般的な考え方では、財政赤字は民間貯蓄の増加では相殺されないことになっている。その代わりに、財政赤字は、投資需要との相対的関係において総貯蓄を減少させることになる。この貯蓄における減少によって実質金利が上昇することになる。実質金利の上昇の次に、赤字国を外国人投資家にとって魅力的な投資先とすることで、実質為替レートの上昇を帰結する。そのため、国内生産は外国に比べ一層割高なものとなり、輸入拡大、輸出低迷を通じて対外赤字を生み出すことになる。この対外赤字の別側面が、国内の貯蓄・投資ギャップを埋める資本流入である。

　こうした一般的な分析は、相当広範に支持を得てきた。また、過去2年間は、米国の対外経済発展においても相当な成果をあげてきている。分析の妨げとなる景気循環的要因を排除したものが表 1-1 であり、1979年と1985年の貯蓄・投資バランスの動きを示している。これによると、政府貯蓄の急減が国民貯蓄の減少と一致していることが分かる。そして、国民貯蓄の減少が元来国内におけるクラウディング・アウトよりも対外赤字を反映したものであることも示されている。対外赤字は実質ドル価値の大幅上昇に伴うものであり、実質ドル価値の上昇に関連して実質金利も急上昇している。

　理論と現実とがあまりにも一致し過ぎたため、新鮮味はむしろなくなっ

1　Feldstein の論文は、財政赤字と貿易赤字の連動性に関心を呼び起こす効果をもつ論文であった。しかしながら、この論文で論じられている点は既に多くの研究者によって指摘されていたものであって、単に誰も単独で責任を持って論じていなかっただけのことである。

た。また1985年以降の経済発展の跛行化により，表1-1に示された完結性はむしろ損なわれる結果となった。表1-2に示されているように，1985年初めから米国の為替レートは急激に下落し，レーガン政権以前の水準まで至った。同時に，実質金利も大幅に低下した。こうした変化は，原因となった不均衡にはほとんど関係なく生じたものであった。ここでいう不均衡とは，米国の財政赤字あるいは対外赤字それ自体のことである。一般的な考え方に基づく予見の影響力に翳りがみられたことから，それに代わる代替的見解が次第に強く主張されるようになってきた。しかしながら，そうした反論は，いくつかの異なった方向からの反論であり，しばしば矛盾したものでも

表1-1　米国における貯蓄・投資バランス（対GDP）

	1979	1985
総投資	18.2	16.5
総民間貯蓄	17.9	17.2
国民貯蓄	0.5	-3.4
純外国投資	0.1	-2.9
実質為替レート[a]	98.9	142.8
実質金利[b]	-1.3	7.0

（出所）　CEA, *Economic Report to the President 1987*; IMF, *International Financial Statistics*.
（注）　a：IMFの単位当たり労働コスト指数から推計したもの。b：国債利回りから前年の消費者物価指数の変化分を控除したもの。

表1-2　米ドルのピーク時からの推移

	為替レート[a]	実質金利[b]	政府貯蓄	海外純投資
1985：1	160	7.0	-96.6	-83.8
1985：2	156	6.3	-155.6	-112.0
1985：3	148	5.9	-138.0	-121.2
1985：4	137	5.8	-155.1	-143.8
1986：1	129	6.0	-125.1	-128.6
1986：2	124	5.9	-173.3	-143.0
1986：3	119	5.5	-133.3	-148.3
1986：4	118	5.0	-129.4	-147.7
1987：1	111	4.2	-122.9	-145.7

（出所）　USDC, *Survey of Current Business*; IMF, *International Financial Statistics*.
（注）　a：IMFの期中レート指数（1980＝100）。b：国債利回りから前年の消費者物価指数の変化分を控除したもの。

あったため，論争の効果は，一般の人々ばかりでなく専門家をも混乱に巻き込むものであった。この論争を整理するために，一般的な考え方に対する反論をいくつかの重要な問題に関連させながらシステム化する必要がある。

　一般的考え方では，米国の対外赤字は，名目為替レートの変化の影響による実質的なドル価値の高騰を通じて操作された財政赤字の結果とみられている。この考え方に対する反論は，このメカニズムにおける各要因間の連関に向けられることになる。したがって，国際調整プロセスをめぐる論争は，実際には3つの別々の問題をめぐる3つの論争ということになる。すなわち，

1. **財政政策によって経常収支を操作することが可能かどうか**。貯蓄・投資および国際収支に連動する財政恒等式を棄却することはできないが，財政赤字の減少がいつも経常収支の変化を反映するとは限らないのである。ある影響力のある学派では，政府貯蓄の変化は，民間貯蓄の変化に等しく反比例して相殺されるものと考えられている。こうした考え方にしたがえば，国民貯蓄は，財政赤字とは独立的な要因によって減少することになる。1つの代替的な考え方としては，重要ではあるが，矛盾を孕んだ根拠を背景とした考え方がある。それによると，国民貯蓄における変化の一般的な効果は，対外赤字における変化ではなく，国民投資における変化ということになる。1980年代前半に散見された変化は，特別な説明を要するような逸脱状態ということになる。最後に，米国における国民貯蓄の減少と財政政策の緩和よりも，緊縮的な金融政策下における対外赤字との両方が批判されることがあったのである。

2. **実質為替レートは貿易収支に何らの作用も及ぼさないものか**。数式化こそされていないものの，政策担当者の間では広範に支持されている考え方がある。それは，財政政策が，実質為替レートの変化というチャンネルを通じるよりも，貿易赤字に直接作用するという考え方である。事実，こうした考え方は翻ってFeldsteinに組するものである。一般的な考え方では，米国の財政赤字は強いドルを生ぜしめ，結果として，貿易赤字を発生させたと考えられてきたが，今日ではしばしば米国の財政赤字の是正が，一層のドル安のための代替策であると考えられている。こ

うした実務者的な考え方は，2つの異なった代替策と重なるものである。すなわち，1つは貿易赤字の是正策を輸出市場における急速な成長にのみ求める考え方と，もう1つは，貿易調整の別側面としての相対価格調整の重要性を完全に否定する考え方である。
3. **名目為替レート調整は，実質調整プロセスをスムーズなものとするものなのか。**完全に価格が伸縮的な世界では，名目為替レートは財の相対価格にも変化を生じさせなければ，それを促進することもない。つまり，国際調整メカニズムにおいて何らの役割も果たさないことになる。これまでドル安が何らの実質効果をもたらさなかったことで，マネタリストが主張する固定相場制が貨幣的には中立であるという考え方が再び強調されることになり，為替レートの変動は無益なものということになる。

第2節　財政政策によって経常収支操作は可能か

　米国において対外赤字が生じている中での対内赤字の及ぼす影響に関する反論は，最近の論点においては中心的なものではないが，一般的な考え方に対する為替レートの独立性に因んだ反論は，そのほとんどが別の方法でなされている。財政赤字は貿易赤字を生み出す直接的な要因とみられている。しかしながら，財政赤字に力点をおいた批判は，1982年以降一定した地位を確保してきたが，それはまた，国際調整メカニズムがどのように機能するかについての不確実性が存在するという懸念を醸し出す効果をもっている。したがって，伝統的な考え方に向けられる疑問点に対する有効な見解について明らかにすることは重要なことであり，Branson (1985) が強調し，しばしば引用されてきたように，財政赤字の影響について明らかにする必要がある。
　ここでの反論の1つは，サプライ・サイドあるいは新古典派的な考え方に基づくものであり，もう1つの反論は，国際資本市場統合の閉鎖性について問題とするより伝統的な考え方に基づくものである。そこで以下ではこの2

つの反論それぞれについて検討する。

財政赤字は国民貯蓄に影響を及ぼすか

　広範な経済学者間における論争は，政府部門の赤字が，国民貯蓄率を低下させるか否かという問題をめぐるものであった。この論争は，微細な点にまで非常に注意が払われた議論であり，ここで容易に要約することはできない。しかしながら，重要な問題点は極めて単純なものである。政府の貯蓄切り崩しが，国民貯蓄を減少させるという重要な事例に対する1つの有力なリカード的考え方は，政府部門における赤字は，民間貯蓄の増加によって相殺されることになるという考え方である。将来における歳出削減策を想定しない税率引き下げを仮定する。一般家計では，将来における政府の対応が，増税なのか，そもそもの減税をやり直し，債務返済を増加させるのか，について知る必要がある。いずれにしても，現在価値での民間部門の合計予想税負担は変わらない。したがって，民間部門は消費を拡大させずに減税分は全て貯蓄されることになる。

　この議論に対する理論的応答にはさまざまな要素が含まれている。第1に，一時的な減税の結果として，税負担の一部はまだ生まれていない世代の上に振りかかることになる。そのため，こうした現在の消費分は，生涯税負担の軽減を享受できることになる。第2に，家計の中には，強制的な流動性となる部分も含まれるかも知れないのである。すなわち，当初借入時と同率の金利で貸出しが受けられないのであれば，限界的なドルは消費よりは貯蓄に向かい，消費のために所得以上の借入れはされなくなる。しかしながら，こうした世帯でも，たとえ生涯賃金の現在価値が変わらなかったとしても，現在の所得が増加すれば，消費を拡大させることになる。第3に，減税分が全て貯蓄に向かうという主張は，全ての家計の減税の取扱について高度な理論化が必要となる。すなわち，消費者は現在の財政状況から将来の税制を予測しなければならない。相当数の家計では，将来の政府の財政状況に関して慎重な計算をしているというよりも，丼勘定であまり洗練されていない方法で行動すると仮定すると，減税分は同様に貯蓄よりも消費に向かうことになる。

1980年代に生じた事実は，リカード的な考え方をサポートする材料を全く与えてはくれないのである。表1-1に示されていたように，米国の財政赤字は，民間部門によって何ら相殺されずに国民貯蓄の減少に完全に反映されていた。もちろん，このことは偶然の一致かも知れない。国民貯蓄は別の理由，例えば将来における財・サービスへの政府支出削減に対する期待，あるいは，将来の生産性および生産量における急拡大などによって減少したのかも知れないのである。しかしながら実際には，そうした説明が全く説明力をもたない一方で，リカード的な考え方が変わらず高い支持を得ているのである。リカード的考え方への支持は，マクロ経済学的根拠と個人の行動について説明力のある議論をめぐる理論的功績（また政治的目的にも対応する功績）によるものである。しかしながら，リカード的な考え方に対する反論は，本章においてそれほどのスペースを割く必要はない。なぜならば，既に論じたように，それは国際的論争の中心的論点ではないからである。

国民貯蓄と経常収支

米国における国民貯蓄率の低下が，財政赤字によるものであるか，1つの論理的問題として，米国の貯蓄と経常収支は一般に比例するものなのか，反比例するものなのか。そして，財政赤字の是正によって，貿易収支が是正されると期待してよいのかどうか。そこには，こうした問題が存在している。財政赤字の変動は，原理的には対外収支の変動よりも国内投資の変動を反映するものである。米国の財政赤字を完全に貿易赤字にスピル・オーバーさせるチャンスだったのであろうか。しかしながら，このことを疑問視するに十分なだけの根拠がある。

第1に，資本の完全移動を前提としても，米国の財政赤字が，国内投資に影響を及ぼさずに貿易収支だけをクラウディング・アウトすると期待すべきではない。米国は世界の市場経済の3分の1を形成している。したがって，1つの世界でクラウディング・アウトが全面的に生じると，米国の投資は，世界経済の3分の1に相当する国民貯蓄における低下分を，残りの3分の2を吸収している国際収支と共に吸収することになる。しかし実際には，世界

の大部分は，自由な資本移動に対して開放的ではないので，対外サイドでは赤字を十分には吸収しないことになる。その上，ドル高傾向が一時的にでも顕在化すると，ドル高は米国の実質金利の相対的上昇によって促進されるに違いないのである。このことにより，米国では外国投資よりもクラウディング・アウトが強まることになる（このことは Frankel（1986）が指摘している）。走り書きの計算から，米国の財政赤字における変動の半分以下の部分が貿易収支に影響を及ぼし，半分以上の部分は国内のクラウディング・アウトに影響を及ぼす（Krugman 1985a）と考えられる。

　赤字の全てが対外収支に反映される理由を説明するためには，特別な要因の助けを求めることが必要となる。米国の財政拡張の経常収支への効果は，米国以外の OECD 諸国における米国の財政拡張分と同規模の財政収縮によって強化されることになる（Blanchard＝Summers 1984）。米国では，減税と楽観主義の結果として，投資需要が高まることになる。最後に「安息地」としてのドルの地位は，ドル価値の上昇を促進することになる。こうした追加的要因は，もっともらしいものであり，世界経済が機能しているメカニズムに関する基本的かつ伝統的な考え方を否定するものではないが，そうした要因は財政赤字と対外赤字との間の完全相関があり過ぎると現実的ではなくなるものであり，偶発的なものであることを示唆している。

　財政収支と国際収支との間の連関についての1つの深遠なる批判は，1980年代の米国における表面上の連関が工業諸国にとっては極めて特殊なものであったということである。すなわち，歴史的には，国民貯蓄率と経常収支との間における連関は弱いものであったし，財政状況と経常収支との間の連関に至っては存在しなかったのである。

　Feldstein＝Horioka（1980）によると，OECD 諸国の国民貯蓄率と経常収支との間にはほとんど相関はみられなかった。また，貯蓄率における相違は，元来投資における相違によるものであった。こうした結果は，厳しく批判され，精査された（Frankel 1986）が，基本的なポイントは依然としてそのままである。すなわち，クロス・セクション・データによると，工業諸国間でも資本移動は限定的なものなのである。財政収支と貿易収支との連関

についても，クロス・セクション・データでは相関はみられない。例えば，日本は1980年代前半にはG7諸国に対する最大の経常収支黒字国であったが，その一方で，財政赤字を補完するインフレーションと失業率の面でも最も高い水準にあった（Gordon 1986）。

　繰り返すと，こうしたクロス・セクション・データによる分析結果は合理的なものである。高い貯蓄率と高い投資率は同じ原因から生じたものと考えられる。また，貯蓄が投資と対外収支を加味したもので測られているため，投資の計測時のバイアスによって，貯蓄と対外収支との相関が弱められた可能性もある。しかしながら，資本市場が完全に統合されているという仮定は，国際問題に関する議論の多くでは伝統的な叡智とされてきたし，確立された事実よりも本質的に正反対の根拠から支持されてきた考え方であることは認識しておく必要がある。

金融政策の効果

　Roberts（1987）のように，1981年の米国における減税に対する供給サイドからの擁護論の中には，米国の経常収支赤字が財政赤字の結果ではなく，過度に緊縮的な金融政策の結果であるという議論もある。この議論は実際に1つの完全に標準的な需要サイドのマクロ経済学的な考え方の中で合理化できるものである[2]。高い資本移動と粘着的価格を伴った標準的なMundell＝Flemingモデルの中では，金融収縮が実質的な為替レートの上昇と貿易赤字を生じることになる。貯蓄・投資恒等式は，純輸出低下が国民所得を低下させるため，政府歳入と民間所得の低下を帰結する。したがって，民間および政府の貯蓄は低下することになる。

　経済学者の多くは，1981年および1982年におけるドル高，対外不均衡顕在化の初期段階では，このことを好意的に受け止めていた。しかしながら，1984年以降になると持続する不均衡のため，この状態を維持することは難

2　他のサプライ・サイド経済学者からRobertsの見解に対して「危険」であるとか，「ディマンド・サイド的」であるといった批判があったことは間違いない。このことについては *Wall Street Journal*（August 18, 1987）の "Supply-Siders Suffer a Decline in Demand for Their Policy Ideas" を参照のこと。

しくなった。その理由は、不可避的な副次的効果として、米国が直面している金融収縮によって、絶対額ではなく、その他世界との相対水準であっても、生産における減少を余儀なくされるからである。このことは、1982－85年における米国の景気回復が、他の工業諸国よりも劇的な早さで、しかもインフレ鎮静化の中で失業率が最低レベルまで低下したほどの回復であったにもかかわらず、対外不均衡の拡大が続いたという事実に反論を投げ掛けるものである。

米国の対外赤字の原因についての標準的な考え方では、時として、経済学者が通貨および金融政策について忘れてしまっているようにみえることがある。しかしながら、より正確にいうと、標準的考え方の支持層が想定していることは、各国における金融政策というものは、金融政策当局が当該国経済を完全雇用水準と考えられている状態に維持することを目的にしているということであり、そのため財政政策分析も、当該国が完全雇用水準にあったことを想定して進めることができるのである。これは1980年代初期には当てはまらないものではあるが、1980年代中頃の状況を説明する上では合理性があるように思われる。もちろん、金融政策については、「金融政策が財政発動に調和させられなかったために、為替レート（ドル）が上昇した」という事実があるが、このことから、金融政策が対外不均衡を引き起こす独立的な役割を果してきたとは言い難いのである[3]。

批判の特徴

1980年代中頃の米国における対外不均衡は金融政策に原因があるという考え方は、基本的な事実に照らして棄却することができる。しかしながら、このことは財政政策にも原因があることを示唆するものではない。財政赤字と貯蓄の関係をめぐる重要な論争がある。また、同じように貯蓄率は通常貿

---

[3] 通貨の役割を拡大させる1つの方法は、1980－82年の米国の緊縮的な状況が恒常的なドル高を生む投機を呼んだと想定することである。このことは、ほとんど検証不可能な命題ではあるが、共感できる点がある。それは、ドルが実質金利以上の水準まで上昇した理由を正当化できる (Krugman 1985c) し、国民貯蓄の大幅な低下が資本流入によって賄われたことが説明できることである。

易収支に影響を及ぼすものか否かをめぐる論争もある。したがって，こうした関係をめぐる不確実性が存在することを認識することは重要である。こうした関係は，経常収支不均衡の原因と，その処方箋についての標準的考え方と密接に考えられている。しかしながら，「財政収支と対外収支の連関についての批判が，1985年以降の跛行している貿易動向とは何ら関係がない」ことを認識することは重要である。ポイントは，1985年以降には，米国の財政赤字が大きく変化していないことであり，また米国の国民貯蓄率も大きく変化していないことである。所与のこうした要因における安定化の中で，どのようにすればドルを大きく変化させることができたのか，また対外不均衡の影響を大きく受けずにドルをどのように大幅下落させることができたのかが，難問なのである。

第3節　実質為替レートは変化しなければならないか

次に，最近の論争の中心的問題である国際調整プロセスをめぐる問題を取り上げる。すなわち，調整プロセスにおける実質為替レートの役割についての問題である。標準的な考え方では，財政赤字は実質為替レートを通じて作用すると考えられている。すなわち，財政赤字は為替レートにおける実質増価を招来する。実質増価は当該国産業の競争力を低下させ，それが貿易赤字と結び付くことになる。しかしながら，こうした伝統的叡智に対する米国からの批判では，実質為替レートの変更は必要なく，貯蓄率の変更によって相対価格一定の条件下における貿易収支の変更が可能であると主張されている。ヨーロッパおよび日本では，不均衡是正は，実質平価切り下げの1つの代替策であり，不均衡が改善されることは，一層のドル下落を防止するためにも不可欠であると論じられていた。1つの事例として若杉（1987）は以下のように論じている。すなわち，

> ドル下落のファンダメンタルズ上の原因は，米国における財政赤字と経常収支不均衡であり，それらは，改善の方向を示していない。米国自身ができることは，

ドルの国際主要通貨としての地位を回復することだけである。したがって，長期的に，財政赤字を削減し，生産性を強化することが重要である。

米国の実質平価切り下げ不要論者は多かれ少なかれ，マクロ経済政策観においては，マネタリストであり，彼等の実質平価切り下げの必要性への懐疑論が，名目平価切り下げの実質的効果の否定につながっていること，そうした事実によって，論争は価格の伸縮性をめぐる別のケインジアン＝マネタリスト論争の様相を呈している。しかしながら，これは誤解である。これは古くからの論争の繰り返しである。ただし，これは Keynes 対 Ohlin の論争であり，Tobin 対 Friedman の論争ではない。つまり，古くからの資源の国際移動における相対価格効果についての問題なのである。

問題の性質をみるために，経常収支調整のために実質平価切り下げを必要とするか否かの下での条件を示す原理モデルを検討することは有効である（このモデルのより数学的取扱については，本章巻末の付論Aで取り上げている）。そしてまた，その問題に影響を及ぼす実証的根拠を検討することができる。

支出再分配と実質為替レート

世界が，米国とその他世界の2国から構成されていると仮定する。そして，米国はまず好ましからざる経常収支赤字を抱えていると仮定する。2国は各々1つの財の生産を行うものとする。したがって，実質為替レートは米国財のその他世界財に対する相対価格によって定義されることになる。両国は完全雇用状態にあると仮定し，収支調整に一方の国の生産拡大を用いることはできないものとする。

以上の仮定の下で米国の経常収支赤字の削減を試みる。ここで，実質為替レート一定の条件下での削減は可能か否かを考える場合，収支恒等式を変形することが有効となる。すなわち，

$$X - M = Y - E$$

ここから，対外収支は所得と支出の差となる。条件により，実質為替レート

は一定であるから，一方の財に換算して，この恒等式で条件を測ることができる。また，より考えやすくするために，名目価格を一定としても問題はないので，ここでは単に名目価格ベースの所得と支出を比べることができる。

まず，支出における効果を通じる以外に財政赤字が貿易赤字に連関するチャンネルがないことが指摘できる。財政政策におけるシフトによって米国の支出を減少させると，その他世界における支出は増加する。米国財の競争力を向上させる直接的方法は存在しない。ここで，米国とその他世界の財の相対価格を一定とし，米国の支出を削減させることで，その他世界の支出を増加させることが可能か否かが問題となる。

米国の緊縮財政により支出を1,000億ドル削減したとすると，その他世界において同額の支出が増加することになる。米国における支出削減は直接的に1,000（1－m）億ドルの米国財向け支出を減少させる。ここで，mは輸入に対して米国が支払うドルの（分数で示される）限界的な割合である。一方，その他世界の米国財向け支出は1,000m^*億ドルまで増加する。このm^*は低下する輸入に対するドル支払いの（分数で示される）限界的な割合である。したがって，米国財に対する純支出の変化は，1,000（$m+m^*$－1）億ドルとなる。この時に$m+m^*<1$であれば，世界支出における再分配は，米国財向け需要を減少させ，その他世界財向け需要を増加させることになる。米国財の供給超過およびその他世界財向けの需要超過を是正するために，米国財の相対価格は低下しなければならない。したがって，経常収支赤字の是正は，実質平価切り下げを通じた影響を受けることは間違いない。

重要な基準は，ここでは類似したものである。それは財の移転の交易条件効果に対する基準である。支出を増加させている国における限界支出パターンと支出を減少させている国の限界支出パターンが同一でないとすると，世界支出の再分配は，相対価格変化に随伴する結果となる。米国が他国よりも自国財への支出の限界性向が高いとすると，$m+m^*<1$となり，世界支出に占める米国のシェア低下は米国の実質為替レートの低下に随伴することになる。

この点を曖昧にする可能性のある2つの混乱を回避することは重要であ

る。第1に，その問題がいくぶん資本移転の程度に結び付けられているということである。McKinnon（1984）は，当該国経済が孤立しており，資本移転が閉ざされた場合のみ，実質為替レートを貿易収支調整の目的で変更する必要があると強く主張している。つまり，McKinnonの論点は，資本が移転可能な場合は，貯蓄・投資ギャップは相対価格変化を伴うことなく直接的に貿易収支に反映されるということである。またMcKinnonは，「資本市場が円滑に機能しているのであれば，1国から他国への貯蓄移転のために「実質」為替レートの変更はほとんど必要ない」と指摘している。

この議論に伴う誤りは，すぐに解消されるべきである。それは，貯蓄率の変更が世界支出の分配における変更を反映するか否かの問題と，その分配における変更が相対価格における変更を必要とするか否かの問題と混同していることである。後者の問題は，資本市場の問題ではなく，財市場の問題である。例え資本が移動しようとも，日本の居住者は米国の居住者よりずっと少ししか米国財には支出しないのであって，米国から日本への世界支出の再分配は，相対価格を一定とすると，米国財向け需要を減少させることになる。

問題を曖昧にするもう1つの混乱は，相対価格の変更の必要性と，名目為替レートの変更が相対価格の変更の一助となるか否かの問題の混同である。価格が伸縮的であれば，平価切り下げ自身には相対価格効果はなく，実質平価切り下げは，名目為替レート一定の条件下での一方の国におけるデフレーション，あるいは／および，他方の国におけるインフレーションを通じて実現されることになる。しかしながら，このことは，実質為替レートが変更される必要があるか否かの問題とは関係ないのである。

実証的根拠

対外調整においては，当該国における限界支出性向が外国財向けよりも自国財向けの方が高くなるまで実質為替レートの切り下げが必要である。因果関係についての所見によると，このことは以下のことの1つの事例に違いない。すなわち，各国における「平均」的消費には非常に強い国内向けバイアスが作用しているため，限界支出は $m+m^*=1$ とするために根本的に異

なったものでなければならない。この結論は，計量的分析結果を通じて確認することも可能かも知れない。貿易関数の計量的推計は，通常はこうした形式では表現されてはいないが，mおよびm^*の推計が得られるような方法で貿易関数を再計算することは可能である（この方法については，付論Bを参照）。表1-3は，米国からその他世界への世界支出再分配の需要効果に関する先行研究における推計結果を示したものである。推計結果相互に大きな相違が散見されるものの，全て$m+m^*<1$の結果となっている。そこでは，その他世界における支出増加に合致した米国における支出減少が米国財に対する需要の純減を示すことになろう。また，日本における支出増加は，その他世界における支出減少に合致し，日本財に対する需要増加を意味することになる。

表1-3　先行研究における m および m^* の推計結果

分析主体	m	m^*	合計
Krugman＝Baldwin	0.33	0.12	0.45
DRI	0.14	0.05	0.19
NIESR	0.19	0.05	0.23
OECD	0.23	0.05	0.28
EPA（経済企画庁）	0.24	0.11	0.35
MCM	0.28	0.11	0.39
Taylor	0.33	0.11	0.44
Marris	0.24	0.11	0.35

（出所）　Krugman = Baldwin（1987）; Marris（1985）; Brookings（1987）および筆者推計値。

例えば，Krugman＝Baldwin（1987）による推計結果を検討してみると，実際には最も$m+m^*$が高い推計結果となっている。この推計によると，米国における1,000億ドルの支出減少は，米国財向け支出を670億ドル減少させる一方で，その他世界における支出増加は僅か120億ドルの輸出需要増分も相殺しないことになる。残りの550億ドルは，米国財の供給超過となって顕在化し，この超過供給は相対価格の低下によって償却されなければならないことになる。

このことが事例として取り上げられるべきかどうか，その答えは，恐らく財・サービス市場における不完全統合性の高さの中にあると考えられる。開

放度の進んだ経済でさえ，その支出の大部分は，腐敗性の高さ，あるいは輸送費の高さから非貿易財的性質を有する財・サービスに投下されているのである。そしてまた，そこには多分，重要なリンダー効果も存在する。すなわち，各国は貿易財の中においてさえも自国内の嗜好に合うような財を生産する傾向を有するのである。したがって，原理的には，世界支出の再分配が，実質為替レートにおける変更なしに貿易赤字を削減可能なはずであるが，財・サービスの世界市場の現実は，完全統合からほど遠い状態にあり，こうした所見は純粋に学術上のものとなる。

いくつかの留意点

以上の議論で明らかなように，統合化された資本市場によって，経常収支不均衡是正のための実質為替レート調整の必要性が軽減されるという考え方は，誤った理解なのである。所与の統合化された財市場，実質為替レートの変更は必要とされないという議論は有効であるが，この議論は因果的所見および計量的分析の結果に基づき明確に棄却することができる。しかしながら，議論を終わる前にいくつかの緩やかな結論に結び付ける必要がある。

第1の留意点は，$m+m^* \ll 1$ であっても，異なった諸国で生産された財の代替性が高い財であれば，実質為替レートの変更はほとんど必要ないということである。しかしながら，実質為替レートの変更に対する必要性がないことについての代替的議論のように，このことは，因果的所見および計量的分析の結果に基づき棄却することができる。因果的所見は，異なった諸国で生産された財が代替性の高いものであれば，1980年以来の実質為替レートの大きな変動は有り得ないことになる。計量的分析の結果によると，推計された貿易財の価格弾力性が極めて低いことが分かる。特に1と2の間は，その典型（これについては Goldstein=Khan（1985）および Brookings（1987）を参照）である。1980－85年の米国の輸入における相対価格の低下は，1つの非人為的な実験装置を提供してくれるものである。すなわち，輸入量は急増したものの，GNPに占める輸入シェアは僅かながら低下し，11.7％から11.2％となった。ラグと特殊要因が関係を複雑化しているが，明らか

にこれは需要弾力性によるものであることを示している。

　第2の留意点としては，各国が実際には1つの財しか生産していないわけではないし，また，相対価格変化は1国の生産する諸財の間でも生じている可能性もあるということである。例えば，米国の経常収支赤字の削減には，ある程度まで，米国の輸入価格に対する輸出価格の低下と同時に，非貿易財価格に対する貿易財価格における低下が必要となる。米国がみせた実証的軌跡は，長期的には，交易条件を所与とする「開放小国」モデルよりも，ここでの単純な1国1財モデルに近いことを示唆している。しかしながら，調整プロセスにおける貿易財／非貿易財価格の変化が顕著であるとしても，対外赤字を削減している国が，その貿易相手国よりも相対賃金を引き下げる必要があることは間違いない。多くの競争力指標は，輸出価格よりも単位当たり労働コストに焦点を当て，また，名目為替レートの専有的役割が価格よりも賃金によるものである（以下を参照）ことから，こうした賃金調整では，交易条件の変更を反映するか否かが重要となる。

黒字国における経済成長の役割

　不均衡是正のために赤字国による実質平価切り下げが必要であるという考え方に対する1つの重要な異論は，黒字国が過剰生産能力を有する状態から開始すれば，実質平価切り下げを回避できるかも知れないという考え方である。この場合には，支出は黒字国の方がより増加し，増加分も赤字国の低下分以上にすることが可能となり，いかなる実質平価切り下げも行うことなく赤字国が対外不均衡を減少させることが可能となる。

　具体例の説明の延長線上に，この点についての重要なポイントがある。Krugman＝Baldwinによる推計結果にしたがって，1,000億ドルの米国の支出削減が，米国財向け支出を670億ドル低下させると指摘したが，ここで，その他世界の支出を1,000億ドル増加させる代わりに，増加するに十分な金額だけ増加させると，この米国の自国財に対する需要は輸出需要によって相殺されることになる。すなわち，m^*が0.12であるとすると，その他世界の支出は5,580億ドルまで増加することになる。この支出のうち，670億

ドルは米国財向けであり，米国の国内需要における減少分をちょうど相殺させることになる。残りの4,910億ドルは，その他世界財向け支出における減少分であり，米国の輸入需要の低下分330億ドルを大きく上回るものである[4]。

こうした外国における支出増加は，その他世界に必要な生産拡大を実現させられるだけの過剰生産能力が存在する場合のみ可能となる。特に，この方法で米国の対外赤字を1,000億ドルまで削減するためには，その他世界の生産を4,580億ドルまで拡大する必要がある（すなわち，米国における4,910億ドルの内需増加は輸入における330億ドルの低下より小さくなる）。

黒字国が過剰生産能力を有する場合には，原理的には，実質平価切り下げなしに経常収支赤字を削減することが可能となる。しかしながら，数値例はまた実際にこれを実施する上での見込みがどれほど限られたものであるかを明らかにしてくれるものである。米国以外の市場経済の総所得は約8兆ドルである。したがって，4,580億ドルの生産拡大は5.7％の生産増加を意味することになる。1986年の固定相対価格ベースの米国の経常収支赤字額1,400億ドルを削減するためには，それよりも高い約8％の生産増加が必要となる。しかしながら，いずれの国にもそれほど大きな過剰生産能力を有する[5]可能

---

[4] 標準的なMundell＝Flemingモデルでは，固定為替レートによるこの差別的成長は，金融／財政の極限を通じて実現されることになる。例えば，米国が財政再建に従事する一方，その他世界の財政政策は変更のないままとされる。そして米国の経済成長一定，為替レートの安定性を前提とした時に望ましい外国の生産拡大は，米国の金融政策は雇用一定，外国の金融政策には為替レートのペッグという役割が果たされることで実現されることになる。こうした目標を達成するために米国のマネーサプライは増加（なぜならば，世界金利が低下し，流動性選好が強まるから）され，その他世界の貨幣需要（金利低下による貨幣需要増加ばかりでなく，所得増加のためでもある）も増加する必要があることを示すことが，率直説明といえる。

[5] IMFの*1987 World Economic Outlook*は「先進諸国の景気循環における谷の程度は現状比較的小さい」と指摘している。日本，フランス，英国は，インフレーション圧力を生まずに自国経済を成長させる能力は取るに足らない程度しかない。ドイツもGNPギャップの僅か3％ポイントしかない。カナダとイタリアだけが4％を超える過剰生産能力を有している（*1987 World Economic Outlook*, p.57-58参照）。この推計には疑問を感じるかも知れない。特にヨーロッパに対する悲観的な見方には疑問を生じる可能性がある。しかしながら，少なくとも中期的に重要な点は，主要国の政策担当者は悲観的であるということである。例えば，ドイツはIMFが指摘しているほどの成長余力を有しているとは考えていない。したがって，黒字国の急成長が対外不均衡に及ぼす効果に多くを期待することは非現実的である。

性がないとすれば，米国以外の全体としての世界が2％以上の需要誘導による生産拡大のリスクを好んで冒すとは考え難いのである。このことは，黒字国は急成長のリスクを甘受することによって，対外不均衡是正においてせいぜい二義的役割しか果たせないことを意味するものである。

　財政政策の対外不均衡への作用をめぐる議論とは対照的に，実質為替レート調整をめぐる議論には明確な解が存在する。実質為替レート調整の必要性を否定する考え方は誤りである。誤りは基本的な論理レベルの誤りが大半であるが，残りは計算上の誤りである。資本が移動可能であれば，貯蓄と投資における変化は，実質為替レートの変更なしに，貿易収支に影響を及ぼすことが可能であるとする考え方は，ファンダメンタルズ上の概念の混同によるものであり，この考え方を正当化するような事例は実証的に棄却しなければならない。黒字国が過剰生産能力を有する場合には，自ら急成長することによって果たすべき役割は，実質為替レート調整の代替策と成り得るが，実際には，この点からのサポートは限定的な部分しか期待できないものである。

　もちろん，1985年以降の実質為替レートの変化が，穏当な結果を生み出したのかについての問題は残されたままである。この議論が示すことは，貿易をめぐる問題が，実質為替レートと貯蓄・投資バランスが直接的に貿易収支を決定するという議論からでは解決され得ない問題である。実際の問題が1つあるが，その「解」は資本市場の連関性における事実からではなく，財・サービス市場の行動から求められなければならない。

　したがって，対外赤字を調整するには，実質為替レート調整が必要である。残された問題は，名目為替レートの変更が，このプロセスにおいて重要な役割を果たすか否かの問題である。

第4節　名目為替レート調整の役割

　国際調整メカニズムについての重要な分析上の論争は，多分，実質為替レートの役割に関する問題であるが，直近の政策上の懸念は名目為替レート

に関する懸念であり，一層の円高が進行する中，一層のドル安は促進ないし，少なくとも容認されるべきか否かという問題である。対外収支を目的とした為替レートの変動促進政策は，何らかの形での固定レートへの回帰を主張する人々から厳しい批判を受けることになる。例えば，Mundell（1987）は以下のように指摘している。すなわち，

> 「好ましい帰結」が平価切り下げによってもたらされるという主張は，全くのインチキである。ドルに対する円高および欧州通貨高政策は，日本およびヨーロッパ等の海外におけるデフレーションを招来し，米国内にはインフレーションと，大きなドル赤字，そして大規模な米国資産の外国投資家への売却という事態を惹起する。生産設備，技術および実物資産の所有権は，何らの実質的な輸出拡大あるいはドル建て輸入額の削減なしに，大規模な貿易赤字をファイナンスするためだけに輸出されることになる。米国資産は底値で海外に売却されることになる。米国の犬がより美味しい餌を口にしているとすれば，それは自分の尻尾を食べていることになる。

この否定的な評価は正当化されるものであろうか。論争を有意なものとするために，2つの問題を考える必要がある。第1に，名目為替レートの変動が，実質為替レートの変化を引き起こす，ないしは，別の力で引き起こされた変動を促進する効果を有するか否かという問題がある。第2に，実際的に相対価格調整は，インフレーションあるいはデフレーションを通じるよりも，為替レートの変更を通じた方が容易なのか否かという問題がある。

為替レート変動の役割の促進

世界経済が均衡点から動き始め，急速なドル安が工作されたと仮定する。そうすると，ほとんど全ての経済学者は，長期的には平価切り下げの効果は，実質為替レートは当初の水準へと徐々に回帰し，対外収支への長期的効果もないままに，米国にインフレーションを引き起こし，外国にはデフレーションを発生させるという考えに同意することになる。価格と賃金がゆっくりと調整する程度まで，一次的な米国の生産拡大と貿易黒字の時期があるが，外生的な平価切り下げを通じて追い求める価値のあるような移行効果を

調査するものはほとんどないのである。

　そこで，世界経済が均衡点からは動き始めないと仮定する。特に，米国およびその他世界の財政政策は，米国とその他世界との相対的な関係において米国に実質平価切り下げを求めることになる。そして状況は非常に難しいものとなる。ドル安にならなければ，米国においてデフレーションが生じ，その他諸国でインフレーションが生じなければならない。価格がゆっくり調整する程度まで，この国内価格水準変更の必要性は，対外不均衡是正における遅れと，米国における失業とが生じる時期を招来することになる。為替レート調整は，国内価格水準における変化の必要性を少しずつ減じながら，調整プロセスを促進することができる。

　ドル安に対する批判，例えば，Mundellのように，名目為替レートの変化が実質為替レートに与える影響に対する懐疑的考えがそこにはあり，為替レートの変更は，単に均衡状況に負荷を掛けるに過ぎないと考えている。こうした考え方は，経常収支調整には実質為替レートの変更は必要ないという議論に後戻りすることになる。しかしながら，この議論が合理的なものでないことは既に確認した通りである。経常収支不均衡の是正に，赤字国で生産された財の相対価格変化が必要であるという考えに対する合理的な反論は存在しないのである。ドル安と黒字国通貨高は，それが何もないところから実質為替レートの変更を引き起こす試みではなく，よりコストをかけないで，しかも，逸速く実質為替レートの変更を実現するための試みであるならば，いずれにしても生じている相対価格変化を非常に好ましいものと捉えることになる。

　米国にも，国内支出の変更なしに貿易問題を解決するために，ドル安に期待している面があり，標準的考え方はいつでもこの点を明らかにしている。根本的な問題は貯蓄と投資の間のギャップを狭めるためのものである。しかしながら，ドル安は，実質為替レートを新しい均衡水準へと調整することになる。為替レートにおいて，この効果を即座に排除することは，長期的には為替レートが中立的であるということを背景にすると，「全くのインチキ」ではないかも知れないが，それは慎重に考え抜かれた為替レートの性質に対

する誤った表現なのである。

　現状についての合理的で現実的な疑問がいくつかある。すなわち，既に実施されている為替レート調整が十分なものかという疑問である。また為替レートは，財政発動を待つのではなく，財政政策に先んじて下落するように促進されるべきか否かという疑問がある。本章の最後で，こうした問題について短く触れることにする。加えて，名目為替レートを調整することがどれくらい重要であるかという一般的問題もある。変動相場制下と同様に，固定相場制下で実質為替レートを変更することが容易であるとすると，実質為替レートに変更の必要があったとしても，金融的安定を背景として為替レート調整については議論されるべきなのである。

為替レート調整の有効性

　価格が完全に伸縮的であったとしても，為替レート調整の方が，赤字国がデフレーション的になり，かつ／あるいは，黒字国がインフレーション的になるというよりも好ましい事例がある。為替レート調整の実施については，古くはMilton Friedman（1953）による擁護論がある。Friedmanは，為替レート調整と夏時間（daylight-saving time）への調整とを類比させた。1つの価格，1つの為替レートを変更する方が，1国で生産される全ての財の価格を変更するよりも簡単であり，それはちょうど全ての人々が自分のスケジュールを変更するよりも，自分の時計を1時間巻き戻す方が簡単なのと同じであると指摘した。

　しかしながら，財の価格，また特に賃金が大幅に伸縮的であるとすれば，経常収支不均衡是正のために必要とされた大規模な実質為替レートの変更によって，インフレーションおよびデフレーションを通じて迅速に目標は達成されることになる。問題は，本質的には1国経済内における調整の1つである。その意味で，この問題に関する議論は，マクロ経済学に近いものではあるが，国際的な文脈においては異なった内容であり，もう1つの別の議論を生み出すことになる。

　典型的な推計結果が示唆しているように，米国の経常収支を均衡化させる

ために，米国の賃金水準を1985年のピーク時における外国の賃金に比べて30％引き下げる必要があると仮定する。労働者個人にとっては，30％の賃金カットは非常にドラスティックなものであり，労使間における長く厳しい対立を経て賃金は引き下げられるように考えられるかも知れない。しかしながら，米国の全名目賃金の30％引き下げが実施されたとしても，米国の消費の大半は国内向けであり，実質賃金の低下幅はもっと小さいものであり，それは僅か3％程度に過ぎないのである。しかも，全賃金が同時に引き下げられるとすると，労働者1人ひとりは他の労働者も同様の賃金引き下げに直面していると知ることになり，そうした調整は迅速かつ痛みを伴わずにすむ可能性もある。しかしながら，このことが，長期的な契約なしに行われるとすると，それは超合理的な人々ばかりの限定的な世界を想定することになる。現実世界では，名目賃金は，崩壊しつつある経済を除けば，それほど大きく低下することなどないのである。

　ある特定の通貨において平価切り下げが行われることは，国内全賃金が外国の賃金との比較上で相対的に低下することによって，調整問題が解決されること意味する。図1-1は，IMF統計に基づいて算出した米国の競合国に対する相対的な単位当たり労働コストと名目実効為替レートの推移を示している。図1-1から，短期的に為替レートの変化が，単位当たり労働コストに変化をもたらし，そうした変化が必要な場合には，それを促進するという一種の主特性が明確に示されている。また図1-1は，ドルのピーク時から既に発生していた米国の相対賃金における低下が相当大きな低下幅であったことも示している。こうした大きな振幅が相対賃金の変化に必要と確信されるような場合には，固定為替レート下で，これを実現するのに必要となる要因について考えることが価値あることとなる。

　閉鎖体系下のマクロ経済学における長年の論争にも示されてきたように，価格が完全に伸縮的であるとの確信を有する人々は，根拠が合理化されるため，根拠に基づいたいくつかの慣性の存在を認めないものである。なぜならば，そうした人々は，名目為替レートの変更なしに実質為替レートに大きな変化を起こさせる試みに対する成否には明確な態度を示さず，またそうした

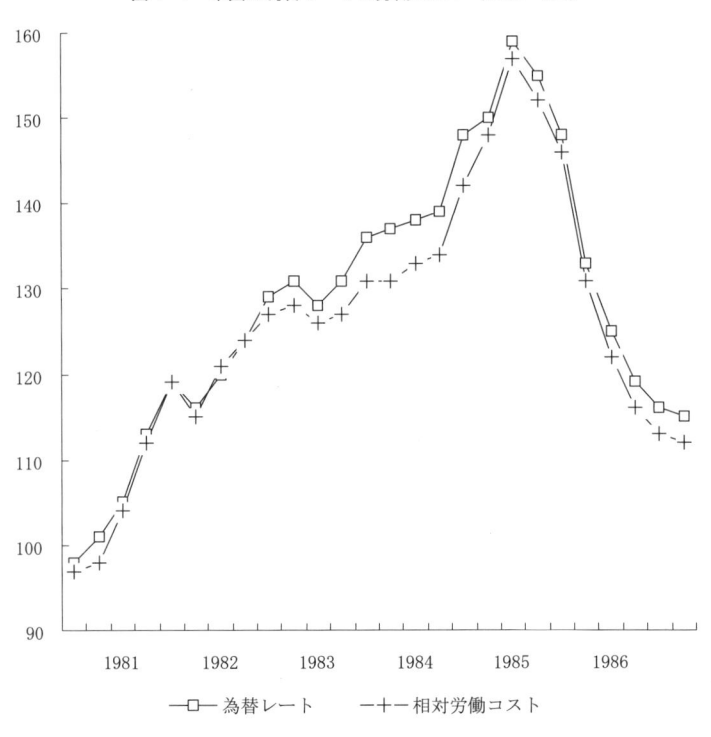

図1-1　米国の為替レートと労働コスト (1980＝100)

――□――　為替レート　――＋――　相対労働コスト

試みは，彼等の目には何ら魅力的には映らないに違いないのである。

為替レートと資本フロー

　名目為替レートの変化に関して議論すべき最後の問題は，名目為替レート変化の資本フローへの影響である。前述した格調高い文体で記されたMundell (1987) の引用は，この事例に含まれる内容であるが，そこには，ドル安が米国資産を底値で「売却」することになるという金融界に広がった懸念が表明されている。

　この議論について取り上げるべき第1のポイントは，名目為替レートの切り下げに対する批判の基本的前提となる名目為替レートの切り下げが単にインフレーションを顕在化させるだけで何らの実質効果を伴わないという議論

に反論することである。それは，財の価格および賃金は完全に伸縮的であるが資産価格は硬直的であるというモデルを暗黙の前提とすれば，ドル切り下げが，米国の財・サービスの相対価格を引き上げる上で何らの効果もないが，それは同時に，米国の証券，資本，不動産を世界市場で安価にするという議論も無意味なものにすることになる。

　第2のポイントは，ドル安が資産の外国人への行き過ぎた売却を招来するという議論は，資本流入が経常収支赤字とは表裏の関係にあることを示す収支恒等式と整合的でなければならないということである。平価切り下げが資本流入を招来するとすれば，Mundellが主張しているように，それは貿易赤字の拡大を帰結することになる。しかしながら，実質為替レートに影響を及ぼすことなく，貯蓄・投資バランスを貿易収支に読み換える直接的なチャンネルが存在しないことは既に指摘した通りである。貯蓄の外国から赤字国への移転は，当該国の財・サービスの相対価格の上昇と関連させる必要がある[6]。名目平価切り下げが実質切り下げを招来するという主張が現実的に支持可能か否かという点には疑問がある。いずれにしても，図1-1に示されているように，ドルが切り下げられ，円は切り上げられるため，このことに明らかに反する事実は，同じ方向へのほぼ等しい水準での実質為替レートの変化と関連付けられることになる。

第5節　結論および政策インプリケーション

　本章の議論を通じて，1つの究極的結論と，1つの強い推定と，そして1つの可能性とが得られる。それらは以下の点となる。すなわち，
1. **対外赤字削減のためには赤字国による実質平価切り下げと黒字国による実質平価切り上げが必要となる。**唯一の例外は，黒字国に大きな過剰生

---

[6]　あるいは，過剰設備が存在する場合には，国内生産の拡大と関連させる必要があるが，切り下げの好ましい効果を否定する人々の暗黙のモデルでは，金融的ショックによって生産拡大を誘発することはできないとされている。

産能力が存在する場合であるが，この留意点は現状ではそれほど大きな重要性はない。統合化された世界資本市場が実質為替レート調整をバイパスする傾向を有することは広範に支持されているが，実際には純粋かつ単純な誤解である。

2. **名目為替レートの変更は，必要な実質為替レート調整の促進の一助となり得るものである。**一般に結論的に価格が伸縮的でない根拠を示すのは躊躇されるものである。そして，非常に多くの経済学者がそうした根拠を揺るがすような主張に加担している。それにも拘らず，そのことは真実なのである。いずれにしても，実際上慎重な立場としては，対外不均衡是正のために各国がデフレーションおよびインフレーションを招来する実質為替レートの変更より，通貨価値の変更を支持するとは断言できない。

3. **1980年代には，財政不均衡は対外不均衡の拡大に寄与してきたが，財政政策は対外不均衡是正に有効に活用可能なものである。**既に指摘したように，国際的不均衡全体の原因が米国の赤字であるという一般的な考え方に対する懐疑論には合理的な根拠がある。しかしながら，米国の財政赤字に焦点を絞ることによって最良の政策が市中に残されており，財政不均衡是正は経常収支不均衡の是正に際立った貢献をすることになる。

本章の目的は，まず，政策的な処方箋を示すことよりも，国際調整メカニズムがどのように機能するかについて議論することである。しかしながら，本章で一層のドル安と円高についての明瞭な事例を取り扱うことになる以上，少なくとも手短にここでの議論の政策インプリケーションについて論じることも重要である。事実として，そうした為替レートの変更は十分可能性もあり，また望ましいものと信じられている一方で，いくつかの不確実性も内包している点を指摘することは重要である。

第1の不確実性は，世界大での経常収支不均衡の均衡パターンがどのようなものであるかが知られていない点に端を発する問題である。特に，議論す

べき合理的な事例も存在している。貯蓄率の高い日本がGNP 2 － 3 ％と長期間維持可能な構造的な経常収支黒字を抱えていることであり，ちょうど第一次世界大戦前に英国が40年間GNP比5％の経常収支黒字を抱えていたことと類似している。ただ，日本の黒字縮小のために必要とされる実質為替レート調整が予測可能な将来のいつでも可能か否かの確信などないのである。

　第2の不確実性は，実質為替レートが1985年のピーク時以来既に急激な変化を示しているという事実である。1986年の経常収支不均衡はほぼ間違いなく現在の実質為替レートの水準でも長期的には縮小することになろう。それはラグを伴った効果が徐々に影響を及ぼしてくるからである。貿易に関する計量経済学的分析のほとんどは，1985年から87年までの実質為替レート（ドル）の下落幅では米国の経常収支を均衡させるには不十分であることを示唆している[7]が，計量経済学が間違っている，あるいは，急激な対外不均衡の是正が開始される少し前の状態であるといった可能性を否定することはできない。

　そして最後の不確実性としては，ある程度まで財政収支の均衡化が対外不均衡の是正において重要な役割を担っているものの，米国の財政政策における明らかな麻痺状態その他が問題となっている。貿易に関する為替レートの効果における長いラグの存在を示す1つの合理的事例があり，為替レート調整は財政変更より先に行われる必要がある。しかしながら，財政政策は依然として6年分遠くにあり，今では為替レート調整によって財政政策の変更を期待しようとはしない。

　このことは政策について何らの示唆もできないことを意味するものなのか

---

[7] Bryant＝Holtham（1987），Krugman＝Baldwin（1987）などの先行研究の成果によるものである。先行研究の中には，ドル下落による経常収支是正策について，下落幅と効果との間における不確実性の存在を示唆するものもある。例えば，1980年代を通じて為替レートは均衡水準を大きく逸脱してきたため，為替レートの効果を他の要因，例えば，米国の技術的地位の変化，東アジアNICs（新興工業諸国群）の台頭，あるいは，債務危機などと分配することは難しくなっている。またMann（1987）の分析に示されるように，最近の行動，特に価格付けにおいて大きな変則性があり，それはある種の構造変化を示唆し，計量経済分析の信頼性に疑問を投げ掛けるものとなっている。

否か.反対に,国際調整メカニズムについての知見に基づき,明らかに1つのアドバイスが可能となる.すなわち,潜在的に持続不可能な為替レートに自らを固着させるべきではない.最終的に財政政策が是正されると,米国による一層の実質平価切り下げと,黒字国による実質平価切り上げ必要とされる可能性が高くなる.実質為替レートを変更しなくとも財政政策によって貿易不均衡が是正できるという誤った確信に基づき,為替レートを現在の水準で固定することができるが,それは間違いかも知れない.

付論A 貿易収支と実質為替レート

　本章中では,世界支出の再分配が,実質為替レートの変更を必要とする条件は,言葉の上で,また,数多くの事例を通じて説明している.付論では,1つの数式モデルを簡単に取り上げて説明する.数式モデルについてはKrugman=Baldwin(1987)で最初に取り上げているが,ここでは同じ点についてのモデルではあるが,もっと厳密な方法を用いる.

　まず世界が米国とその他世界の2つの国で構成されるものと仮定する.両国はそれぞれ1つの財を生産し,国内で消費すると共に当該財を輸出もするとする.その他世界の生産する財は完全競争財(numeraire)とし,pを米国財の相対価格とする.当初は完全雇用を想定すると,米国の生産はy,その他世界の生産はy^*となる.米国の支出は単純に自国財に換算したパラメータaとして取り扱われるが,両国における支出の決定はまだ後に残される.なぜならば,世界全体としての所得は,支出と等しくならなければならないからである.したがって,その他世界財に換算されたa^*がその他世界の支出とすると,以下のようにならなければならない.
すなわち,

$$pa + a^* = py + y^*$$

あるいは

$$a* = y* + p(y-a) \tag{A1}$$

ここで，収支恒等式から，貿易収支は所得と支出の差に等しくなり，米国財に換算した米国の貿易収支は単に以下のように示されることになる。

$$t = y - a \tag{A2}$$

米国財の相対価格は，直接的には現れないことになる。

しかしながら，このことによって，ここで相対価格を考慮しなくてもよいことにはならない。依然として米国財のための市場はクリアされなければならない（ワルラスの法則により，その他世界財のための市場も同様にクリアされなければならない）。どちらの国も支出を2財間で分配することになる。単純化のために，コブ＝ダグラスの仮定を用い，支出シェアを固定する。すなわち，米国の所得に占める輸入財向け支出シェアを m とすると，$1-m$ が自国財向けシェアとなり，その他世界の輸入財向け支出シェアを $m*$ とすると，$1-m*$ が自国財向け支出シェアとなる。したがって，市場決済条件は以下のように示される。すなわち，

$$py = (1-m)pa + m*a*$$

あるいは

$$\begin{aligned}p[y-(1-m)a] &= m*a* \\ &= m*[y*+p(y-a)]\end{aligned} \tag{A3}$$

変形すると，

$$p = \frac{m*y*}{D}$$

ここで

$$D = (1-m)y - (1-m-m*)a$$

この小国モデルの含意は，個別事例よりも一般的なものとなるが，それは図1-2に示されている。横軸は米国の実質支出水準 a，縦軸は米国財の相対価格 p とする。直線 TT は等貿易収支線であり，それは，米国財に換算した所与の貿易収支をプロットした点の軌跡として表される。相対価格を考慮しない収支恒等式は，貿易収支が所得から支出を控除したものに等しいことは直線 TT が横軸に垂直になるという事実によって反映されることになる。その上，直線 UU は米国財の市場取引成立点を示している。ここでは右肩上がりの直線として示されており，それは $(1-m) > m^*$ の事例であり，米国居住者が米国財に対して，その他世界居住者より高い限界支出性向を有する場合を意味する。点 E は，所与の貿易収支の均衡点を示している。

図1-2に示されるような状態の場合には，米国の貿易赤字の削減は，米国財の相対価格の低下を伴う必要がある。米国の実質支出の削減は，TT を $T'T'$ にシフトさせる。これにより，均衡点は，相対価格 p の下落を内包しつつ E から E' へとシフトする必要がある。

ここで，この相対価格調整が生じる必要のない状態が2つある。1つは，

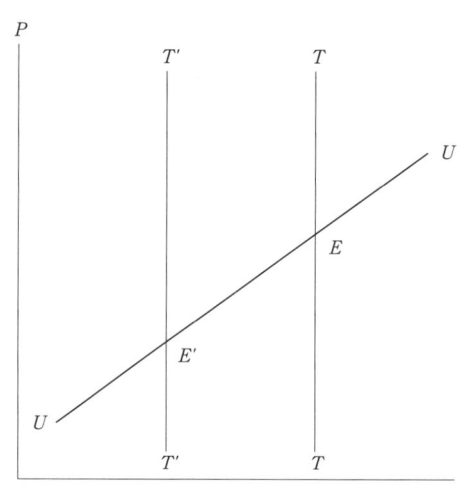

図1-2 貿易収支と実質為替レート：ケース1

米国財とその他世界財が完全代替財の場合である。つまり，効率的1財の世界で生活を営んでいる状態である。もう1つは，両国間で支出パターンが完全に一致する場合で，$(1-m)=m^*$の場合である。一方の場合には，その効果としては（図1-3のように），UUを水平にし，米国財の相対価格の低下を伴うことなく，米国の支出が削減されることになる。

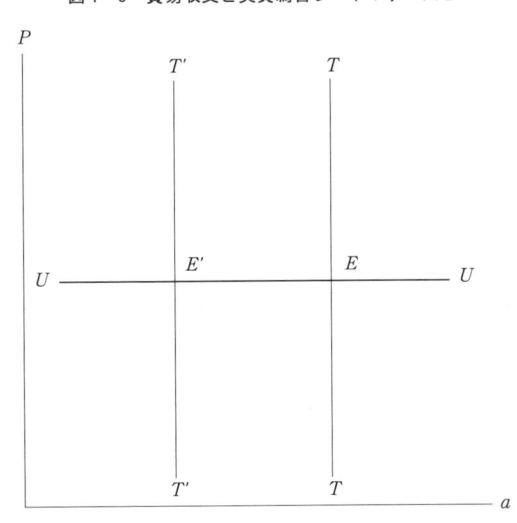

図1-3　貿易収支と実質為替レート：ケース2

貿易赤字についても，外国の生産が拡大すれば，実質平価切り下げなしに削減が可能になる。式（A4）から，外国の生産y^*における増加は，UUを上昇させる。したがって，その他世界において過剰生産能力が存在する場合には（図1-4のように），実質平価切り下げなしに米国の支出を削減するシナリオを持ち得ることになる。

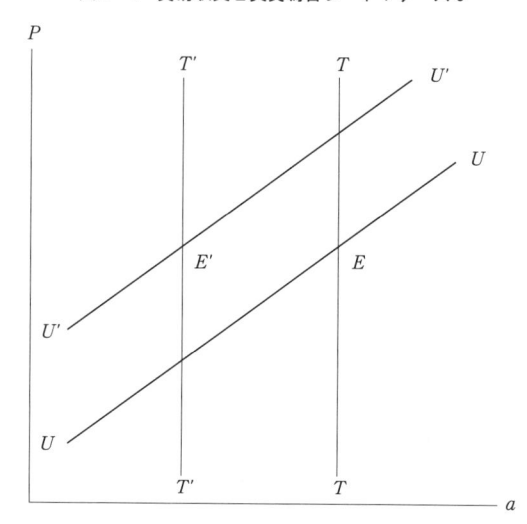

図1-4 貿易収支と実質為替レート：ケース3

付論B　mおよびm^*推計の導出

本章中および付論Aでは、世界の収支調整の一部としての実質為替レート調整の必要性が、黒字国および赤字国の輸入へと向かうドルの限界支出性向に決定的に依存することが示されている。しかしながら、計量経済学的な貿易関数は、希にこの形で結果が示される。すなわち、支出、もっと一般的には所得の輸入に対する弾力性が算出される。重要なパラメータであるmとm^*を推計するために、こうした推計結果を変形して用いる必要がある。

第1に、輸入の支出弾力性の推計について考えてみよう。Mを総輸入、Eを支出、Yを所得とすると、Eにおける変化によって以下が得られる。

$$dM = mdE$$

あるいは、乗除により、以下のように示される。

$$m = \frac{(M/E)(dM/M)}{dE/E}$$

しかしながら，$(dM/M)/(dE/E)$ は，輸入の支出弾力性である。したがって，m は支出に占める輸入シェアにこの弾力性の推計値を乗じることで導出可能となる。

推計された弾性値が所得に関して代替的であるとすると，一般に相対価格一定であっても生産と輸入の間が唯一の関係である必要はないから，説明を難解なものにすることになる。特に，輸出需要の増加を賄うために生じる生産拡大は，輸入拡大を招来する必要はないのである（但し，議論を一層複雑にみせる中間財は除く）。しかしながら，生産の増減および国内支出における変化が密接に相関している（普通は相関関係にある）とすると，生産を支出の代理変数とみることができる。他の条件が等しいとすると，国内支出における増加は，所得の増加を反映することになる。

$$dY = (1-m)\,dE$$

同時に，$dM=mdE$ は依然として正しい。E を置換し，再編することで最終的に以下のような式が得られる。すなわち，

$$m = \frac{e(M/Y)}{1-(M/Y)}$$

ここで $e=(dM/M)/(dY/Y)$ は，輸入の所得弾力性とする。

表1-4は，8つの先行研究から得られた米国の輸出入の支出弾力性ないし所得弾力性を示している。このうちの6つの研究成果は1987年1月に開催されたブルッキングス研究所主催の米国の経常収支赤字に関するワークショップで発表された研究成果（Brookings 1987）であり，残りはKrugman＝Baldwin（1987）と Marris（1985）である。

弾性値を限界輸入性向に換算するために，1984年の全市場経済諸国の E と Y の値を1986年版の *World Development Report*（世界開発報告）から

表1-4 mおよびm^*の導出

	米国の輸入 需要弾力性	m値	米国の輸出 需要弾力性	m^*値
支出ベースの推計値				
Krugman＝Baldwin	2.9	0.33	2.4	0.12
DRI	1.2	0.14	1.0	0.05
NIESR	1.6	0.19	1.0	0.05
OECD	2.0	0.23	1.0	0.05
生産ベースの推計値				
EPA（経済企画庁）	1.8	0.24	1.2	0.11
MCM（連邦準備制度理事会）	2.1	0.28	2.1	0.11
Taylor	2.5	0.33	1.3	0.11
Marris	1.8	0.24	1.5	0.11

(出所) Krugman＝Baldwin (1987); Marris (1985); Brookings (1987) および筆者推計値。

引用した。mとm^*の値は，1984年価額の財・サービスの輸入と輸出であり，1987年版の『*Economic Report to the President*（大統領経済報告）』からの引用である。作表のために，これらは推計値と共に用いられている。例えば，Krugman＝Baldwin (1987) では，米国の輸入需要の支出弾力性を2.9と推計している。米国の支出に占める輸入シェアは1984年の0.115であるから，限界輸入性向は0.33となる。

第 2 章 　　　　　　　Ｊカーブ効果の含意

　ドルは 1985 年にピークを迎えてから（本章の執筆時点で）既に 4 年が過ぎた。ドルの下落以降の期間は既に強いドルの時代よりも長期にわたっており，楽観論，悲観論どちらの期待もことごとく裏切ってきた。楽観論では，ドルの歴史的水準への回帰により米国の対外収支が急速に均衡化に向かうと論じられていたが，ドルが 1970 年代後半の過去でも低い水準に低下しているにも拘らず，米国は 1970 年代末には想像もできなかったような経常収支赤字状態を続けている。一方，悲観論では，ドルの下落によって，米国経済が依存している外国貯蓄の供給が削減され，キャピタル・フライトが発生することを危惧していた。しかしながら，資本流入は依然として大きな規模で推移しており，外国からの信認の喪失による金融危機発生の兆候は生じていない。

　ドル下落による貿易に関する好転，金融市場における悪化，そのいずれも予測通りにはならなかったことにより，論争は内容構成の変更を来している。依然として楽観論は存在しているものの，それは貿易赤字が急速に削減されるといった薔薇色の予測ではない。また悲観論も，急激な経済危機を招来するような資本不足が生じる「ハード・ランディング」を予測するものではなくなっている。

　急速な貿易部門における不均衡是正を予測するような考え方とは異なった新しい楽観論では，貿易赤字の主要な問題点に焦点が当てられており，資本

流入が続いている事実が指摘され，米国が自国の投資をファイナンスする上で何らの問題もなかったと結論付けられている。もちろん，財政赤字は縮小されなければならないし，国民貯蓄率は引き上げられる必要があるが，そこには緊急性はない。なぜならば，外国はこれまで米国の貯蓄・投資ギャップを率先してカバーしてきてくれたし，「機動的な予算凍結」によって財政赤字が徐々に削減され，民間貯蓄がこれをカバーするまでの間，当面は同様に外国が率先してカバーしてくれるものと考えられているからである。

一方，新しい悲観論では，同じ事実に鑑みながらも，異なった結論に至っている。すなわち，ドル切り下げは失敗し，悲惨な状況を招来すると考えられている。つまり，貿易赤字は，依然として大きな規模のままで，その上，弱いドルのため，米国資産は底値で外国投資家に転売されることになる。悲観論からの問題は，米国が突然の危機の淵にあることではなく，一椀の羮のために生得の権利を売却していることである。

本章では，ドルに関する新しい楽観論，新しい悲観論，そのどちらも的外れであることについて論じる。資本流入の持続に着目している楽観論は，この資本流入の持続が，外国からの信認の結果ではなく，貿易動向の緩慢な動きの結果によるものであることに気付くことができないのである。一方，悲観論は，米国資産の「投げ売り」について，見方においては正しく，ドルの切り下げを通じた資産価格の相対的低下によって，米国は資本流入を引き続き誘引できているのである。しかしながら，大きな失敗として，この投げ売りを過小評価することは誤りであり，事実，それは調整プロセスにおける不可避の部分なのである。また，楽観論も悲観論も，どちらもあまりに性急なために，米国経済のハード・ランディングの可能性を棄却することができないのである。すなわち，外国資本の途絶に伴う金融収縮は単なる生きた可能性ではなく，議論上では既に進行中のものなのである。

第1節　資本流入と資産転売

　ドルがピークを打った時期に，事前に問題が生じる可能性を示唆していた経済学者は，一度バブルが弾けると，外国資本の供給が途絶し，金融上のハード・ランディングに向かう可能性があることを危惧していた。しかしながら，経験的には，この危惧は根拠のないものなのである。経常収支赤字が実際に最近まで名目上拡大基調にあったとしても，実際には米国は何らの明らかな強要なしに経常収支赤字をファイナンスし続けることになる。こうした危機論の不在は，多くの経済学者の間に新しいコンセンサスを形成することになる。すなわち，対外赤字は，赤字のファイナンス見通し上の問題ではなく，長期的な生活水準上の問題であるとのコンセンサスが形成されることになる。

　経常収支赤字と資本流入との結合的効果が持続したことで，ドル安容認論者の間にも反対意見が生じるようになった。数年前には，強いドルが，米国を債務国化させた1つの重要な要因であるとの考え方が一般的に広く受け入れられていた。しかしながら，実際にはドル安戦略によって米国の債務国化を改善するよりもむしろ悪化させたとの見方が支持されるようになってきている。投げ売り論とでも称することのできるこの考え方によれば，ドル安の主要な効果は，米国財の競争力を向上させることではなく，米国資産を安価にすることであると考えられている。この考え方では，外国人一般，特に日本人にとっては米国資産の購入はより容易になっている。

　投げ売り論は，時として数年以内に米国民を窮乏化させるかのように，メロドラマ仕立てで紹介されている。これは誇大表現である。しかしながら，そこにも真実が多く含まれていることは間違いない。1985年以降の米国への外国資本の流入のみに注目し，資本を誘引するためのドル安には関心を抱いていない人々は，その状況における重要な側面を見落としている。

　また，この投げ売り論には間違いもある。投げ売り論の多くは，James

Baker国務長官によって押し付けられた外生的要因としてドル安の米国への脅威を強調している。また，米国資産の底値での売却の脅威を外国投資家の前になぎ倒された木のように指摘している。しかしながら，こうした考え方は正しいとはいえない。つまり，米国資産が本当にお買い得なものであるならば，米国資産の価格は上昇するはずであり，米国が魅力的な投資先であるならば，投資誘因のためにドル価値の誘導も必要ないはずである。ポイントは，資産価格もドル価値（それは資産価格そのものであるが）も所与の要因とはみられていないことである。

第2節　市場の信認，Jカーブ効果と為替レート

　国際投資家が急に米国に対する信認を喪失したと仮定する。信認の喪失の意味することは，問題を多少とも惹起することになる。すなわち，投資家は米国資産に関してリスク・プレミアムを要求するようになるか，長期均衡実質為替レートに対する見方を下方修正するか，あるいは，「ペソ問題」と同じようにドルの崩落の蓋然性ではなく可能性を認識するようになる。市場の信認喪失の正確な性質がどのようなものであろうとも，重要なことは，投資家が現在の利回りでは米国債を保有したがらなくなるということである。
　次には何が起きることになるか。取引に応じる資本家がいないために，投資家は国外から米国に資金を誘引できなくなる。全員が売ろうとすると，その結果は売上の増加ではなく，価格の低下となる。したがって，米国において信認喪失によってすぐに生じることは，急速なキャピタル・フライトではなく，ドルの急落である。
　次に生じることについて，教科書的には，ドル下落によって米国の経常収支赤字が削減されると考えられる。この赤字削減は，資本流入比率の低下の反面であり，信認の低下が資本流入を削減するというチャンネルを通じたものである。経常収支均衡化への動きも，金利を引き上げながら国内的な貯蓄の供給を削減することになる。金利上昇によって投資家が米国資産を好んで

保有するようになった時に均衡は達成されることになる。

　この教科書的な見方は，中期的な解説としては首尾一貫した正しいものである。しかしながら，短期的な議論としては，重要な点を見逃している。すなわち，貿易収支が為替レートに反応する際の緩慢さである。最近の実例にも示されているように，為替レートに対する貿易フローの反応は，消費者が習慣を変えるには時間を要するし，供給および源泉における多くの変更は長期的な投資を必要とすることから数年のリード期間がかかるものである。こうした緩やかな変化の結果として，ドル安は急速には米国の貿易赤字の削減をもたらさないばかりか，時として一時的な貿易赤字の拡大を招来する可能性もある。資本流入比率は定義上では，経常収支赤字に等しくなることから，逆説的な結果に直面することになる。すなわち，資本市場では資本流入比率を決定することはできないのである。資本市場においてできることは，ドル価値を決定することであり，そのこと自体によって可能なことは，長期のラグを伴いながら資本フロー比率に影響を及ぼすことだけである。

　このことは一見するとドルを際限なく放置しているようにみえるかも知れない。しかしながら，ドル下落により，ドルは予測された長期水準よりも低下し，外国投資家により高い期待収益率をもたらすことになる。いくつかの点で，このことは外国投資家に対する米国資産保有誘因として十分作用することになる。こうしたなかで，経常収支赤字は持続することから，外国投資家は実際には対米投資を継続させることになる。事実，Jカーブ効果のもたらす恩恵としては，外国投資家がこれまで以上の割合で投資を実施してくれるかも知れないのである。

　ドル安は徐々に貿易赤字を削減するものであるから，長期的変化においてのみ教科書的な解が実現されることになる。結論的には，その結果は一方で対外赤字の縮小であり，他方では金利の上昇として現出する。しかしながら，この結果が実現されるには時間を要することになり，外国投資家は赤字のファイナンスを継続することになる。

　この不完全な命題において，過去に米国において生じたことの一部分を確認することになる。外国投資家による信認の喪失によって，当初は資本流入

の減少ではなく，通貨安が生じることになる。経常収支のファイナンシングのみをみている場合には，外国投資家は永続的に好んで対米投資を行うように結論付けることになる。外国投資家を引き付けている要因は，正しくは米国資産の投げ売りであり，すなわち，ドル安が米国資産を安価なものとし，外国投資家により高い期待収益率を生じさせているのである。しかしながら，この投げ売りは，ドルの任意の下落によって外国投資家に対して提示されているようなものではない。ドル安も投げ売りも，外国投資家の対米投資継続に対する否定的姿勢の結果であり，外国投資家により高い期待収益率を提供するためのものなのである。

最後に，ハード・ランディング，すなわち，外国からのファイナンシングが途絶することで生じる金融収縮が生じるケース，但し，急激なものではないが，それについて検討する。外国投資家による信認喪失は急激な資本流入の減少は発生させないことから，ハード・ランディングの発生には多少の時間的猶予期間がある。しかしながら，ドル安の急激な余波が金融的には重い負担ではないとみなしたり，金融上での問題が全くないと結論付けることは誤りである。

第3節　1つの数理モデル

先に指摘したことは単純な内容ではあるが，経済学者の間ではあまり馴染みのある内容ではない。したがって，数理モデルを用いて説明することには意味があるかも知れない。モデルは本質的には William Branson (1985) が提示した完全雇用実質為替レート・モデルであり，そこに貿易調整ラグを新たに付加したものである。この貿易調整ラグは Rudiger Dornbusch (1976) が最初に紹介したもので，使い勝手のいい数式でもあり，ここではこれを借用する。

まず，貯蓄・投資恒等式から始めることにする。貯蓄，投資を国内財に換算して示すと以下のようになる。

$$S(r) - I(r) = X(E_P) - \frac{M(E_P)}{E_S} \tag{1}$$

ここで，貯蓄と投資は，国内財に換算した実質為替レートに依存するように仮定する。貿易量は，国内財の外国財に対する名目相対価格 E_S には依存しないが，過去の実質為替レートの分配ラグである不変実質為替レート E_P に依存するものと仮定する。特に，

$$\dot{E}_P = \lambda(E_S - E_P) \tag{2}$$

ここで $1/\lambda$ は中位ラグである。(1)から，為替レートには貿易収支に関して短期的に相反する効果があり，E_P からの長期的効果には，平価切り下げにより徐々に貿易赤字が削減されるプロセスを促進するだけの効果があると仮定する。すなわち，Jカーブ効果である。

最後に，合理的な期待が形成されていると仮定する。突発的な事態を除き，（実質平価切り上げを含む）国内資産の収益率は，外国資産の収益率に必要なリスク・プレミアムを付加したものに等しいと仮定する。

$$r(E_S, E_P) + \frac{\dot{E}_S}{E_S} = r* + \rho \tag{3}$$

ここで ρ はリスク・プレミアムである。r は E_S および E_P を変数とする関数とする。(1)から，明らかに当期実質レートの上昇は貿易赤字を削減するものであり，国内の実質金利を上昇させることになる。一方，不変レートにおける上昇は r を削減させることになり，$r_1 + r_2 + r_3 < 0$ となる。

(2)および(3)によって定義された動学システムは，図2-1のように示すことができる。$\dot{E}_P = 0$ は45°線であり，$\dot{E}_S = 0$ は国内金利が外国金利にリスク・プレミアムを付加したものに等しくなる点全てを示している。相対的なグラフの傾きは図示されているようなものとし，また，そこには右下がりの減少関数 SS もあるとする。

ここで，当該国経済は当初点1で均衡しており，外国における信認を喪失

図 2-1

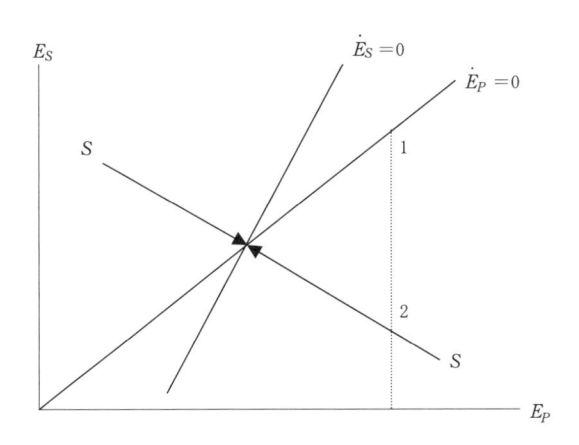

しているため，リスク・プレミアム ρ が上昇していると仮定する。その結果，実質為替レートは点2へと急落し，徐々に新しい均衡点に向かって収斂することになる。この信認喪失の初期効果は予期しないものであり，貿易赤字と，それによる資本流入が拡大し，その一方で国内金利は低下している。継続的な外資流入の誘因は点1における E_s が長期水準をオーバーシュートしたことによって示される資産の廉売状態である。

このことは，第2節において言葉で表現したことを数式化したものに過ぎない。この資産廉売の議論は，突発事態ではなく，対外的な信認喪失によるゆっくりとした貿易面での反応として現出したものである。したがって，外国からのファイナンスの漸減および r の反動的上昇は回避されたのではなく，単に先送りされたに過ぎないのである。

第4節　政策的インプリケーション

本章において示した分析は，米国における対外的な信認喪失によって将来何がもたらされることになるかということではなく，既に何らかの作用を及

ぼしていることを示唆するものである。外国投資家が継続的に米国の経常収支赤字をファイナンスしているのは、単に米国資産がドル安により安価となっているからである。以上のことが正しく、ドルが確かに安いとすると、経常収支赤字を削減するために、徐々に深刻な国内投資のクラウディング・アウトが生じることになる。したがって、国民貯蓄の上昇は、米国が何らの金融上の問題点を抱えていないと考えているような楽観主義的考え以上に緊急の問題なのである。

　もちろん、市場の誤り、そして貿易ギャップの一層の縮小が、現状のドル価額水準で生じることになる。しかしながら、このことは、市場によってドル安が一層促進されるケースであることが分かる。現在、資産価格が徐々に投げ売り水準に向かっているのであれば、将来もそれは続くことになる。

　しかしながら、為替レート政策における誤りの一種として資産の投げ売り状態を非難することは誤りである。外国投資家が高い期待収益率なしにはもはや米国に投資したがらないとすると、米国財務省がドルを支持するだけで回避できるような問題ではないのである。資産の投げ売りを回避する唯一の方法は、外資流入に頼るのを避けるためにも十分な国内貯蓄を準備することである。

　したがって、この分析についての政策上の倫理性は、従来と同様の慣例を押しのけるものであった。米国は、可及的速やかに国民貯蓄率を歴史的水準へ戻す必要がある。国際投資家は、急に投資を取り止めるというのではなく、ドルを予測できないほど低い水準まで誘導することによって、もはや大規模な経常収支赤字を好んでファイナンスはしないというシグナルを出しているのである。資産投げ売り論者の人騒がせ、あるいは謀略的見方は別にすると、恒常的な対外借入に対する自己満足の拡大は、経済学者の多くが考えるよりも早く、突然事態を自覚させるようになるということなのである。

第3章　所得弾力性における相違と実質為替レートの動向

　実質均衡為替レートの決定要因について考えてみよう。均衡レート決定に向けての実証的試みにおいて，国際経済学者は一般に精神分裂症とでも呼ぶべき様相をみせるものである。短期および中期における経常収支変化を分析する場合には，各国間の輸出財が不完全代替であると仮定した場合の所得弾力性および価格弾力性を用いるものである。事実，このフレームワークの下では，各国で生産される財が相互に代替的でない場合には価格弾力性は低くなる。しかしながら，そうしたフレームワークによって，所得弾力性あるいは経済成長率の違いによる長期的な実質均衡レートに本質的な意味での変化が生じることになる。このことは，どちらかというと容認し難いことであるが，長期分析の場合には，通常は購買力平価について何らかの形での頑なな信念を垣間みせるものである。

　本章の目的は2つある。第1に，経験則的な規則性について取り上げる。そして第2に，この経験則的規則性が短期および中期の国際経済学者間の相矛盾した考えを調和させる国際貿易に関する特定の考え方を支持するものであることについて論じる。

　経験則的規則性によると，1国の輸出入における所得弾力性は当該国の長期レートあるいは成長率に規則的に連関しているものである。急成長国は輸出の所得弾力性は高いが，輸入の所得弾力性は低いものである。このことは反対もまた真であり，成長率が低い国に関しては，ちょうど正反対の状態と

なる。この所得弾力性の相違の結果から実質為替レートにおけるトレンド変化は不必要となる。所得・価格弾力性のフレームワークは原理上では長期的な実質均衡為替レートにおける本質的な変化を生じさせることになるが，実際には，所得弾力性は，この変化をまさに不必要にするものである。また，この経験的規則性は，「45°ルール」として議論されることになる。

この点に付随する理論的論点はもっと難しいものである。ここでは，所得弾力性の分析結果が各国間でほとんど一致しないことについても論じることにする。一方，推定された所得弾力性は，所得効果とサプライ・サイド効果との混同を反映するものである。これはこれまでにも多くの指摘のなされてきた論点でもある。ここで45°ルールを説明するために，新しい論点について言及する必要がある。実質為替レートに強いトレンドが存在しないということのインプリケーションとして，先進国には比較優位性が多くなく，特化は比較優位に基づく貿易よりも収穫逓増下の貿易によるほぼ随伴的特化であると想定する必要がある。

本章は4つの節から構成されている。第1節では，伝統的な所得・価格弾力性分析を検討し，この分析結果から通常実質均衡為替レートを長期的にシフトさせることを示す。第2節では，世界貿易における所得弾力性の歴史的推計結果についてレビューし，これらのデータが成長率と相関のある特徴的パターンをもつことを示す。一般に各国は事前に予想されていたものよりもずっと僅かな実質為替レートの変動しか必要ないのであり，これが45°ルールである。第3節では，収穫逓増と不完全競争を基本とする新しい貿易理論を用いてこの結果についての説明を試みる。そして第4節では，1970年代および80年代の所得弾力性の推計結果を更新し，その新しい推計結果が本章で用いるアプローチを支持することを論じる。

第1節　所得弾力性

国際経済学の理論的文献には，複雑な生産構造と多くの相対価格を伴った

一般均衡のフレームワークが用いられているが，実証的な貿易収支分析には，1世代前の分析と同じように，実質所得と単一の相対価格に基づいた貿易に関する部分均衡の分析が用いられている。このフレームワークは，所得と同様に輸入需要に向けられる支出を含む，より慎重に特定されたフレームワークに密接に関連するものとして擁護することができる。いかなる場合にも，このフレームワークはほとんどの実証分析において用いられてきた方法であり，多くの理由付けを必要とせずに最初から用いることが可能となる。

次に，世界がyとy^*と定義される2国から構成され，自国の通貨建て価格の国内および外国の実質生産をそれぞれp, p^*とし，自国通貨に換算した外国通貨の価格をeと仮定する。為替レートは，ここでは自国財に対する外国財の相対価格$r=ep^*/p$と定義する。したがって，標準的な貿易収支モデルは，以下のように示される。輸出量は外国生産および自国財の相対価格に依存する。

$$x = x(y*, r) \tag{1}$$

輸出量は国内所得および輸入財の相対価格に依存する。

$$m = m(y, r) \tag{2}$$

貿易収支は（自国通貨建てでは）以下のようになる。
$$\begin{aligned} B &= px - ep^*m \\ &= p[x - rm] \end{aligned} \tag{3}$$

したがって，自国財に換算した貿易収支は単に以下のようになる。

$$b = x - rm \tag{4}$$

ここで，1950年代にJohnson (1958) が指摘した(1)～(4)のフレームワークが貿易収支の決定プロセスを合理的に説明するものとすると，経済成長は実質為替レートを長期にわたって徐々に変化させることになる。理由を以下に従ってみてみよう。すなわち，

ζ_x ：輸出の所得弾力性

ζ_m ：輸入の所得弾力性
ε_x ：輸出の価格弾力性
ε_m ：輸入の価格弾力性
$\dot{y}$ ：国内生産成長率
$\dot{y}^*$ ：外国生産成長率
$\dot{r}$ ：実質平価切り下げ率

ここで(4)式を変形して,以下が得られる。すなわち,

$$\frac{db}{dt} = x[\zeta_x \dot{y}^* + \varepsilon_x \dot{r}] - rm[\zeta_m \dot{y} + (1-\varepsilon_m)\dot{r}] \tag{5}$$

当初 $b=0$ とすると $x=rm$ である。貿易収支を均衡状態に維持するために,以下のようになる。すなわち,

$$\zeta_x \dot{y}^* - \zeta_m \dot{y} + (\varepsilon_x + \varepsilon_m - 1)\dot{r} = 0 \tag{6}$$

これは実質為替レートの動向を示すものである。

$$\dot{r} = \frac{\zeta_x \dot{y} - \zeta_m \dot{y}}{\varepsilon_x + \varepsilon_m - 1} \tag{7}$$

(7)式から直ちに均衡為替レートにトレンドが存在することの2つの理由が証明される。すなわち,各国が別々の輸出入弾力性を有するか,あるいは,別々の長期成長率を有することである。より一般的には,実質為替レートにトレンドが存在するかも知れないのである。

$$\frac{\zeta_x}{\zeta_m} = \frac{\dot{y}}{\dot{y}^*} \tag{8}$$

これは事前に想定し難いものであろう。

特に所得弾力性が比較優位が生じるものなら何にでも基づいてランダムに各国に与えられるものと仮定する。すると,(7)式から急成長国は平均して長期にわたって徐々に平価切り下げを経験することが予想できる。つまり,世界市場での販売量を増加させ続けるには自国財の相対価格を削減する必要があることになる。

厳密な計量経済学的分析結果がなかったとしても，直ちに，この主張が正しくないことは専門家でなくとも明らかなはずである。例えば，日本は，米国との間で累進的な実質平価切り下げは経験していない。いずれにしても，逆説が正しいことになる。したがって，相対成長率と相対所得弾力性との間に何らかの規則性が存在することは間違いない。そこで，関係を明確に定義するために，古い計量分析結果のいくつかを簡単に取り上げることになる。

第2節　1950年代および60年代における45°ルール

1969年にHouthakker＝Mageeによる先行研究は，多くの国の貿易関数に関する比較推計における1つのベンチマークとなっている。Houthakker＝Mageeの分析結果は主として，相対的な所得弾力性において各国間に大きな相違が存在するという結果であった。特に，日本は所得弾力性が輸出において高く，輸入において低いという極めて好ましい組合せであったが，米国および英国は，その正反対であった。Houthakker＝Mageeはもちろん，分析結果から，日本がサンプル国中で最も急成長を遂げている国であり，米国および英国は最も成長率の低い国であると指摘しているが，経済成長率の相違が所得弾力性の推計値における相違と規則的に相関している可能性については検討していない。

しかしながら，この結論を回避することはできない。表3-1は，Houthakker＝Mageeによる先進諸国の所得弾力性の推計結果を示したものである。また1955-65年における平均経済成長率も示している。その関係は注目に値するものである。ζ_x/ζ_mを$\dot{y}$に対してグラフ化してみると，その関係は一層際立ったものとなる。この関係をプロットしたものが図3-1である。

基本的に，Houthakker＝Mageeの分析結果が示しているのは(8)式で示されたことである。すなわち，推計期間全てにわたって所得弾力性は，実質均衡為替レートに強い動きを伴うことなく各国に全く異なった経済成長の余

第3章 所得弾力性における相違と実質為替レートの動向　69

表3-1　1950－60年代における所得弾力性と経済成長率

	所得弾力性			経済成長率
	輸入	輸出	比率	(1955－65年)
英国	1.66	0.86	0.52	2.82
米国	1.51	0.99	0.66	3.46
ベルギー	1.94	1.83	0.94	3.77
スウェーデン	1.42	1.76	1.24	4.18
ノルウェー	1.40	1.59	1.36	4.41
スイス	1.81	1.47	0.81	4.66
カナダ	1.20	1.41	1.18	4.66
オランダ	1.89	1.88	0.99	4.67
デンマーク	1.31	1.69	1.29	4.74
イタリア	2.19	2.95	1.35	5.40
フランス	1.66	1.53	0.92	5.62
ドイツ	1.80	2.08	1.56	6.21
日本	1.23	3.55	2.89	9.40

(出所)　所得弾力性：Houthakker＝Magee (1969)；経済成長率：IMF, *International Financial Statistics*.

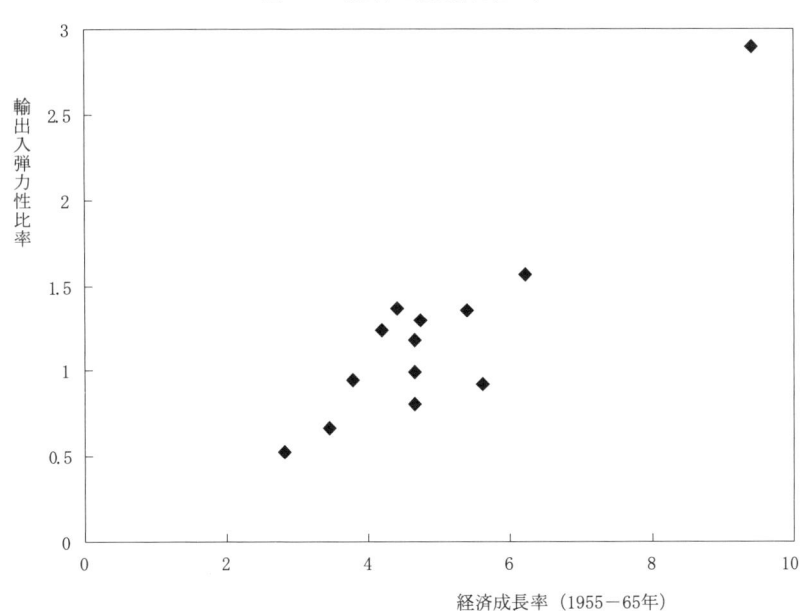

図3-1　成長率と所得弾力性比率

[散布図：横軸 経済成長率 (1955－65年)、縦軸 輸出入弾力性比率]

地を与えるものであった。このことは，各国の経済成長率に関する常用対数回帰ないしは Houthakker＝Magee の弾力性によって，より数学的に確認することができる。[1]

$$\ln\left(\frac{\zeta_x}{\zeta_m}\right) = -1.81 + 1.210 \ln\left(\frac{\dot{y}}{\dot{y}^*}\right) \quad (9)$$
$$(0.208)$$

$$R^2 = 0.754 \quad SEE = 0.211$$

この回帰分析では概して，1955－65 年においてA国がB国の2倍の速度で成長するとすれば，A国の輸出入弾性値はB国の2倍の水準と推計されている。

　この経済成長率と所得弾力性との間に規則的関係があるとした分析結果は，所得弾力性が同一ないしはランダムに分布するものと仮定して予測された結果よりも，購買力平価を有効なものとする結果であった。当初，日本は急成長に対応するために輸出の相対価格を急速に低下させる必要があると予想されたかも知れないが，この分析結果から，所得弾力性が輸出において高く，輸入において低いという構造的組合せによって急成長に対処してきたことが分かる。一方，英国では経済における低成長は実質為替レートの投機的高騰によって補完されたが，所得弾力性が輸出において低く，輸入において高いという構造的組合せによって，経済成長の便益は剥奪されたのである，

　明らかに何らかの事態がここには生じている。経済成長率と所得弾力性との間における規則的な連関は純粋に偶然の一致によるものとは考え難いものであり，次のステップとして，その潜在的な説明を試みることにする。

第3節　明確な所得弾力性の相違についての説明

　経済成長率と所得弾力性の選好性との間の密接な連関には，2つの形態ないし説明が存在する。1つは，所得弾力性によって経済成長が決定されると

---

[1] 自国の外国との経済成長率の相対比率を用いるべきであるが，Houthakker＝Magee 事例に対する「外国」の成長率を再構成することができなかった。本章の1970年代後半の分析では，正しい比率が用いられている。

いうことであり，所得弾力性が望ましい状態にない諸国においては，経済成長を志向する場合には必ず経常収支問題に直面させられることになる。こうした要因が各国に，成長を抑制する引き締めと緩和とを交互に行う政策（ストップ・アンド・ゴー政策）を強いる要因であるとすると，その結果は，経済成長を長期的にほとんど変化のない実質為替レートの水準に限定することになる。賃金と価格とのスパイラルが実効的な平価切り下げの阻害要因になる場合にも，同様の結果が生じることになる。すなわち，各国は所得弾力性によって決定される相対成長率よりも急成長するために必要な実質平価切り下げを実現することができないことになる。

　もう1つの基本的な説明は，明らかに異なった経済成長率によって，所得弾力性に明確な相違を生じさせるような方法で貿易部門が影響を受けることになる。結果として，各国が直面する明らかな需要の相違にサプライ・サイド的な要素が含まれていることを意味することになるかも知れない。

　ここではまず，他の何よりも所得弾力性が経済成長を決定するという議論を単に棄却することにする。数十年という期間にわたる経常収支問題が，長期的な経済成長を阻害するという議論は，特に1950年代および60年代の米国のような相対的な閉鎖経済に関しては，根本的に受容れ難い議論のようである。その上，周知のように，各国間における経済成長率格差は，原理的には全要素生産性の成長率によって決定されるものであり，雇用増加率格差によって決定されるものではない。所得弾力性が望ましい水準にないために，経常収支問題と全要素生産性成長率とが，どのようなチャンネルを通じて結び付くことになるのかを把握することは難しいことである。

　したがって，所得弾力性についてのサプライ・サイド的解釈へと駆り立てられることになる。しかしながら，どのようなサプライ・サイド的解釈が必要となるかについて検討することは重要である。単に各国向けの輸出供給曲線を仮定することだけでは参考にはならない。すなわち，1国が経済成長すると，当該国の供給曲線はシフトすることになる。但し，このことは，需要曲線を単に引き下げ，需要曲線をシフトさせることとは意味が違うのである。明らかに，各国が輸出入において右肩上がりの供給曲線に直面する場合

には，実証的推計にこのことを無視するような何らかのバイアスが存在することになる。しかしながら，このことは，各国が実質為替レートのトレンドがシフトすることなく，別々の成長率で成長できるような基本形化された事実をおそらく説明しないであろう。

　Johnson（1958）および Bhagwati（1958, 1961）が実証化を試みたように，もっと洗練された考え方というものは，交易条件に関する経済成長の効果についての伝統的な分析に到達することになろう。関連先行研究では，各国が貿易に特化しない場合，すなわち，各国が輸出同様に輸入競合財を生産する場合には，経済成長は交易条件に関していく通りにも解釈でき得る効果をもち得ることになる。輸出に偏った成長は，実際には，長期にわたる交易条件の悪化をもたらすものであるが，輸入に偏った成長は，成長国の交易条件を実際には改善するものである。重要な問題は，成長の輸入に及ぼす効果である。すなわち，所与の交易条件において成長によって輸入が削減されるのであれば，それが輸入志向型成長であり，長期的には成長国の交易条件を改善するものなのである。

　この点には重要な含意がある。1950年代および60年代における最大の成長国は日本であり，反対に最も成長率が低い国は米国と英国であった。日本は明らかに先進国へのキャッチ・アップ中であり，そのことは，日本が貿易相手国に近づいていくことでもあった。当初，日本が労働集約財に比較優位を有し，資本集約財は比較劣位にあったと仮定する。その構造は他の先進諸国の構造に近づいていくのであるから，資本集約財の比較優位性が相対的に高まり，経済成長も当初比較優位のあった部門からなかった部門へと移行することになる。このことはまさに輸入志向型成長であり，日本が交易条件を悪化させなかった理由なのである。反対に，米国および英国はキャッチ・アップされた国であった。すなわち，世界は一層英米に近い構造になってきているのであり，他の条件を一定として，交易条件は長期的には悪化する傾向にあることになる。[2]

---

[2] 技術的なキャッチ・アップが，キャッチ・アップされた国の交易条件を悪化させるプロセスについてのより技術的数理化については，Krugman（1985）を参照のこと。なお，これは Dornbusch＝Fisher＝Samuelson（1977）に多くの理論的影響を受けている。

急成長国が輸入志向型成長であったという議論は多くの視点を提供してくれるものであるが，図3-1のデータの説明上における整合性という点では3つの疑問がある。第1に，この議論では，急成長国において所得弾力性は望ましいものであったことは説明できるが，所得弾力性の実質為替レートに対する不変性が望ましい条件であるかについての説明にはならないということである。第2に，この議論は，所得に占める貿易シェアに関しての含意を有するということである。1国が成長し，その他諸国は成長しないと仮定すると，成長国で交易条件が悪化しないということは，輸入需要は増加してはいけないことになる。したがって，国民所得に占める輸入シェアは低下することになる。すなわち，当該経済は，より閉鎖体系化しなければならないのである。明らかに，この結果は他の条件が一定でない（例えば，世界貿易の自由化の進展，他国における経済成長の実現などを想定する）ことによって緩和されることになる。しかしながら，安定的な交易条件が実際に所得に占める貿易シェアの拡大と整合的であったという事実は，1950年代および60年代において，後発成長国における輸入志向型成長が実質為替レートの動向から詳細に説明できるものであるかという疑問を退けるものである。

第3の疑問は，伝統的な貿易理論と成長理論が条件付きの説明であるということへの懐疑から生じるものである。45°ルールが生じることになるが，そのことに特別な理由などないのである。特に，それは長期安定的に推移するとは限らないのである。しかしながら，相対的な経済成長率のシフトに代わって45°ルールは，1970年代および80年代には，一般に長期安定的に推移してきたのである。したがって，ここでは少なくとも例外的な説明を試みることにする。

45°ルールについて，原理的な説明を検討する上で，多少とも専門的な自己分析に取り組むことにする。国際経済学者は多くの場合，正確なものでなくとも先進諸国の購買力平価の長期的水準を想定し得る理由が問題なのである。これは基本的に先進諸国を完全に同質であると想定していることによるものである。つまり，ドイツと米国は全く同質の財を生産可能であり，また品質的においても同一ということになる。但し，コストと価格相互に全く異

なっているとすると，全ての生産は同質化に向かうことになる。長期的には競争を通じて生産地にかかわらず，相対価格差の縮小化が期待されることになる。

しかしながら，ドイツと米国が非常に類似しているとすると，両国間で貿易が発生する理由が問題となる。それは比較優位性ではなく，特化の優位性，すなわち，いわゆる収穫逓増によってもたらされる何らかの任意の特化である。したがって（驚くほどではないが），45°ルールは，比較優位性ではなく，むしろ収穫逓増により類似した国家間で取引がなされるという新貿易理論によって最も巧く説明されるということを論じることになる。

議論は以下のようになる。すなわち，急成長国は，自国財の相対価格を引き上げるのではなく，経済成長に応じて自国が生産する財のバラエティを拡大することによって世界市場におけるシェアを拡大しているのである。輸出入として計測されているものは，財構成が固定化されていることはなく，長期的に取引される財を増加させるような定義上の変化をまとめたものとなる。日本の輸出は，いずれにせよ右上がりの需要曲線に接する点を集計したものである。しかしながら，日本経済は長期にわたって経済成長してきたので，その需要曲線をシフトさせるような，そうした方法で，その集計の定義は変化しているのである。その結果は，複数年にまたがるような実質平価切り下げを必要とせずに当該国に自国経済を成長させるような明らかに望ましい所得弾力性を生み出すことなのである。

ここでのモデルは「基本」モデルであり，Krugman (1980) が独占競争についての Dixit=Stiglitz (1977) モデルを基礎に導入したものである。自国と外国の2国を仮定して，どちらも非常に多くの生産バラエティのいずれも生産し，消費できるものとする。そうした生産バラエティは瞬間的な効用関数[3]を共有している全ての消費者によって対称的に消費されることになる。

---

3 消費される場所についての問題は，ここでは考慮しないことにする。その問題については，資本移動がなく，投資も存在しないと仮定すると，人々は瞬間的に効用関数を現在の所得範囲内で極大化するだけになる。そこに資本移動と投資とを追加すればモデルは複雑化するが，それほどではないはずである。

$$U = \left\{ \theta^{-1} \sum_{i=1}^{\infty} c_i^{\theta} \right\}^{1/\theta}, \ 0 < \theta < 1 \tag{10}$$

ここで生産要素は資源の総体として労働のみを保有すると仮定する。重要なポイントは，各国間の総体的な要素賦存度の相違あるいは比較優位性を向上させる財における要素集約度の相違を無視することである。代わりに，収穫逓増による貿易の発生は，財生産に必要な労働が固定費を意味するという仮定を通じてモデル内に織り込まれている。

$$I_i = \alpha + \beta x_i \quad \text{すべての } i \text{ に対して} \tag{11}$$

I_i は財生産のために投入されたものであり，x_i は財の生産とする。また，各国は完全雇用制約下にあると仮定すると，

$$L = \sum_i I_i \tag{12}$$

Dixit＝Stiglitz の研究でも指摘されたように，こうした効用と技術とを伴った閉鎖経済は，独占的な競争均衡を有することになる。生産された各財は，ある企業が等しく有益な新しい財の生産開始を恒常的に志向していたため，当該企業によって購入されることになる。したがって，他社と共に市場で競争するインセンティブは存在しない。特定財を生産している企業は需要弾力性に直面することになる。

$$\phi = \frac{1}{1-\theta} \tag{13}$$

この需要弾力性が与えられると，各企業は賃金率を超えるマークアップで価格を設定することになる。

$$\frac{p}{w} = \frac{\beta}{\theta} \tag{14}$$

したがって，ゼロ収益条件が財当たりの生産と雇用を決定する。

$$x\left(\frac{p}{w-\beta}\right) = \alpha \Rightarrow x = \frac{\alpha\theta}{\beta(1-\theta)} \tag{15}$$

そして，

$$1 = \frac{\alpha}{1-\theta} \tag{16}$$

1国で生産された生産バラエティの数は，単純にその労働力に比例することになる。したがって，

$$n = \frac{L(1-\theta)}{\alpha} \tag{17}$$

次に，労働力 L および L^* を有する2国間における貿易を考える。輸送費が無視でき，これらの貿易国が労働力 $L+L^*$ を有する世界を構成すると仮定すると，賃金率と代表的な財の価格は，相対的な経済規模に関係なく等しくなる。貿易は自らの購入財の多様化を志向する各国消費者の欲望の結果である。自国で n 個のバラエティ，外国で n^* 個のバラエティが存在すると仮定すると，各消費者は一定額あるいは所得のうちの $n/(n+n^*)=L/(L+L^*)$ を自国財に，$n^*/(n+n^*)=L^*/(L+L^*)$ を外国財にそれぞれ支出することになる。

ここで，価格あるいは代表的な財によってデフレートされた国内所得を以下のようにすると，

$$y = \frac{wL}{p} = \frac{L\theta}{\beta} \tag{18}$$

自国の輸入量は以下のようになる。すなわち，

$$M = \left(\frac{n}{n+n^*}\right)y \tag{19}$$

そして自国の輸出量は以下のようになる。

$$X = \left(\frac{n^*}{n+n^*}\right)y^* \tag{20}$$

このとき，自国および外国が長期にわたり成長していると仮定すると，何が生じるか考えることにする。生産性の向上が，実効労働力の増加として示されると認識しているので，経済成長は L および L^* における増加として示されることになる。2国間で労働力の成長率が異なっていたとしても，代表

的な財の価格は依然として等しいはずである．すなわち，実質為替レートの変化は生じないのである．その理由は，急成長国は，相対価格を低下させずにより多くの財を販売できるように他国よりも早く生産している財の数を増加させることによって，世界におけるシェアを拡大させることができるからである．

式(19)と(20)を変形させると，以下のようになる．すなわち，

$$\dot{X} = \dot{M} = \dot{y}\left(\frac{y^*}{y+y^*}\right) + \dot{y}^*\left(\frac{y}{y+y^*}\right) \tag{21}$$

ここで，無知な計量経済学者が伝統的な貿易モデルをこれらのデータに適用すると仮定する．したがって，輸出の所得弾力性は以下のように想定されることになる．

$$\zeta_x = \frac{\dot{X}}{\dot{y}^*} = \left(\frac{\dot{y}}{\dot{y}^*}\right)\left(\frac{y^*}{y+y^*}\right) + \frac{y}{y+y^*} \tag{22}$$

同様に輸入の所得弾力性は以下のようになる．

$$\zeta_m = \frac{\dot{M}}{\dot{y}^*} = \left(\frac{\dot{y}^*}{\dot{y}}\right)\left(\frac{y}{y+y^*}\right) + \frac{y^*}{y+y^*} \tag{23}$$

式(22)および(23)からすぐに自国の相対的な成長率が高ければ高いほど，輸出の所得弾力性もより高くなり（他の条件一定として），輸入の所得弾力性より低いものとなる．もちろん，このことは既に指摘したような財の数の変化を単純に反映するものである．しかも，こうした所得弾力性は，実際には正確に45°条件を満たすことになる．すなわち，

$$\frac{\zeta_x}{\zeta_m} = \frac{\dot{y}}{\dot{y}^*}$$

そして，比較優位性よりも経済における特化により生じる貿易に関する単純なモデルによって，計量経済学者は45°ルールを認識することになる．基本的な論理構造は，各国が基本的に類似した構造であると仮定すると，典型的な貿易財価格は等しく，所得弾力性は価格が等しくなるように作用するというものである．

45°ルールが実際には，特定の環境の偶発的な条件よりも貿易フローに関

する基本的な何らかの条件を反映するものであるとすると，それは時間的な制約は受けないことになる。特に，1国の相対的な成長率が変化すると，45°ルールを維持するために所得弾力性も変化するはずである。そこで，次では，1970年代および1980年代における45°ルールの有効性について検証する。

第4節　1970年代および80年代における45°ルール

表3-2および表3-3は，1971-86年における先進国の年計データに基づく輸出入関数の推計結果である。従属変数は，

X：1982年価額の製品輸出

M：1982年価額の製品輸入　　である。

説明変数は以下の通り。

Y　：実質GNP

Y^*：1978年の輸出国の輸出シェアでウエイト付けした先進14カ国のGNPの幾何平均値で示した外国の実質GNP

RXP　：製品輸出の相対価格指数（OECD指数）

RMP　：製品輸入単価のGNPデフレータ比率として算出した相対価格ないしは製品輸入

推計データは全て OECD, *Economic Outlook* から利用した。推計方法は，対数線形としたが，連続相関がみられる場合には補正を行った。

全体としては，これらの推計結果は妥当なものといえるが，推計は1国について1回であり，もっと慎重なデータのチェックが必要な可能性がある。例えば，データを追加する，あるいは，いくつかの変数を追加する必要があるかも知れない。しかし，そのことは，所得・価格弾力性のフレームワークを用いて分析する研究者を落胆させることではない。推計結果の例外としては，英国の輸入関数が妥当性を欠いたものとなっている。ここでは，この問題は解明できていないので英国は議論の対象とはしない。

第 3 章 所得弾力性における相違と実質為替レートの動向

表 3-2 1971−86 年の輸出関数の推計結果

	係 数						
	Y^*	RXP	RXP^{-1}	SEE	R^2	$D-W$	ρ
オーストリア	3.05 (0.10)	−0.56 (0.42)	−0.04 (0.42)	0.03	0.992	2.11	−
ベルギー	1.24 (0.13)	0.39 (0.16)	−0.58 (0.14)	0.02	0.971	2.18	−
カナダ	2.87 (0.09)	0.62 (0.20)	0.18 (0.18)	0.02	0.996	1.96	−
ドイツ	2.15 (0.09)	−0.32 (0.23)	−0.23 (0.21)	0.03	0.987	2.11	−
英国	1.30 (0.08)	0.00 (0.14)	−0.54 (0.13)	0.03	0.963	2.01	−
イタリア	2.41 (0.11)	0.08 (0.19)	−0.31 (0.20)	0.04	0.982	1.61	−
日本	1.65 (0.80)	−0.35 (0.18)	−0.53 (0.21)	0.06	0.978	2.19	0.81
オランダ	3.86 (0.66)	−0.56 (0.22)	−0.20 (0.29)	0.03	0.980	1.46	0.94
米国	1.70 (0.08)	−0.44 (0.16)	−0.98 (0.16)	0.04	0.976	2.10	−

(注) 推計データは年計値。( ) 内は標準誤差。

表 3-3 1971−86 年の輸入関数の推計結果

	係 数						
	Y^*	RMP	RMP^{-1}	SEE	R^2	$D-W$	ρ
オーストリア	2.94 (0.99)	−0.14 (0.43)	0.41 (0.75)	0.04	0.979	1.74	0.41
ベルギー	1.99 (0.10)	−0.39 (0.16)	−0.14 (0.15)	0.03	0.975	1.62	−
カナダ	1.66 (0.27)	−0.79 (0.51)	−0.66 (0.51)	0.07	0.916	1.66	0.40
ドイツ	2.83 (0.26)	−0.33 (0.20)	0.24 (0.26)	0.03	0.988	1.24	0.54
英国	−0.20 (0.09)	1.03 (0.05)	−0.04 (0.04)	0.01	0.999	1.95	0.95
イタリア	3.65 (0.37)	−0.51 (0.20)	−0.17 (0.14)	0.04	0.981	1.69	−
日本	0.80 (1.19)	0.03 (0.29)	−0.45 (0.38)	0.12	0.928	1.51	−
オランダ	2.66 (0.46)	−0.11 (0.14)	−0.11 (0.19)	0.02	0.987	2.13	0.79
米国	1.31 (0.44)	0.11 (0.34)	−1.04 (0.36)	0.08	0.957	1.62	−

(注) 推計データは年計値。( ) 内は標準誤差。

しかしながら，依然として Houthakker＝Magee の推計結果に示されたように，高成長国は所得弾力性の説明力が高いという規則性が存在する。表3-4は，所得弾力性の推計値と比率および（自国と外国のトレンドを合わせて算出した）成長率を示したものである。これらのデータを図3-2のようにプロットすると，図3-1に示した Houthakker＝Magee の推計結果とは成長率の分布が小さいため若干異なったものとなるが，右肩上がりの関係は依然として明確に確認できる。信頼性は若干劣るものの，平均的な45°ルールに関しては維持されることになる。

$$\ln\left(\frac{\zeta_x}{\zeta_m}\right) = -0.00 + \underset{(0.609)}{1.029} \ln\left(\frac{\dot{y}}{\dot{y}^*}\right)$$

$$R^2 = 0.322 \qquad SEE = 0.41$$

多分，より明示的なテストによって，推計が初期から後期にかけて変化するプロセスを確認することができるはずである。Houthakker＝Magee が指摘しているように，1950年代および1960年代における日本の推計結果から，日本は所得弾力性の説明力の高い国であるといえるが，これに対して，米国および英国は，所得弾力性の説明力が高くない。1970年代および1980年代には，経済成長率の全般的な収束がみられる。ヨーロッパの成長率は，米国の成長率よりも低下しているため，米国はほぼ貿易相手国と同じ速度で成長している。日本は依然として急成長しているものの，以前に比べると，

表3-4 1970-1986年における所得弾力性と経済成長率

	GNP 成長率			所得弾力性		
	国 内	外 国	比 率	輸 出	輸 入	比 率
英国	2.49	2.91	0.86	1.70	1.31	1.30
オランダ	1.96	2.17	0.90	3.86	2.66	1.45
ドイツ	2.10	2.23	0.94	2.15	2.83	0.76
ベルギー	2.15	2.19	0.98	1.24	1.99	0.62
イタリア	2.56	2.37	1.08	2.41	3.65	0.66
オーストリア	2.63	2.08	1.26	3.06	2.60	1.18
カナダ	3.59	2.55	1.41	2.87	1.66	1.73
日本	4.15	2.37	1.75	1.65	0.80	2.06

（出所） OECD, *Economic Outlook* よりの推計値。

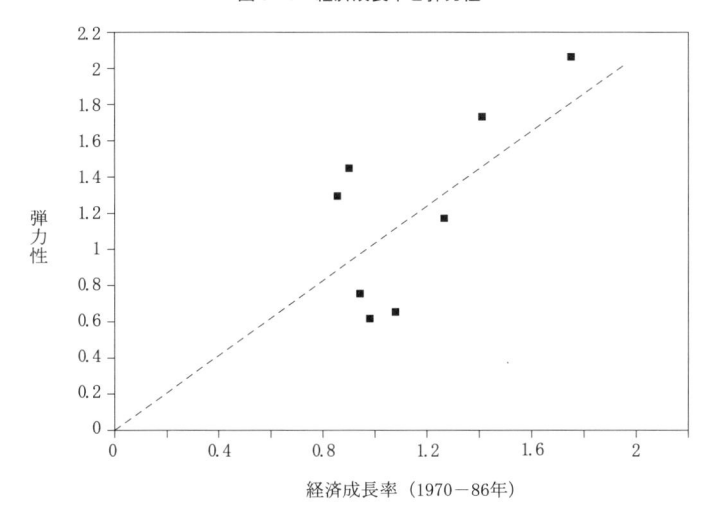

図3-2 経済成長率と弾力性

縦軸：弾力性（0〜2.2）
横軸：経済成長率（1970-86年）（0〜2）

その軌跡の逸脱度は小さくなっている。この分析が正しいとすると，日本の ζ_x/ζ_m 比率は低下し，米国の ζ_x/ζ_m 比率は上昇していることになる。ここでの推計結果によると，日本の所得弾力性は依然として高いものの，Houthakker＝Magee の推計結果よりは低く，米国の ζ_x/ζ_m 比率は Houthakker＝Magee の推計結果よりも高くなっている。

第5節 結 論

本章では，実質為替レートの長期トレンドが存在しないことについて検討してきた。このことは，通常推計される極めて低い価格弾力性よりも，先進国の製品生産に対して長期購買力平価の方が説明力が高いことを意味している。伝統的な計量経済学によって，このことを正当化する方法は，高成長国が輸出の所得弾力性が高く，輸入の所得弾力性が低いことが，長期的な平価切り下げを伴わずに高成長を調和させていることを示すことである。データから様式化された事実として，ここでは45°ルールと呼ばれるものを取り上

げた。多くの様式化された事実と同様に，ここでも図示されたデータを一瞥する必要があるが，説明すべき所得弾力性と相対成長率との間の規則性について十分な根拠が存在することを論じてきた。

　ここでの議論においての最良の説明は，先進国間の貿易は概して各国の比較優位性を反映するものではなく，先発国の独自の財に対する需要は長期的には低下傾向を示すということである。これに対して，各国は異なったレベルにおいて，規模の経済性における優位性を確保することに特化するものである。各国が成長すると，生産の幅を拡大することができ，その結果，長期的平価切り下げの必要はなく世界市場におけるシェアを増加することができるのである。

　但し，これは予備的研究に過ぎないことを明確にしておく必要がある。理想的には，ここでは単純な回帰分析および単純なモデルに留まらず，長期と短期，中期を動学的に結び付け，伝統的な所得・価格弾力性のフレームワークが重要な部分を占めるようなモデルを開発しなければならない。しかしながら，本章では，むしろ曖昧な実証上の規則性であっても重要と確信している事柄に関心を向けさせることを目的とした。

第Ⅱ部　投機と為替レート

第 4 章　　　　　　経常収支危機モデル

　政府というものは，さまざまな方法で自国通貨の価値を固定することが可能である。高度に整備された金融市場を有する国では，為替相場を擁護するために，公開市場操作，為替先物市場への介入，対外資産の直接操作など（詳細については，Girton＝Henderson＜1976＞の中央銀行の操作と，その為替レートに及ぼす効果に関する分析を参照のこと）の利用が可能となる。つまり，介入手段は銀行準備率を変更すること以外の他の手段まで利用可能となるのである。しかしながら，こうした政策手段全てに限界がある。すなわち，平価切り下げを回避しようとした政府が，外貨準備の枯渇，対外借入の限界に直面するという可能性もある。また，平価切り下げを回避しようとした政府が容認できないほどの国内物価の上昇に直面する可能性もある。行動が制約されるために，政府が固定相場を維持不可能になると，経常収支上の「危機」が生じることになる。
　本章では，こうした危機の分析に焦点を当てる。経常収支危機は，これまで理論的にはあまり関心を向けられて来なかったが，多くの経常収支危機には共通する特徴があり，実証上の規則性から共通したプロセスが作用していると考えられる。すなわち，「一般的」に危機は，以下のような様式にしたがって生じている。単純化したケースでは，ある国が固定相場制を採用しており，固定化を外国為替市場における直接介入を通じてのみ維持していると仮定する。そうした為替相場政策下においては，政府準備は徐々に低下する

ことになる。いくつかの点で，一般に準備金が徐々に枯渇することによって準備高を使い果たしてしまうかなり前に，残りの準備高をすぐに消滅させるほどの急激な投機的攻撃が起こることになる。その結果，政府は為替レートをもはや防衛不可能な状態に陥ることになる。

しかしながら，政府がある種の貨幣準備あるいは第2線準備によって，危機的状況を克服可能なことがある。そうしたケースでは，例えば，ゴールド・トランシュあるいは緊急融資が用いられることになる。これによって劇的な逆調が生じることになる。すなわち，流出した資本が還流し，政府の準備高は回復することになる。しかしながら，事態の悪化が一時的に先送りにされたに過ぎないのである。多くの場合には別の危機が生じることになり，それによって政府は依然として一層の準備金を必要とする事態に直面することになるのである。一時的な投機的攻撃の全般的帰結として，為替レート維持政策が講じられる前に，市場からの信認の回復が最終的には，無意味化することになる。

投機主体の心理に多くを依存するこの種の劇的な事態を数学的モデルに取り込むことが可能か否かという問題がある。しかしながら，経済学の他の分野のアナロジーによれば，経常収支における突発的な危機をモデル化することは，それほど難しいことではないかも知れない。枯渇性資源に関する理論では，政府が価格安定化のために枯渇性資源の備蓄を用いる体制，それは為替レートを維持するために外貨準備を用いることと明らかに同じことであるが，それが最終的には，民間投資主体によって突発的に残された全ての政府の外貨準備残高が奪われてしまうような投機的攻撃を抑止することになる[1]。民間残高の増加は，事後的に保有残高からの利回り増加によって正当化されることになる。価格安定化策が崩壊すると，資源保有が有利化するような配当水準によって，資源価格は上昇し始めることになる。

本章では，同様の議論を経常収支危機の説明にも適用可能であることを示す。政府準備に対する投機的攻撃は，自国通貨比率を低下させ，外貨比率を

---

[1] このことは，Stephen Salant に触発されたことであるものである。政府在庫に対する投機的攻撃については，Salant=Henderson (1978) で短く論じられている。

上昇させるような投資主体による1つの投資構成の変更プロセスとして検討することができる。すなわち，こうした投資構成の変更は，相対利回りにおける変動によって正当化されることになる。なぜならば，政府が為替レートを防衛不可能な事態に陥ると，通貨価値は下落することになる。

もっと驚くべきことは，市場において，政府が潜在的な準備金をどの程度積極的に投入するか否かが不確実な場合には，投機的攻撃と信認回復が交互に生じるようなパターンが当然の事態となる。なぜならば，投資主体は，「一方的なオプション」で事態に直面させられることになるからである。例え，固定レート崩壊への危惧によって投機が正当化されないことが示されたとしても，投機によって損害を被ることはないのである。

そこで，本章では，経常収支危機の理論的分析を試みることにする。本章は6つの節から構成され，第1節では，Kouri（1976）によって導入された単純な1財2資産モデルを分析に援用しながらマクロ経済モデルを構築する。第2節および第3節では，そのモデルの機能と当該国の長期的変化を変動為替レートおよび固定為替レートについて，それぞれ別々に分析する。第4節は，本章の分析における中心的テーマを扱う。すなわち，政府によって固定されていた為替レート体制が，突然崩壊した状況についての分析である。この基礎的分析は，第5節では，危機と信認回復が交互に生じる可能性を形成する政府による政策が不確実な場合について拡張されることになる。そして第6節では，本分析の特徴と限界について論じる。

第1節　マクロ経済モデル

経常収支危機を研究するために，2つの特性を有するモデルが必要となる。すなわち，(1)国内通貨に対する需要が為替レートに依存すること，(2)国内金融市場を清算する為替レートが長期的に変化すること，この2つの性質である。Kouri（1976）が開発したモデルは，こうした特性を持ちつつも，精密かつ操作性に優れたものであった。ここでは，議論のための基礎を

補強する上で Kouri モデルを若干修正したモデルを用いることにする。モデルには多くの特殊な仮定を置いているが，現実妥当性との関係での問題についてはまずは考えないこととする。しかしながら，分析の中心的課題についての検討の後で，モデルの現実妥当性についても明確にする必要がある。

ここではまず，1つの貿易財のみを生産している小国を取り上げることにする。財価格は世界市場に対して設定されるため，購買力平価が適用されることになる。したがって，

$$P = sP^* \tag{1}$$

ここで P は国内価格水準，s は国内通貨の外国通貨に対する為替レート，そして P^* は外国の価格水準とする。P^* が一定と仮定し，$P^*=1$ とすることで単位選定が可能となる。したがって，価格水準と為替レートを同一に見なすことが可能となる。

生産水準が恒常的に完全雇用水準 Y であることを保証するために，当該国は完全に伸縮的な価格と賃金を有するものと仮定する。貿易収支は，モデル内では経常収支となるが，生産と支出との差によって決定されることになる。すなわち，

$$B = Y - G - C(Y-T, W) \qquad C_1, C_2 > 0 \tag{2}$$

ここで B は実質貿易収支，G は実質政府支出，T は実質課税，そして W は実質国民所得ストックとする。

次に，資産市場を検討する。ここでは投資主体は自国通貨建てと外貨建ての2つの資産のみから投資対象を選択可能なものと仮定する。両通貨とも名目金利はゼロとする[2]。国内居住者の実質総資産は，居住者が保有する自国通貨建て資産の実質価値総額 M と外貨建て資産の実質価値総額 F の合計額となる。したがって，

---

2 こうした仮定を設定する理由は，経常収支と貿易収支を同一視するために，国際金利支払を除外する必要があるからである。

$$W = \frac{M}{P} + F \tag{3}$$

最後に単純化のために,外国人は国内通貨を保有しないものとする。したがって,M はまた国内通貨と居住者が積極的に保有しようとする均衡下における国内通貨残高となる。国内通貨の期待保有高は,保有資産量に比例することになり,ポートフォリオ均衡条件は以下のようになる。すなわち,

$$\frac{M}{P} = L(\pi) \cdot W \qquad L_1 < 0 \tag{4}$$

ここで π は,期待インフレ率とする。但し,本モデル内では,π は期待平価切り下げ率となる。π の決定は,本モデルでは分析上極めて重要な要因ではあるが,それは完全な動学分析においてより有効に議論されることになる。したがって,ここでは π は外生変数として扱うこととする。

本章では,2つの為替レート体制が検討対象となっている。第1に,完全なフロート制であり,この場合は政府が外貨の売買は行わないものとする。第2は,固定相場制で,この場合には政府は外貨準備を保有し,自国通貨と外貨の交換を固定水準に維持することになる。2つのシステム下における当該国の短期的な行動は,図4-1を用いて分析できる。右肩上がりの LL 曲線はポートフォリオ均衡条件(4)を示している。すなわち,外貨保有の増加は,所与の π に対する実質国内通貨の増加に随伴的に生じることになる。右下がりの WW 曲線は,資産保有の抑制を示している。すぐに外貨を獲得するためには,国内居住者は自らの国内通貨保有量を削減しなければならないのである[3]。

変動相場制下では,政府も外国政府も自ら自国通貨を外貨と交換しないことから,国内居住者が全体的な資産選択を変更する方法はないことになる。もし政府あるいは外国政府がポートフォリオ構成を変更しようとすると,その影響は価格水準(為替レート)を変化させることになる。例えば,π が上昇したと仮定する。このことにより,LL 曲線は $L'L'$ 曲線へとシフトし,国

---

[3] ストックとフローを明示的に分けるようにしているので,いかなる資産保有も経常貯蓄による影響は受けないものとする。

図4-1　固定レート／変動レート下のπ変化の効果

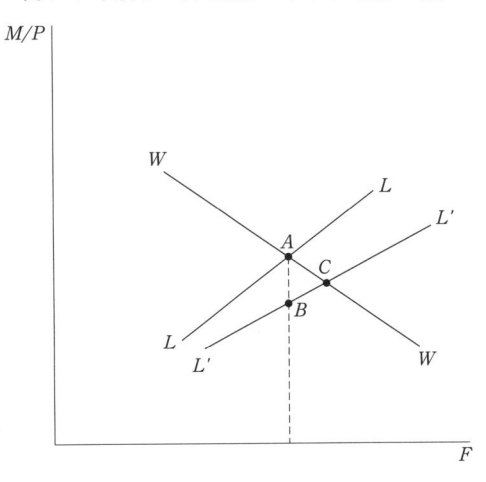

内通貨の魅力は半減することになる。Fは一定であるから，均衡点がAからBへと移動し，Pは上昇することになる。

　政府が外貨準備Rを保有し，固定水準で自国通貨を外貨と交換可能な水準に維持するのであれば，問題は異なったものとなる。国内居住者は自由に資産制約線WW曲線上で取引可能となる。πの上昇は，LL曲線をL'L'曲線へと下方シフトさせるものであり，それによって，均衡点をAからCへとシフトさせながら，国内居住者の資産選択をシフトさせることになる。政府が望ましい外貨供給を行うことで，政府の外貨準備高は補填による変化を生じることになる。すなわち，保有資産における変化は以下と連関することになる。すなわち，

$$\Delta R = -\Delta F = \frac{\Delta M}{P}$$

　したがって，変動相場制下における期待の変化は，短期の為替レート変化を反映するものであるが，固定相場制下では，それは政府の外貨準備の変化を反映することになる。次に，期待の決定について検討する。これは，経済動学の分析上でなされるものである。

第2節　動学的行動と変動相場制

　政府が為替レートをペッグしなければ，為替レートは以下の3つの要因のいずれかによって変化することになる。すなわち，国内貨幣残高における量的変化であり，民間対外資産保有の変化であり，期待インフレ率の変化である。ここでは，そうした要因それぞれについて順番に分析し，長期的な経済構造の高度化を分析するために，そうした要因を統合することになる。

　貨幣創造は，政府金融のニーズによって意図されるものである。すなわち，貨幣は政府部門の赤字を通じてのみ創造されるものである。反対に，政府部門における赤字というものは，貨幣（紙幣）印刷によって全て賄われることになる。したがって，貨幣残高の増加は，以下のように定義されることになる。すなわち，

$$\frac{\dot{M}}{P} = G - T \tag{5}$$

　幾分，人為的であるとすれば，政府は赤字をマネーサプライの一定割合に維持するために，歳出を調整すると仮定することが分析上都合いいことになる。$M/P=m$ とすると，このことは，G が g を一定としたときに $G-T=gm$ となるように調整されることを意味する。したがって，このことは，実質収支の変化率をインフレ率のみに依存するものとすることになる。なぜならば，

$$\begin{aligned}\dot{m} &= \frac{\dot{M}}{P} - \left(\frac{M}{P}\right)\left(\frac{\dot{P}}{P}\right) \\ &= \left(g - \frac{\dot{P}}{P}\right)m\end{aligned} \tag{6}$$

　次に外貨保有についてみると，外貨保有は，その他世界に関する請求権を意味することを想起する必要がある。外貨保有は財の交換の見返りとしてのみ増加させることができる。したがって，外貨の累積率は経常収支に等しく

なければならない。

$$\dot{F} = B = Y - G - C(Y - T, W) \tag{7}$$

そして最後に，インフレ期待の問題に到達することになる。これは重要な論点である。ここでの重要な論点としては，投機主体というものは，積極的に洗練された方法で将来について予測しようとするものであるということを認識することである。こうした洗練された予測行動は，「完全予見」に基づく仮定によって上手く略取されることになる[4]。

$$\pi = \frac{\dot{P}}{P} \tag{8}$$

システムを全体として分析するために，$\dot{P}/P$ を消去することから始める。ここでポートフォリオ均衡条件(4)を想起する必要がある。完全予見と統合することで，この関数は実質収支と外貨保有量とインフレーションの関係を暗示するものである。すなわち，

$$\frac{\dot{P}}{P} = \pi\left(\frac{m}{F}\right) \qquad \pi_1 < 0 \tag{9}$$

(9)の部分的派生は，国内居住者がインフレーションの鎮静化という形で，より高い利益の提供を受ける場合にのみ，国内居住者は資産選択上で積極的に国内通貨建て比率を上昇させるという事実によるものである（図4-2）。

(6)，(7)を代用しながら，恒等式の変数 m，F で動学的体系を得ることになる。

$$\dot{m} = \left[g - \pi\left(\frac{m}{F}\right)\right]m$$
$$\dot{F} = Y - G - C(Y - T, \ m + F) \tag{10}$$

この体系は図4-2のように，代表的パスを意味している矢印と共に示されている。動学体系については，特記すべき点が2つある。第1に，国内居住者による資産保有が分かっていたとしても，為替レートは不確定なものであ

---

[4] より一般的には，不確実性の存在を容認する「合理的期待」である。このことは，完全予見の特例が，機能しやすく，現在の目的に必要十分であることの左証でもある。

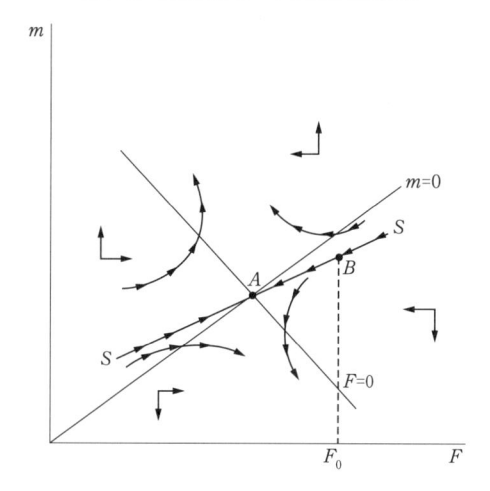

図4-2 変動為替レート下の動学的変化

る。いかなる任意の初期価格水準に対しても，所与の M と F に関し，初期値 (m, F) があり，当該国の経済における暗黙上のパスが存在するものである。第2に，動学体系は不安定性を内包するものである。安定状態に向かうパスは1つだけであり，体系をそのパス上に誘導するために為替レートの初期値が選定されていなかったとすると，それは安定状態と全く異なる方向に向かうことになる。

こうした2つの問題に対する当然の解決法としては，投資主体が終わりのない投機バブルの可能性を確信してはいないと仮定することであり，為替レートの初期水準が徐々に安定状態へと収束していく水準であると仮定することである。Brock (1975) は，こうした仮定の理論的正当性をいくつかの形で証明している。しかしながら，こうした仮定に関する最良の解説は，これが経済的に賢明な結果を生むものであるということである。

図4-2では，当該経済が線分 $SABS$ 上を安定的に推移するものと仮定している。ここで，外貨の初期保有水準を F_0 とすると，価格水準は，当該経済の初期値が点 B として，実質国内マネーサプライを m_0 とするように調整されることになる。したがって，この体系は点 A に徐々に収束することになる。

実質マネーサプライが外貨残高に依存し，国内通貨の名目残高に独立的であるとすると，他の条件を一定としたとき，価格水準はマネーサプライに比例し，F に反比例する。したがって，以下のようになる。

$$P = M \cdot G(F) \qquad G_1 < 0 \tag{11}$$

ここで(11)式は安定的なパスである $SABS$ の恒等式である。

第3節　固定相場制と動学的行動

政府が外貨残高 R を保有し，それは為替レートの安定化に用いると仮定する。もちろん，このことは，価格水準を $\bar{P}$ 上のどこかで安定化させることと同義である。したがって，当該経済が長期的にどのように進展することになるかが問題となる。

最も容易な進み方は，民間部門と政府部門に対する予算制約の検討によるものである。民間部門では所得水準以下の歳出によってのみ資産が獲得されることになる。ここで「民間貯蓄」を民間所得が上回った部分を定義する。

$$S = Y - T - C(Y - T, W) \tag{12}$$

したがって，予算制約および価格水準が固定化されているという事実から，以下のことがわかる，すなわち，

$$\dot{W} = \frac{\dot{M}}{\bar{P}} + \dot{F} = S \tag{13}$$

しかしながら，民間貯蓄は，$\partial S/\partial W = -C_2 < 0$ とした国民所得ストック関数である。(13)は W における微分式であり，$\partial S/\partial W$ がマイナスとなるため，安定することになる。

貯蓄が国内通貨と外国通貨との間でどのように分配されるのかという問題がある。これは，ポートフォリオ・バランス条件(4)によって決定される。投資家が政府が価格水準を固定し続けると確信している限り，π はゼロであ

り，国民所得ストックと貨幣保有との間には安定した関係が成立することになる。国民所得ストックにおける変化率 L は国内通貨に配分され，$1-L$ が外貨に配分される。したがって，

$$\frac{\dot{M}}{P} = LS$$

$$\dot{F} = (1-L)S \tag{14}$$

政府は，赤字 $G-T$ を貨幣増発ないしは外貨準備 R を取り崩して補填できる。したがって，政府の予算制約は以下のようになる。すなわち，

$$\frac{\dot{M}}{P} + \dot{R} = G - T = g \cdot \left(\frac{M}{P}\right) \tag{15}$$

政府が為替レートを固定することにコミットしている限り，赤字のファイナンス方法に対するコントロールが効かなくなる。政府が民間部門が積極的に保有したがるような水準以上に貨幣を増発すると，民間投資家は超過分を為替交換窓口で外貨と交換することで貨幣流通からいつでも引き出すことができる。国内流通を保有しようとする限界水準によって決定されることになる。

$$\dot{R} = -(G-T) + LS \tag{16}$$

注目すべき点は，外貨準備喪失率が貿易収支に1対1で対応するような関係にないことである。(16)式が示唆する関係は単に以下のように示すことができる。すなわち，

$$\dot{R} = LB - (1-L)(G-T) \tag{17}$$

これは B 以上ないしは B 以下のどちらかになる。

長期的には国民所得ストックも政府準備も変化することになる。この2つのストックの行動は図4-3のように示される。政府が赤字を抱える場合には，民間貯蓄がゼロであっても政府準備は減少することになる。矢印で軌跡が描かれているように，政府準備の初期水準がどれほど大きなものであっても財政赤字がある場合には，究極的には為替レートを固定することは不可能

図4-3 固定為替レート下の動学的変化

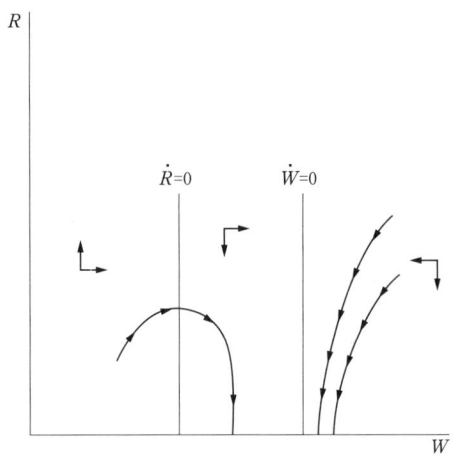

になる。財政が均衡している場合には，$\dot{R}=0$ と $\dot{W}=0$ の曲線は一致することになり，当該経済が十分な外貨準備を保有していれば所与の為替レートで均衡を達成することが可能となる。

当該経済が外貨準備を残しつつ均衡を達成すると，既述のモデルは，価格・正貨流出入機構の特殊な事例ということになる。為替レートの維持がこれ以上不可能となった時には，為替レートの維持努力はいつかの時点で突然経常収支危機を招来することになる。次節では，そうした経常収支危機の性質と発生時期について分析することにする。

第4節　経常収支危機の分析

前節では，徐々に外貨準備を減少させているような経常収支「問題」を抱えている経済の行動について分析した。しかしながら，経常収支問題が「危機」へと発展すると，1つの点が注目されるようになる。すなわち，固定レートの崩壊に加担している投機主体は，政府の外貨準備の獲得を目指していることになる。投機が行われていない場合には，こうした危機は政府が外

貨準備を枯渇させる前に発生することになる。

　こうした危機の原因，背景について検討するために，固定レート終焉に投機主体が関係していなかった場合について考えてみることにする。政府に外貨準備が残っている限り，国内の貨幣供給は国内居住者のポートフォリオ上の選好によって決定されることになるので，$M/\bar{P}=L(\pi)W$における$\pi=0$となる。したがって，外貨準備が枯渇するとすぐに，ポートフォリオ・バランスがマネーサプライに代わって価格水準を決定するようになる。そして，価格水準はすぐに上昇することになるが，それは以下の2つの両方ないしはどちらか一方の理由によるものである。国内居住者は，貯蓄を取り崩すかも知れないし，外貨同様に国内通貨の保有量も削減しようとする。そして，政府が赤字を抱えていれば，名目マネーサプライは上昇することになる。

　しかしながら，価格水準が上昇し始めると，完全予見の仮定から，これはすぐにπに反映されることになる。πが増加すると，国内貨幣需要は低下し，レベルは異なるものの，価格水準も急速な上昇を示すことになる。この発生のプロセスは図4-4に示されており，それは図4-2の固定レート下の経済における動学システムに重ね合わせたものである。曲線OXは固定レート下における国民所得ストックの変化を反映したポートフォリオの拡大軌跡を示している。その傾きは$\dot{m}=0$よりも急なものとなるが，それはポートフォリオ上の国内貨幣比率が$\pi=g$（すなわち，$\dot{m}=0$）よりも$\pi=0$の方が高いからである。したがって，外貨準備が枯渇すると，そのシステムは例えば点Aのような1つの点に位置することになる。固定レートが終わり，為替レートが変動するようになると，実質バランスはそのシステムを安定した軌跡SS上に位置するようにさせるためジャンプすることになる。そして，当該経済は急速に点Aから点Bへと移動することになる。なぜならば，名目マネーサプライは一定に固定されることになるが，これは価格水準におけるジャンプを通じて生じることになる。

　現在論じてきている議論は，外貨準備が枯渇したという仮定に基づくものであり，当該経済の位置は，拡大軌跡OXと安定化軌跡SSの交点の右側となる。しかしながら，外貨準備の枯渇の瞬間に国民所得ストックが当該経済

図4-4 変動レートへの移行に伴う資本利益

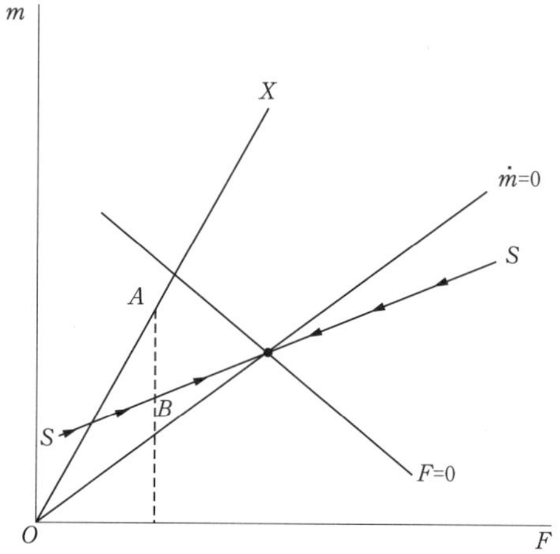

を仮定された位置へと誘導するのに十分な規模を有することを示すことは容易なことである[5]。投機がない場合には，外貨準備の枯渇は予想外の資本ロスを生じながら，価格水準において別方向に向けてジャンプすることになる。

しかしながら，投資家は生じるような資本ロスを予測することはできなかった。なぜならば，投資家はそれを回避してきたからである。特に国内通貨を外資に交換することで，外貨準備が枯渇する直前に投機主体は極めて大きな収益を得ることができよう。全ての人々がそうした収益を得ようとすると，政府準備はもちろん削減されることになろう。こうした予測は，投機主体に国内通貨からより早い時点での撤退を促すことになる。

すべての結果として，投資家が正しく事態に係わっているとすると，政府

---

[5] 証明は以下のようになる。すなわち，外貨準備枯渇の直前に外貨準備は急落することになる。OX と SS の交点で外貨準備が上昇していることを示すことができるとすると，枯渇時点のポジションは，交点の右側で，国民所得ストックがより大きく，民間貯蓄はより小さい位置でなければならない。しかしながら，直線が交差する貯蓄の重要性を考えてみる必要がある。投機主体が政府赤字と一致する比率で実質バランスを積極的に追加すると仮定すると，変動レート下の交点は，インフレーションがゼロの点になる。すなわち，$\dot{m}=G-T=L(O)S+L_1 m\cdot\dot{\pi}$。しかし，$\dot{\pi}>0$ であるから国内貨幣のシェアは低下することになる。したがって，$L(O)S-(G-T)>0$。しかし，固定レート下では，$\dot{R}=(O)S-(G-T)$ となる。また OX と SS の交点では $\dot{R}>0$ となる。

準備は全投資主体が予想外の資本ロスを回避できるようにする投機的攻撃によって削減させられることになる。そうした投機的攻撃が意味することを考えてみよう。政府の立場からすると，それは政府準備の清算を意味することになる。しかしながら，国内居住者からすると，国内通貨を外貨へと交換することでポートフォリオ構成の変更を意味するものである。M, F を投機前の国内居住者の保有資産とすると，M', F' は投機後の保有資産となる。したがって，

$$\frac{M'}{P} = \frac{M}{P} - R \tag{18}$$

$$F' = F + R$$

投機的攻撃の直後すぐに，当該経済は変動レート体制に移行する。第2節で論じたように，危機後の価格水準 P' は資産保有によって決定されることになる。したがって，

$$P' = M'G(F') \tag{19}$$

または，

$$\frac{P'}{P} = \left(\frac{M'}{P}\right)G(F')$$

$$= \left(\frac{M}{P} - R\right)G(F+R)$$

予想外の資本ロスが生じないようするために，投機的攻撃は価値水準に別々の変化を招来させないようにしなくてはならない。すなわち，$P'=P$ あるいは $P'/P=1$ でなくてはならないのである。経常収支危機がいつ発生するのかは，この条件によって決定される。なぜならば，固定レート下では，M/P と下はどちらも，国民所得ストック W の関数だからである。したがって，$P'/P=1$ という条件は，R と W の関数として示されることになる。すなわち，

$$1 = [L(O)W - R]G[W - L(O)W + R] \tag{20}$$

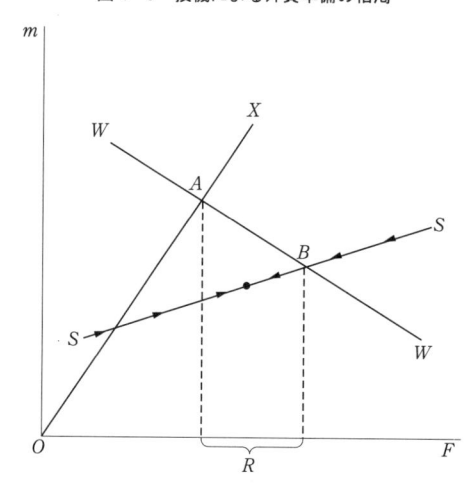

図4-5 投機による外貨準備の枯渇

式(20)は，W, R 象限における出発点を定義することになる。固定レート下では，W と R は長期的に出発点を通過するまで徐々に発展することになる。そして，経常収支危機が発生すると，残っている外貨準備を消滅させ，為替レートの移行を強いることになる。

図4-5は危機の時に何が起きるのかを示している。投機的攻撃直前の該当経済は固定レート下の上にあり，投機的攻撃直後は，変動レート下の安定軌跡 SS 上にある。投機的攻撃の瞬間を仮定すると，民間資産保有は点 A によって示される。投機的攻撃で，投機者は WW 線上を点 B へ向けて東南に移動し再配分することになる。外貨保有量の増加は，政府準備 R を取得することによって実現されることになる。

危機の時点を想定すると，国民所得ストックはより大きなものとなる。すなわち，WW は一層右側に位置する。図から明らかなように，政府から取得した外貨準備はより大きなものとなる。このことは，危機が発生する出発点が，W, R 象限における右肩上がりの勾配であることを示している。

危機へのアプローチは図4-6のように示される。ここでは，出発点(20)は TT によって示されている。これは右肩上がりの直線であり。W 軸と $\dot{R}=0$

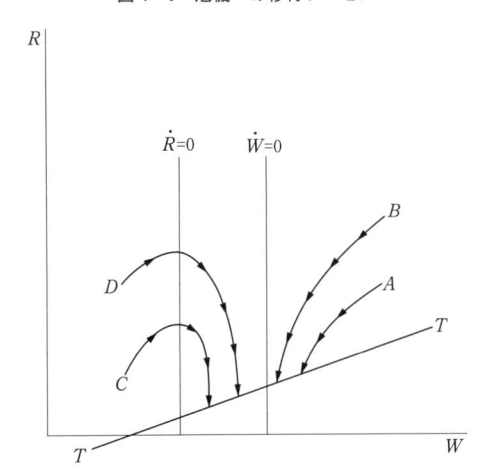

図 4-6 危機への移行プロセス

の左側で交差している[6]。ここで，A，B，C，D のような代表的な軌跡を比較することによって危機のタイミングを決定している要因について何らかの手がかりを得ることができる。B は A と異なり，D は C と異なっており，単に初期の外貨準備水準が高いか否かの違いである。それぞれのケースにおいて，外貨準備水準が高いときには，危機前の国民所得ストックの絶対価値の変化がより大きなものであることが分かる。$\dot{W}$ は R に対して独立なので，危機までの時間はより長いことを意味する。したがって，直観的にもっともらしい結果は，政府が為替レートを固定できる期間の長さが，外貨準備の初期水準の増加関数であるということである。

　政府の政策が確実な時，経常収支問題を抱える経済は 3 つの局面を経験することになる。すなわち，平価が減価していく過程で外貨準備が徐々に低下していく局面と，突然投機的攻撃を受ける局面と経常収支危機後の局面を経ることになる。したがって，次のステップとして政府の政策が不確実な場合にどのようなことが起こるのかについて検討することにする。

---

[6] W 軸と TT との交点は図 4-5 における OX と SS の交点対応している。しかしながら，(注 5) でも論じたように，その交点は所得ストックの水準が $\dot{R} > 0$ の点となる。

第5節　政府の政策が不確実な時の投機：一方的選択

　分析上にはさまざまに異なった不確実性を導入することが可能となろうが，ここではそのうちの1つの不確実性のみを取り上げる。すなわち，投機主体が，政府が外貨準備をどれほど為替レートを防衛するために積極的に用いるかについて有する知識の不完全性である。このことは経常収支危機と信認の回復との変更の可能性を生み出すものである。

　最も単純なケースを考えるために，政府準備を第1準備 R_1 と第2準備 R_2 とに分け，R_1 は為替レート防衛のために積極的に投入されると投資家にも認識されているが，R_2 は積極的に投入されるか否かどちらかとする。R_2 について市場では $\alpha < 1$ の可能性で用いられるものと想定することができる。また，政府が為替レート防衛のために R_2 を用いた場合には R_2 全てが，そのために用いられると想定する。

　前述のように外貨準備が徐々に低下していく間には初期時点があると仮定する。外貨準備が R_1 だけだとすると投機的攻撃が起こることになるが，市場が為替レート防衛に用いられる外貨準備が $R_1 + R_2$ であると認識していれば，投機的攻撃を受けても経常収支危機までには至らないことになる。では，何が生じるのであろうか。

　その解答は投資家が政府に残された第1準備 R_1 全てを獲得するような投機的攻撃が起こることである。政府が第2準備まで貨幣価値の維持に投入するとすれば，投資家は反対に外貨を国内通貨と交換するようになり，政府の準備残高も回復することになる。

　このようになる理由について検討するために，以下の2つの点について考えてみることにする。すなわち，第1に，取引費用の点であり，投機的攻撃には経費がかからないという点である。投資家は単に政府が第2準備を為替レート防衛に投入するか否かが明らかになるまでの短期間より高い外貨保有比率を維持しているだけでよいのである。第2に，資本流出が発生しなかっ

た場合には,予想外の資本ロスが生じる可能性があるという点である。ここで,投機的攻撃がないか,攻撃が第1準備を枯渇させるほどの規模ではない場合について考えてみることにする。政府が第2準備は通貨防衛には用いないと決定した場合,R_1 が枯渇すると,為替レートは急激な変化を生じることになるが,それは個別資産の所有者にとっては経費をかけずに回避できる資本ロスである。したがって,第2準備がなかった場合のように投機的攻撃が生じることになる。しかしながら,第2準備も用いられることになると,資本ロスのリスクは削減され,国内貨幣保有量は事前の水準を回復することになる。

この分析は明らかに,$R_1, \cdots, R_n$ といった外貨準備について段階的に拡張して分析することができる。その効果は,一連の経常収支危機を段階的に発生させることが可能であることを意味し,それは政府が次の段階で外貨準備までを通貨防衛に用いるというコミットメントがなされることで抑止することができる。

第6節 本章の要約と結論

本章では外貨準備を徐々に減少させている状態として定義される経常収支問題が,投機的攻撃によって経常収支危機へと発展するような状態について検討してきた。そして経常収支危機が投資家の利潤極大化行動の自然な結果であることを示した。政府が通貨防衛のためにどこまで積極的に外貨準備を用いるかが不確実な時には,資本流出により一連の経常収支危機が生じることになり,問題が最終的に解決される前に,資本は戻ってくることになる。

本分析は2つの大きな限界を内包している。第1に,ここで用いたモデルが極めて単純化されたマクロ経済モデルであるということである。これは,議論の中心点を論ずる上では,それを容易にするものであるが,経常収支危機の誘因の分析という点で不完全なものである。第2の限界としては,モデル内では資産は2つに限定されており,政府の行動可能性に非現実的な制約

が仮定されていることである。このため，為替レートの維持は外貨準備の売却が唯一の方法となっている。より現実的なモデルにおいて，公開市場操作あるいは先物市場介入等，為替レート安定化のための他の政策の可能性が許容されなければならない。しかしながら，こうしたモデルの限界にも拘らず，その分析は示唆的であり，固定レートの防衛努力がしばしば危機的状況を招来することになるのかを説明する上では有効な分析である。

付論　固定レート下における価格水準の決定

　第2節では，図4-2の安定軌跡上に経済があるための条件から，変動レート下における資産残高と価格水準との関係を導出した。その数学的導出の別事例としては以下のようなものがある。すなわち，動学システム(10)を定数 $\overline{m}$, $\overline{F}$ について線形化すると以下のようになる。

$$\begin{bmatrix} \dot{m} \\ \dot{F} \end{bmatrix} = \begin{bmatrix} -\dfrac{\pi_1 \overline{m}}{\overline{F}} & \pi_1\left(\dfrac{\overline{m}}{\overline{F}}\right)^2 \\ -C_2 & -C_2 \end{bmatrix} \begin{bmatrix} m-\overline{m} \\ F-\overline{F} \end{bmatrix} \tag{A1}$$

ここで以下のように書ける，

$$\lambda_1 = -\frac{1}{2}\left(C_2 + \frac{\pi_1 \overline{m}}{\overline{F}}\right) - \frac{1}{2}\sqrt{\left(C_2 + \frac{\pi_1 \overline{m}}{\overline{F}}\right)^2 - 4C_2 \pi_1 \left(\frac{\overline{m}}{\overline{F}}\right)^2} < 0$$

$$\lambda_2 = -\frac{1}{2}\left(C_2 + \frac{\pi_1 \overline{m}}{\overline{F}}\right) + \frac{1}{2}\sqrt{\left(C_2 + \frac{\pi_2 \overline{m}}{\overline{F}}\right)^2 - 4C_2 \pi_1 \left(\frac{\overline{m}}{\overline{F}}\right)^2} > 0$$

これにより以下のようになる。

$$\begin{bmatrix} m-\overline{m} \\ F-\overline{F} \end{bmatrix} = \begin{bmatrix} a_{11} & a_{12} \\ a_{21} & a_{22} \end{bmatrix} \begin{bmatrix} e^{\lambda_1 t} \\ e^{\lambda_2 t} \end{bmatrix} \tag{A2}$$

　このシステムが1つ安定状態に収束するとすれば，初期条件は $a_{12}=a_{22}=0$, m と F は $\overline{m}$ と $\overline{F}$ に収束しなければならない。したがって，

第 4 章　経常収支危機モデル

$$\dot{m} = \lambda_1(m-\overline{m})$$
$$= \pi_1\left(\frac{\overline{m}}{\overline{F}}\right)(m-\overline{m})+\pi_1\left(\frac{\overline{m}}{\overline{F}}\right)^2(F-\overline{F}) \quad (A3)$$

安定化軌跡を定義すると

$$m-\overline{m} = \frac{\pi_1(\overline{m}/\overline{F})^2}{\pi_1+\pi_1(\overline{m}/\overline{F})}(F-\overline{F})$$

以下，本文中の残りの議論につながることになる。

第5章　ターゲット・ゾーンと為替レートの動学分析

　為替レートに「ターゲット・ゾーン」を導入・構築しようとする提案には広範な関心が寄せられている。実際には，世界は既に強制力は弱いものの一種のターゲット・ゾーン体制下にある。ルーブル合意と先進主要国間での濃密な議論を通じてリファレンス・レートが導入されたが，レート自体は発表されていないし，またどれほど強力な為替レート安定化能力があるかも明らかではない。しかしながら，為替レートの変化幅に限界を設定する上での原理原則は既に確立されている。

　ターゲット・ゾーンはいくつかのリファレンス・レートの周辺で為替レートにかなり広範な変化を許容するものであり，固定相場制とは異なったものである。例えば，Williamson (1985) は中心レートから上下10％の範囲をターゲット・ゾーンと呼んでいる。より厳密な為替レートの固定化とは反対に，ターゲット・ゾーンの考え方の重要な点は為替レートの維持に多大な労力を要しないことである。為替レートに変動性を許容し，為替レートの防衛，維持は恒常的に監視下におき対応するものではなく，単に時々生じる問題への対応のような位置付けとなったのである。

　ターゲット・ゾーンに向けられた広範な関心と次第にそうしたゾーンのような何らかに向けられた実質為替レート政策における明らかなすう勢を背景に，ターゲット・ゾーン／システムがどのように機能するかに関する理論は完全に万能な理論と考えられているかも知れない。特に，ターゲット・ゾー

ンの考え方全体では為替レートが通常はゾーン内にとどまるものと考えられているので，実際に，為替レートがバンド内でどのように動くのかに対して相当焦点が当てられている。この問題に関して重要なことは何ら文献がないということである。事実として，Williamson＝Miller (1987) のような，ターゲット・ゾーンの主張でさえも，ゾーン内におけるレートの行動はモデル化されていない。しかしながら，継続的な金融政策への習熟によってターゲット・ゾーンの１つについて維持する試みはなされてきた。

　ある種のターゲット・ゾーン体制下における動学的な為替レートのモデル化に関する原理上の問題点は期待形成の問題である。事情を知らなければターゲット・ゾーン体制下の為替レートの行動を，変動幅を超えるまでは自由フロート制のような動きであり，一度変動幅を超えると固定レートへと転換されるようなものと考えているかも知れない。しかしながら，この考え方は正しくない。１つの変動帯の存在は，為替レートの潜在的な将来の軌跡に対する制約であり，こうした事情を知ると，為替市場はターゲット・ゾーンが存在しない場合より行動が難しくなるはずである。換言すれば，変動帯の存在は，為替レートが変動帯の範囲内で，ゾーンが実際には機能していなくとも，為替レートに影響力を有するはずである。

　本章では，ターゲット・ゾーン体制下における為替レートの動学モデルに対する新しいアプローチを検討する。ここでのアプローチは，Flood＝Garber (1983) による先行研究に関連しているが，採用されているメソッドは異なったものであり，より単純化されたものである。しかし驚いたことは，ターゲット・ゾーンに関する分析が，オプション価格と不可逆的投資の問題に関する分析に数学的に極めて類似したものであるという点である。この予期せぬ他分野との関係によって，そのこと自体が，ターゲット・ゾーンに直接関係のない読者にも関心を呼び起こすかも知れない。

　ターゲット・ゾーンの論理を説明するために用いられたモデルは，穏健的なマネタリー・モデルの一種である。明らかに次のステップは，より洗練された現実妥当性の高いモデルに移行することである。本章の草稿段階の論文に基づく研究において，Miller＝Weller (1988) はターゲット・ゾーンから

生じる「外生的」動学ばかりでなく内生的動学を伴ったDornbusch型モデルに，同様の一般的アプローチがどのように適用可能かということを明らかにしている。

　本章は5つの節から構成されている。第1節では基本モデルを取り上げ，分析結果のいくつかについて論じる。第2節では，ターゲット・ゾーン体制下における為替レート行動に関して，Sカーブの末端を固定化する問題を除いて，系統的な説明を提示する。そして第3節では，分析対象とされていないターゲット・ゾーンとオプション分析との間の根源的類似性の問題を取り上げ，検討する。第4節では，ターゲット・ゾーンを強制するためのマネーサプライ行動の必要性について分析する。最後に第5節では，不完全な信認しか得られていないターゲット・ゾーンの行動について検討する。

第1節　基本モデル

　まず穏健的な対数線形型のマネタリスト的為替レート・モデルを考えることにする。変数全てを自然対数で示し，あらゆる時点の為替レートは以下のように仮定する。すなわち，

$$s = m + v + \frac{\gamma E[ds]}{dt} \tag{1}$$

ここで，s は為替レートのスポット価格（の対数），m は国内貨幣供給量（マネーサプライ），v は速度ショックを表すシフト条件，そして，$\gamma E[ds]/dt$ は平価切り下げの予想率とする。

　また，(1)式にはマネーサプライと速度シフト条件という2つの基礎条件的な変数が含まれている。金融政策を受動的なものと仮定すると，m はターゲット・ゾーンを維持するためだけにシフトさせられることになる。特に，金融当局は s が最大値 $\bar{s}$ を上回らないようにするために m を減少させたり，最小値 $\underline{s}$ を下回ったりしないためだけに m を増加させるのである。s が $\bar{s}$ から $\underline{s}$ の間に位置している限り，マネーサプライは変更されない。こう

第5章 ターゲット・ゾーンと為替レートの動学分析　109

した政策が示唆するマネーサプライの実質的な動学プロセスはモデルの完全解の1つとして最も上手く説明されることになる。

　また，ゼロ周辺を中心にターゲット・ゾーンにユニットを選択できることから，$\underline{s}=-\bar{s}$ となる。速度条件 v は，為替レート動学プロセスにおける唯一の外生要因となる。また，v の動きは，1つの連続的ランダム・ウォークを辿るものと考えられる。すなわち，

$$dv = \sigma dz \tag{2}$$

　v に関してランダム・ウォークを仮定する経済学上の根拠はない。ここでランダム・ウォークを仮定した理由は2つある。第1の理由は，ランダム・ウォークによって，ターゲット・ゾーンの存在により生じた v における将来の予測可能な変化に伴う効果に反するような動学的プロセスに全てを集中させることができるからであり，第2の理由としては，ランダム・ウォークの仮定によって1つの単純な分析解が生まれることがある。すなわち，より現実的なターゲット・ゾーン・モデルであり，多くのメソッドを用いる必要のあるいくつかの固有の自己回帰分析を伴うものである。

　これは，完結したモデルである。単純な構造から興味深い為替レートの動学的プロセスが生まれることは考えてはいなかったかも知れないが，そこからターゲット・ゾーンの機能に関して非常に興味深い洞察が得られることになる。数学的分析に進む前に，為替レート変動におけるターゲット・ゾーンの効果に対する直感的アプローチから始めることは有効である。図5-1は，v に対する為替レートの値をプロットしたものである。ターゲット・ゾーンは破線で示された帯状のものとして示されており，その幅は為替レートが変動する $-\bar{s}$ から $\bar{s}$ までとなっている。マネーサプライが初期水準，例えば $m=0$ から変動を始める場合の為替レート変化について考えることにする。

　ここで，他の要因は一切考慮していない単純な考え方では，m は一定とし，v はランダム・ウォークを辿るとすると，為替レートにおける予測可能な変化は生じないことになる。したがって，$E[ds]/dt=0$ となる。したがって，為替レートはターゲット・ゾーン内で単に $m+v$ に等しくなると考

図5-1

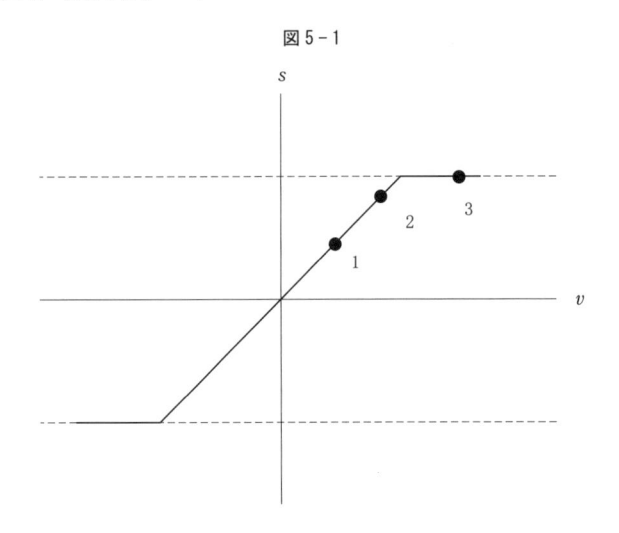

えられる。つまり、ターゲット・ゾーン内で自由なフロート・レートのように変動することになる。v に対する継続的なショックが為替レートをターゲット・ゾーンの限界値へとシフトさせるとすると、マネーサプライは、s がターゲット・ゾーン内から逸脱するのを妨げるために調整されることになる。したがって、こうした単純な考え方では、v と s との間の関係を図5-1の実線のように捉えていることになる。

こうした考え方が正しくないことに注目する必要がある。そこで、これが為替レート変動の説明として正しいものと仮定し、為替レートはターゲット・ゾーンのちょうど内側にあたる点2の位置にあるとする。点2から開始して、v が僅かに上昇すると、為替レートも上昇するものの、v の変化幅に等しい上昇とはならない。なぜならば、金融当局がターゲット・ゾーンを防衛するために行動するからである。そして、為替レートは結果として点3のような位置へと移動することになる。

しかしながら、為替レートがターゲット・ゾーンの上限近くに位置しているとすると、v の低下により s は v が上昇し s が増加する以上に減少することになる。v はランダム・ウォークを辿ることになるため、s の期待変化率はマイナスとなろう。予測された平価切り下げは為替レートの基本式(1)に

入っているので，このマイナスのレートは為替レートに影響を及ぼすことになる。すなわち，為替レートは点2よりも低い点へと低下することになる。同様のことはターゲット・ゾーンの下限近くの場合にもあてはまることになる。為替レートがターゲット・ゾーンの限界に近づくため，vとsの関係は反比例となる。

しかしながら，ここで議論を終わらせることはできない。ターゲット・ゾーンの近傍における為替レートは45°線から一度離れると，この関係はターゲット・ゾーン内よりも期待為替レートに大きな影響を及ぼすことになる。期待為替レートの繰り返しの変更は，vとsとの関係を図5-2に示したような45°線を境界としてターゲット・ゾーンの上半分では45°線より下方，下半分では45°線の上方となる曲線Sの軌跡を辿ることになる。

図5-2の曲線Sについて2つの重要なポイントがある。第1に幾何学と行動との関係である。まず，為替レートはターゲット・ゾーンの上半分では45°線より下方に，下半分では45°線より上方にあることに注目すべきである。基本式(1)から，このことは，sの期待変化率がターゲット・ゾーンの上半分ではマイナスであり，下半分ではプラスとなることを意味しなければならない。しかしながら，これがmを一定，vがランダム・ウォークを辿

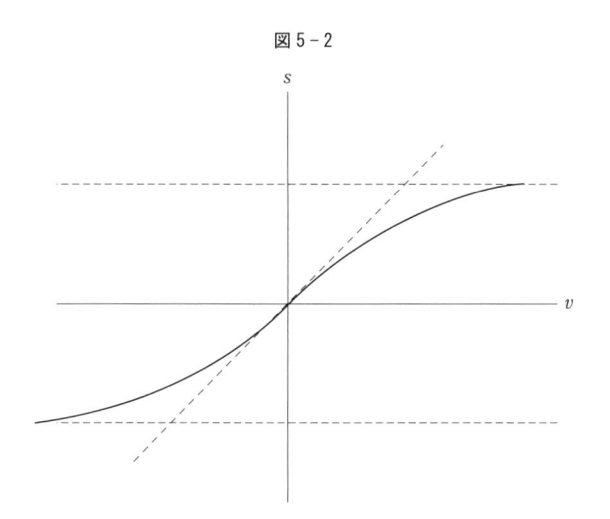

図5-2

る場合にどの程度可能となるか考えてみよう。ここでのポイントは、そのS字型の湾曲部にある。vにおける期待変化率が0であったとしてもターゲット・ゾーンの上半分ではsは凹状となるので、sの期待変化率はマイナスとなり、ターゲット・ゾーンの下半分ではその反対の結果となる。したがって、45°線から為替レートを乖離させるvとsとの間の関係は凹状あるいは凸状となる。

第2に、為替レートのターゲット・ゾーンの効果が安定化であることに注目すべきである。マネーサプライを一定とし、ターゲット・ゾーンが存在しないとすると、為替レートは単に45°線を繰り上げあるいは繰り下げることになる。しかしながら、図5-2における曲線Sよりも平らな形状となる。速度へのショックは為替レートには小さな影響しか及ぼさないことから、完全なフロート制下よりは為替レートは小さな変化しか示さないことになる。この変化の減少は、為替レートがターゲット・ゾーン内にある間でも生じるため、安定化措置は何ら取られないことになる。

これは、問題の分析と解決に直観と幾何学を用いている間のこととなる。次のステップとしては、S字曲線の分析法を開発することである。

第2節 数理分析

基礎的変数であるmとvと為替レートとの間の関係を暗黙の内に均衡と定義してきた。より、数学的には、この関係を以下のように決定されるものとしようとしている。すなわち、

$$s = g(m, v, \bar{s}, \underline{s}) \tag{3}$$

これは式(1)と整合的なものであり、想定されている金融的行動と整合的なものである。図5-2の曲線Sは所与のmに対して、vとsの間の部分的関係である。当初、そうした曲線の一群を見付けることで式(3)を定義しようとしていた。

mを一定として、ターゲット・ゾーン内にsがある状態を想定する。そ

して，s の想定される変化の唯一の原因は，v のランダムな変動の中にある。微積分の一般的なルールに従うと以下のようになる。

$$\frac{E[ds]}{dt} = \left(\frac{\sigma^2}{2}\right)g_{vv}(m,v,\bar{s},\underline{s}) \tag{4}$$

式(1)に(4)を代入すると，

$$g(m,v,\bar{s},\underline{s}) = m+v+\left(\frac{\gamma\sigma^2}{2}\right)g_{vv}(m,v,\underline{s},\bar{s}) \tag{5}$$

式(5)の一般的な解は以下のような形となる。すなわち，

$$g(m,v,\bar{s},\underline{s}) = m+v+Ae^{\rho v}+Be^{-\rho v} \tag{6}$$

ここで

$$\rho = \left(\frac{2}{\gamma\sigma^2}\right)^{1/2} \tag{7}$$

として，A，B を一定として決定されることになる。

対照的に指摘していることで問題点を一層単純化することが可能となる。例えば $m=0$ と仮定すると，図5-2の中央を通過させるための関係が期待される。すなわち，$s=0$，$v=0$ とならなければならない。このことは，$B=-A$ が成立する場合に限り正しいことになる。したがって，式(6)は以下のように単純化できる。

$$g(m,v,\bar{s},\underline{s}) = m+v+A[e^{\rho v}-e^{-\rho v}] \tag{8}$$

図5-2に示された曲線 S を得るためには，$A<0$ であることが必要条件となる。このことから，s の値は v がプラスの場合には徐々に $m+v$ 以下に低下することになるし，反対に v がマイナスの場合には徐々に $m+v$ 以上に上昇することになる。しかしながら，正確な A の値を決定するために何らかの要因が必要となる。同様に，A の値がターゲット・ゾーンの両端と交差する式(8)を決定することを記録すべきかも知れない。A の値決定における問題点は曲線 S の終点をつなぎ止めることの問題点の1つとして捉えられることになる。

第3節　曲線 S の終点のつなぎ止め

　変数 A の選択は，所与のいかなる m にも対応する曲線 S を決定し，以下のような結果を生み出すにちがいない。すなわち，(8)式によって定義された曲線はターゲット・ゾーンの両端に必ず接することになる。この条件によって，曲線 S の終点はつなぎ止められているのである。

　この条件が得られる理由を考えるため，もし想定通りにならなかった場合に何が生じることになるかを検討する。図5-3は，接点を形成するよりも交点を有する曲線 S に関する1つの命題の一部を示すものである。正しい曲線 S とすること，つまりターゲット・ゾーンの限界線近くの点2のような点は，所与の v に対する s の均衡価値の1つを示すものである。

　さて，曲線 S (8)の解釈は，(A の値に対応する曲線で) 曲線自体がその有効性を示すような曲線である。v の将来価値に対応した s の値が，現在の点 v, s 上を通過している曲線上に位置するものであるとすると，現在の s は実際には均衡値となる。特に，v が若干低下することによって点1に移行し，反対に若干増加すると点3に移行することになる。そして点2は均衡値

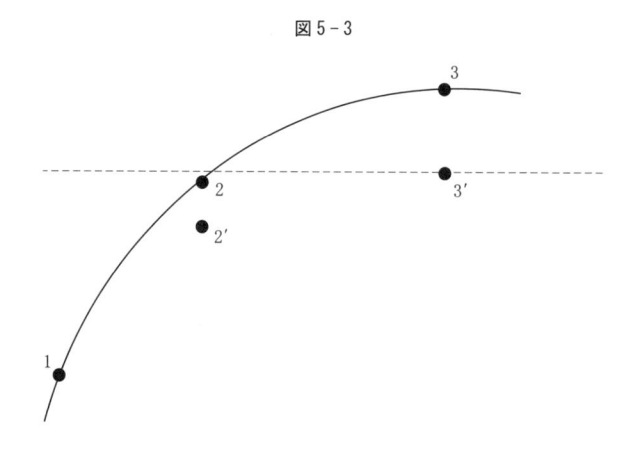

図5-3

ということになる。

　しかしながら，点 2 がターゲット・ゾーンの限界点に位置していることが正しいとしても，s の上昇は認められないことから，v が増加しても点 3 には移行することはなかろう。代わりに，s がより低い値の時の点である点 $3'$ に移行することになろう。このことは，s の過大評価の期待値は点 2 の均衡値と整合的な比率より大きいことを意味する。すなわち，s は例えば点 $2'$ のように v がより低い値を取る場合に対応するものである。このことは，点 2 が結局均衡値でなかったことを意味することである。そして，実際にターゲット・ゾーンの限界線を超えるような曲線 S 上にあるターゲット・ゾーンの限界点にアプローチすることは不可能なのである。唯一可能となる曲線はターゲット・ゾーンの限界線にちょうど接する曲線である。

　ここで取り上げている内容はオプション理論および取消し不能投資の分析において生じる高位接触あるいは Smooth pasting 条件に密接に関係する結果の 1 つである。オプション価格のアナロジーは驚くべきものである。しかしながら，ターゲット・ゾーンにはオプション価格的な解釈が存在することを示すことができる。

　このことを確認するために，為替レートの基本式 (1) がもっと基礎的な式に起因するものとして検討できることに留意すべきである。すなわち，

$$s_t = \left(\frac{1}{\gamma}\right)\int_t^\infty (m+v)e^{-(1/\gamma)(\tau-t)}d\tau \tag{9}$$

　(9) 式を t 値について変形すると (1) 式が得られる。したがって，現在の為替レートは $(m+v)$ が将来実現する価値を現時点で割引いたものとして捉えることができる。

　$m+v$ の現在の割引価値が価格となっている資産について考えてみることにする。m は現在の水準で一定，すなわち，m_0 である。したがって，この資産の価値は以下のようになる。すなわち，

$$\tilde{s}_t = \left(\frac{1}{\gamma}\right)\int_t^\infty (m_0+v)e^{-(1/\gamma)(\tau-t)}d\tau \tag{10}$$

　実際の為替レートは，複合資産の価格として捉えることができる。この資産

は(10)式で決定される仮想資産価格と一致することになる。しかも，価格 $\underline{s}$ でその資産を売却する権利と，オン・デマンドでは $\bar{s}$ 価格で売却する義務とを負っている。

45°線からの曲線の逸脱は，2つのオプションの組み合わせとして捉えることができる。オン・デマンドで $\bar{s}$ 価格で売却する要件は，$\tilde{s}$ が高くなればなるほど重要になるので，複合資産の価値は v が高い時には $\tilde{s}$ 以下に低下し，反対に，v が低い時には，その資産の価値は $\underline{s}$ で売却する権利によって下支えされることになる。

オプション価格のアナロジーは，もっと追求することができるが，基本的なポイントは，正式にはターゲット・ゾーンが不確実性下での選択を内包する問題の1つと本質的には同じであるということである。ターゲット・ゾーンの限界線の上限および下限で接するS字曲線は，Dixit（1989）およびKrugman（1988）による為替レート変動下の参入と退出に関する論文にも引用されているし，また，Dumas（1988）による取消し不能投資に関する分析にも用いられている。

さて，(8)式の曲線がターゲット・ゾーンの限界線に上限と下限とで接するという要件によって A を決定することができる。そこで，s がターゲット・ゾーンの上限に到達する時の v の値を $\bar{v}$ とすると，以下のように示すことができる。すなわち，

$$\bar{s} = \bar{v} + A[e^{\rho\bar{v}} - e^{\rho\underline{v}}] \tag{11}$$

そして，

$$0 = 1 + \rho A[e^{\rho\bar{v}} + e^{\rho\underline{v}}] \tag{12}$$

これらの式によって暗黙の内に A と $\bar{v}$ とは定義されることになる。

第4節 マネーサプライの行動

これまでのところ，本章ではターゲット・ゾーンの防衛に伴うマネーサプライの変動について明示的には取り上げていない。しかしながら，これは容

易に推測される。ある特定の曲線 S がターゲット・ゾーンの上限に接する点で $\bar{v}$ を v の値とする。もちろん，これはマネーサプライに依存することになる。すなわち，$\bar{v}=\bar{v}(m,\bar{s},\underline{s})$ である。ここで，v が $\bar{v}$ を超えるとすると，マネーサプライは削減されなければならない。これによって，マーケットは右に置き換えられた新しい曲線 S へとシフトすることになる。マネーサプライの削減は，マーケットが現行の v で新しい曲線 S の上限に位置することを，恒常的に意味するものでなければならないのである。そこで想定されているものは，図5-4に示されているような一連の曲線である。

　マネーサプライの動学的なプロセスは，ある可能なサイクルを検討することで最も上手く描き出されることになる。まず，市場は点1に位置し，一時的に v に対して一連のポジティブなショックが生じると想定する。これにより，市場はオリジナルの曲線にそって点2に達するまで移動することになる。しかしながら，それ以上の v に対するポジティブなショックはいずれも m の減少によって相殺されることになるので，為替レートは市場が点2から点3に移動するので一定となろう。次に，v がネガティブなショックを受けると想定する。市場はそのステップを繰り返すことはなかろう。なぜならば，金融当局が，s をターゲット・ゾーン内に押し込むようなショックに対して，反応しないからである。したがって，市場は新しい曲線 S を点4のような点へと押し戻すことになろう。

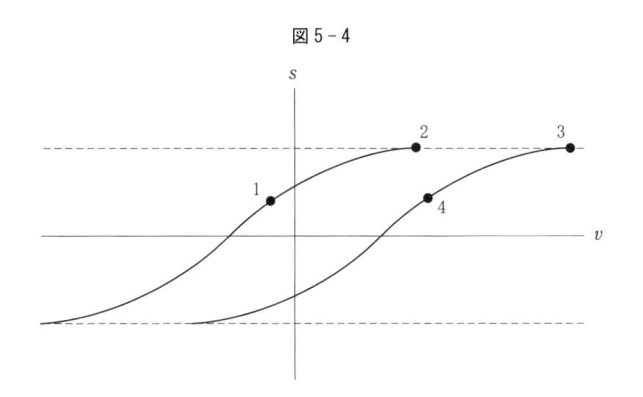

図5-4

この曲線 S 群において，市場は，s がターゲット・ゾーン内に位置する範囲内に v が留まっている限りは，いずれかの1つの曲線上に留まることになる。マネーサプライは，ターゲット・ゾーンが限界まで達する時にはいつでも，市場が位置している新しい曲線上にシフトすることになる。金融的行動は，高価な金の出荷を伴う金本位制下で生じることと同一のものである。金の上限点に達した時にはいつでも正金が流出することになり，金が下限点に達するまで戻らないことになる。

図 5-4 における曲線群全体に対して 1 つの簡単な説明が可能である。A が決定されると，曲線は特定の m に対する接線となる。なお，同じ A に対して曲線群は以下のように定義される。すなわち，

$$g(m,v,\bar{s},\underline{s}) = m+v+A[e^{\rho(m+v)}-e^{-\rho(m+v)}] \tag{13}$$

v に対するポジティブなショックが (13) 式をターゲット・ゾーンの限界に押し上げる時はいつでも，m は $m+v$ を一定に保つために削減されることになる。明らかに，これはターゲット・ゾーンの限界線上に s を維持し，その接線も維持することになろう。

次に，図 5-5 に示されているように，一連の曲線 S は $(m+v)$ における単一曲線，s 空間として全体を描くことができる。ターゲット・ゾーンの限界線に達する時にはいつでも $m+v$ を維持するため m が調整することにな

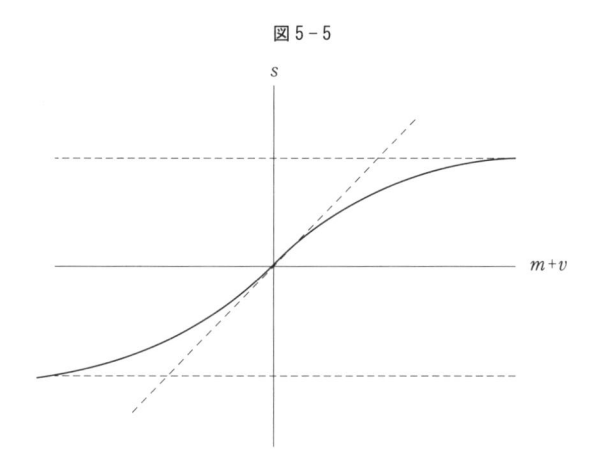

図 5-5

る。ショックが s をターゲット・ゾーン内に移動させるのであれば，m は変化せず，そのまま維持されることになる。その一方で，$m+v$ は変化すること容認されることになる。

第5節　不完全な信認

　この点までターゲット・ゾーンを防衛することに対するコミットメントは完全に信頼に足るものと考えられていた。もちろん，政策対応は脆弱なものではないか，政策に対する信認の欠如が為替レート変動に対する理解すら危うくするものではないかとの懸念もあったかも知れない。事実，経済学者の中には，信認が不完全なターゲット・ゾーンが，金融当局の対応を試すために為替レートをターゲット・ゾーンの限界点まで変動させる市場によって，不安定化に向かうものであるとの懸念を表明するものもいた。しかしながら，このことが，本モデルには当てはまらないものであることを示すことができる。

　市場は，金融当局がターゲット・ゾーンを防衛するために政策変更をする準備があるか否かについては知らないこととし，ターゲット・ゾーンが保持される可能性を変数値 ϕ，保持されない可能性を $1-\phi$ とする。問題を解決する唯一の方法は，ターゲット・ゾーンの限界に為替レートが達した時に何が生じるかを理解することである。

　ターゲット・ゾーンの限界に為替レートが達すると2つの事柄のうちの1つが生じることになる。金融当局が必要と考える手段を積極的に講じるか否か，すなわち，ターゲット・ゾーンの信認を高めるか否かによって，市場は結局為替レートが自由フロート制下にあることを認識することになる。ターゲット・ゾーンに対する信認が証明されなければ，為替レートは図5-3に示された信認軌跡へと移動することになろう。一方，ターゲット・ゾーンの信認が証明されなければ，為替レートはターゲット・ゾーンとは関係のない自由フロート制下の水準へと急速に移行することになろう。

これをつなぎ止めるものは，ターゲット・ゾーンに対して疑問が向けられた時に，資本利益の期待利益率に特定比率を存在させないという要件である。予想為替レート変動はゼロである。$\tilde{v}$をターゲット・ゾーンが保持されるvの値とすると，ターゲット・ゾーンの信認が証明されれば，sは完全に信認された値である$g(m,\tilde{v},\bar{s},\underline{s})$へと急速に移動することになる。一方，ターゲット・ゾーンに対する信認の証明が見せかけのものであるとすると，sは自由フロート制下の値である$m+\tilde{v}$に急速に移行することになる。したがって，予想されるゼロ変動条件は暗黙の内に定義される$\tilde{v}$の下で以下のようになる。すなわち，

$$\bar{s} = \phi g(m,\tilde{v},\bar{s},\underline{s})+(1-\phi)(m+\tilde{v}) \tag{14}$$

ここで，$\tilde{v}$が認知されると，ターゲット・ゾーン内における為替レートの変動を決定することができる。ターゲット・ゾーン内でsは，依然として選ばれたAの下で(8)式の曲線Sの1つの上に位置しなければならないので，

$$\bar{s} = m+\tilde{v}+A[e^{\rho\tilde{v}}-e^{-\rho\tilde{v}}] \tag{15}$$

となる。

そうした状態は図5-6に示される。完全信認下の軌跡は，点$\tilde{v}$の接線にそって示される。sにおける予想変動ゼロであるとすると，$\tilde{v}$は$\bar{v}$と45°線の間に位置することになる。不完全な信認の為替レート変動は，完全信認下

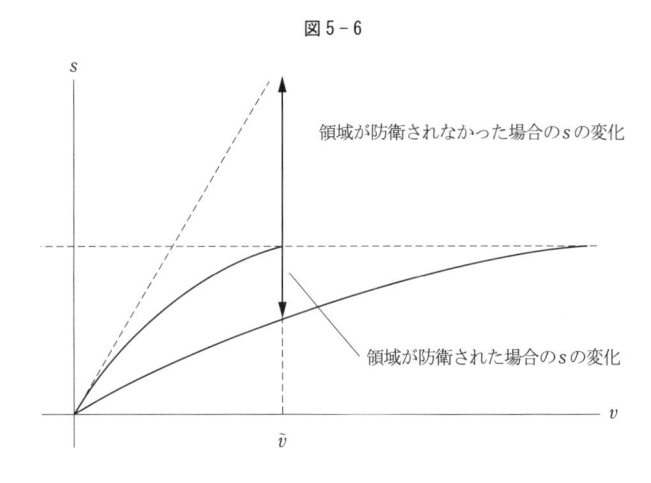

図5-6

領域が防衛されなかった場合のsの変化

領域が防衛された場合のsの変化

の軌跡より傾きが急だが，45°線よりは傾きがフラットな曲線となる。すなわち，信認が不完全であると，ターゲット・ゾーンは不安定化するものの，依然として安定化されていることになる。また，安定化の程度が信認の度合いに依存することは明らかである。φは1に近づいていくことになる。そして，φがゼロに向かえば，不完全信認下の軌跡は45°線に近づくことになる。

第6節　結　論

　本章は1987年に公表された先行研究に基づくものである。それは，関連したメソッドを用いた数多くの先行研究の1つとして発表されたものである。また，そこにはさまざまな重要な論理的拡張も指摘されている。

　第1に，Froot＝Obstfeld（1989a）は，中央銀行が，確率論的基礎の変動範囲の限界に位置するものと直接的に仮定することで，いく分異なった方法で数式化の修正を行っている。このアプローチによって，周知のHarrison（1985）の分析結果を，より堅固な数式的基盤に基づく分析として位置付けながら用いることが可能となる。

　また，Flood＝Garber（1989）は，中央銀行がターゲット・ゾーンを防衛するために分散的な介入を行うケースを分析している。この拡張は，中央銀行固有の権限の重要性に関するものであり，極小化された介入に対する結果を導き出す別の良い方法を提供してくれるものである。

　一方，Miller＝Weller（1989）は，想定された確率プロセスが，選ばれた分析解に結び付かないような分析ケースに対する幾何学的技法を開発している。これによって，単純化されたモデルから導き出された直感的知見が，より現実的想定，例えば自動回帰速度のようなものが想定されている時に，持ち越されることが示されることになる。

　Bertola＝Caballero（1990）は，基礎的変数におけるすう勢が，ターゲット・ゾーン自体のシフト再編を促進するようなケースに対する分析への拡張

を行っている。

　そして，最後に，Krugman（1989）は，ターゲット・ゾーン・モデルと古い投機的攻撃に関する文献との間に橋をかけ，外貨準備が極めて大きい時に生じるケースを限定的なものとして分かりやすく提示したのである。

第6章 ターゲット・ゾーンに対する投機的攻撃

　2つの理論的学説がある。1つは固定レートと変動レートとの間のシフトに関するものであり。もう1つは，期待に関するものである。固定相場制の崩壊に焦点を当てた投機的攻撃に関する学説は，Salant＝Hendersonによるものであり，その発展的洞察はKrugman (1979), Flood＝Garber (1984) その他多くの研究者によって為替レート分析へと適用されてきた。またKrugman (1979) がその端緒となる功績を残した確率論的ターゲット・ゾーン分析に関する学説は，ターゲット・ゾーンの限界点に制約を受けている変動レートの動向に焦点が当てられている。これら2つの学説の間には既にFlood＝Garber (1984) が指摘したような明らかな類似性がある。そこで，本章では，これらの学説の間に系統だった形での統合の構築を試みることにする。

　そのために，まず金融当局が外貨準備による制約を有する中で，ターゲット・ゾーン内に為替レートを維持するために不胎化介入を実施するモデルを想定する。なぜならば，外貨準備に限界があるため，この場合のターゲット・ゾーンは維持不可能となる可能性を有するからである。驚くには当たらないが，潜在的に維持不可能なターゲット・ゾーンは，完全に信認されたターゲット・ゾーンと比べて為替レートの変動に対して異なった合意を有するものである。

本章は5つの節から構成されており，第1節では為替レートの基本モデルを掲示し，純粋なフロート制下における為替レート変動の導出を試みる。第2節では，金融当局の有する外貨準備が「小さい」状態における偏った為替レート目標の効果について検討する。この分析により今日では標準化されているターゲット・ゾーン・モデルのsmooth pasting分析結果が導き出されることを提示する。そして，第3節では，金融当局の準備高が大きくなるのにしたがい，どのように分析結果が変化するかを検証し，均衡への移行プロセスを提示する。また，第4節および第5節では，その分析を突発的な金本位制崩壊のケースに適用する。そして，それが2つの偏ったターゲット・ゾーン間の境界としてみなし得ることを示すこととする。

第1節　基本モデル

まず為替レートに関する対数線形型の基本マネタリー・モデルを想定する。したがって，為替レートはいかなる場合も以下のように決定されることになる。すなわち，

$$s = m + v + \frac{\gamma E[ds]}{dt} \tag{1}$$

ここで，s は外国為替価格の対数値，m はマネーサプライの対数値，v は貨幣需要ショック条件（実質所得のシフト，流通速度などに関するもの），そして最後の γ は予想される平価の切り下げの効果とする。

貨幣需要はすう勢的にランダム・ウォークを辿るものとする。したがって，

$$dv = \mu dt + \sigma dz \tag{2}$$

Miller=Weller (1989) が明らかにしたように，自己回帰的なより複雑なプロセスは，安定的な分析結果を変更するか，その分析の中に組み込むことができる。しかしながら，そのプロセスの単純さに当惑することになる。

(1)式および(2)式で定義されマネーサプライを固定したモデルに対する一

般解は今日では見なれたものとなっている。(Froot＝Obstfeld＜1989b＞を参照)。それは以下のように示されることになる。すなわち，
ここでα_1，α_2は瞬間的に決定されるパラメータ，A，Bは状態に関して経済学的に制限される必要のある自由パラメータとする。

$$s = m+v+\gamma\mu+Ae^{\alpha_1 v}+Be^{\alpha_2 v} \tag{3}$$

α_1，α_2を決定するために，まず伊藤命題を適用することで，以下のように示すことができる。すなわち，

$$\frac{E[ds]}{dt} = \mu+\mu[\alpha_1 A^{\alpha_1 v}+\alpha_2 Be^{\alpha_2 v}]+\frac{\sigma^2}{2}[\alpha_1^2 Ae^{\alpha_1 v}+\alpha_2^2 Be^{\alpha_2 v}] \tag{4}$$

(4)式を(1)式に代入し，それと(3)式を比較すると，根は以下のようになる。すなわち，

$$\alpha_1 = \frac{-\gamma\mu+\sqrt{\gamma^2\mu^2+2\gamma\sigma^2}}{\gamma\sigma^2} > 0$$

$$\alpha_2 = \frac{-\gamma\mu-\sqrt{\gamma^2\mu^2+2\gamma\sigma^2}}{\gamma\sigma^2} < 0 \tag{5}$$

これにより，(3)式の経済学的解釈に移ることができる。(3)式における最初の3つの文字は明らかに「基礎的」な為替レートの一種の類型を示すものである。それらは，マネーサプライ，貨幣需要，そして貨幣需要における既知の一般的傾向の組み合わせを反映するものである。その他の文字は，この基礎的価値から為替レートの逸脱を示すものである。

マネーサプライは初期水準のまま永遠に変わらないと予想されていると仮定する。そして，vはいかなる値も取り得ると仮定する。したがって，vが大きなプラスないしはマイナスの値となる時には，基礎的水準から大きく乖離した為替レートに対する解を除外することは合理的なように思われる。したがって，純粋なフロート制下において，金融当局は，為替レートは何でも受動的なまま残されると予想している。ここで$A=B=0$と想定することができる。純粋なフロート制下での為替レート方程式は以下のようになる。

$$s = m+v+\gamma\mu \tag{6}$$

第2節　外貨準備が少ない場合における為替レート目標

受動的姿勢に代えて，金融当局が外国為替価格に上限の設定を試みると想定すると，特に為替レートがある水準 s_{max} を超過した場合には，自国の外貨水準の上限まで金融当局は不胎化介入政策を通じて積極的に外国為替を購入しようとする。この時に，外貨準備が小さい場合には，こうした金融当局の試みによって，為替レートが s_{max} に達すると，外貨準備を完全に枯渇させる投機的攻撃を招くことになろう。

初期のマネーサプライを外貨準備と国内信用の合計として定義することから始めることにする。すなわち，

$$m = \ln(D+R) \tag{7}$$

投機的攻撃に続いて，マネーサプライは以下の水準まで低下することになろう。すなわち，

$$m' = \ln(D) \tag{8}$$

図6-1は，投機的攻撃の前後の均衡状態を示している。投機的攻撃の後，為替レートは，マネーサプライ m' の下で，自由に変動する。したがって，投機的攻撃後における為替レート方程式は，以下のようになる。すなわち，

$$s = m' + v + \gamma\mu \tag{9}$$

これは，図6-1では，軌跡 $F'F'$ として示される。

為替レートを s_{max} にすることで，投機的攻撃の結果として生じるマネーサプライの削減が有効となる水準に γ, v が達すると，投機的攻撃が発生することになる。このことは点 C として図6-1に示され，v, v' の水準に相当することになる。すなわち，

$$s_{max} = m' + v' + \gamma\mu \tag{10}$$

投機的攻撃の前に為替レートがどのようになったのかが問題である。まず，覚えておくべきことは，v が一定水準を超えると，体制変化が引き起こされるため，バブルがなく(3)式で $A = 0$ を条件とする理論はもはや用いる

ことができないということである（この為替レート目標が偏っているため，v について低い限界はなく，依然として $B=0$ でなければならない。）投機的攻撃前の為替レート方程式は以下のようになる。

$$s = m + v + \gamma\mu + Ae^{\alpha_1 v} \tag{11}$$

A をつなぎとめるために，標準的な投機的攻撃に関する理論を用いることにする。したがって，為替レートに予測可能な飛躍はないことを所与として，$v=v'$ の時には，A を選択しなければならないので。換言すれば，投機的攻撃まで，金融当局が自国通貨の防衛を試みるという知識によって，外国為替価格は低下傾向を示すことになる。このことは，初期のマネーサプライ m に相当する自由フロート関数 FF 以下のすべてのところに投機的攻撃が生じる前に，v と s との関係という事実から図 6-1 でみることが可能となるかも知れない。

外貨準備が小さい場合には，金融当局は，為替レート目標を強制するとこ とに失敗することになる。そうした試みに対する認識によって通貨はサポートされることになるが，為替レート目標は徐々に投機的攻撃の侵略を受けることになる。この分析には明確さがどこにもないことは認識されるべきである。事実，図 6-1 における投機的攻撃の前のスケジュールは為替レートのターゲットに対する接線とはならないのである。

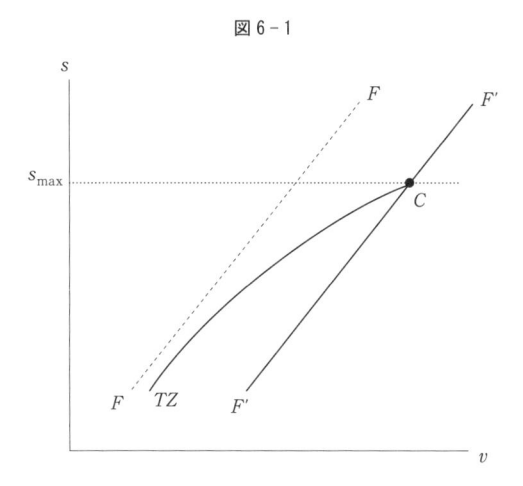

図 6-1

次のステップとしては，金融当局の外貨準備を大きくすることであり，金融当局の外貨準備が十分大きくなると Smooth pasting 解が現れることになるのである．

第3節　外貨準備が大きい場合におけるターゲット・ゾーン

潜在的な投機的攻撃に関する代表的なシナリオは，(11)式における変数 A を変化させることで導出することが可能である．図 6-2 に示されているように，A が徐々にマイナス化することで描かれる曲線がある．絶対値が小さい A は，点 C_1 における投機的攻撃に対応するものである．一方，A が絶対値でみて大きな場合には，点 C_1 の右側のどこかで投機的攻撃が生じることになる．そして，この投機的攻撃によってより多く外貨準備を消費することとなろう．なぜならば，投機的攻撃の起点から自由フロート下の軌跡までの水準的距離によって測られたマネーサプライの低下幅はより大きなものとなるからである．

しかしながら，この方法では大きな投機的攻撃が形成され得ないことは明

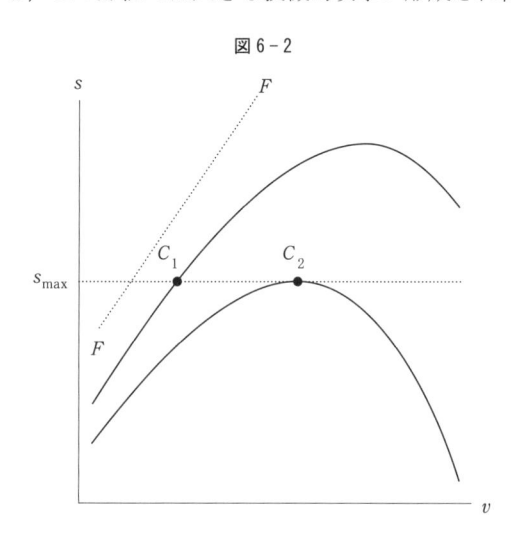

図 6-2

らかである。その理由は，さまざまな（マイナスの）A の値に対応する曲線群は，どこかの点で下方に転じることになり，A が大きなマイナス値となるために，曲線の最大値は $s_{\max}$ より下に位置することになる。しかしながら，中央銀行による介入が実施されることから，投機的攻撃が生じる前でも，投機前の為替レートが $s_{\max}$ を超える軌跡を辿る可能性はないのである。

外貨準備が大き過ぎない場合に前節における分析は有効になるというのが結論である。すなわち，図6-2で考えた時に，外貨準備全てが消滅した後のマネーサプライに対応する自由フロートの軌跡は点 C_2 の右側に位置することはないのである。外貨準備がこの水準よりも大きい場合に生じなければならないことは，投機前の為替レート方程式が点 C_2 に正確につながるものとなることである。このことは，A が選ばれなければならないため，為替レートの軌跡は目標値に対する接線となる。そのため，Smooth pasting 条件は，本モデルにおける標準解としてではなく，中央銀行の外貨準備が相当大きな場合における解となるのである。

以下のように，外貨準備についての重要な水準を推定することができる。まず，為替レートの軌跡は v' ではフラットでなければならない。したがって，

$$\frac{ds}{dv} = 1 + \alpha_1 A e^{\alpha_1 v'} = 0 \tag{12}$$

また，間違いなく v' における実質為替レートが正確に目標レートである $s_{\max}$ とならなければならない。したがって，

$$s_{\max} = m + v' + \gamma\mu + A e^{\alpha_1 v'} \tag{13}$$

(12)式を(13)式に代入することで以下が得られることになる。

$$s_{\max} = m + v' + \gamma\mu - \frac{1}{\alpha_1} \tag{14}$$

しかしながら，すぐに投機が生じることに留意すると，為替レートも $s_{\max}$ とならなければならない。

$$s_{\max} = m' + v' + \gamma\mu \tag{15}$$

したがって，(14)式および(15)式から，最大規模の投機が生じるようなマ

ネーサプライにおける変化を決定することができる。

$$m' - m = -\frac{1}{\alpha_1} \tag{16}$$

しかしながら，投機時のマネーサプライにおける変化は，外貨準備の国内信用比に依存することになる。つまり，

$$m' - m = -\ln\left(\frac{D+R}{D}\right) = -\ln\left(1+\frac{R}{D}\right) \tag{17}$$

したがって，以下の場合には均衡の性質は，投機的攻撃から Smooth pasting へと変化することになる。

$$\frac{R}{D} > e^{1/\alpha_1} - 1 \tag{18}$$

この規準に合致するときには，v と s との間の関係を下方にシフトさせながら，僅かにマネーサプライを削減する極めて小規模な介入によって，中央銀行は s_{max} で軌跡を維持できるようになる。そして v が再び低下すると，為替レートはこの新しいスケジュールを引き込めることになる。一方 v が上昇すると，別の介入が行われることになる。こうした継続的な介入によって為替レートのスケジュールは右側に徐々にシフトすることになろう。外貨準備の規模が十分に大きい場合には，s_{max} は為替レートに対する障壁として動くことになろう。それは時として s_{max} を引き上げ，また時に引き下げることになる。

しかしながら，すぐに，このプロセスが無限に続くものではないことは明らかになる。v が高水準の時には，金融当局は外貨準備を失うことになり，外貨準備が低下すると，v が低下しても外貨準備を回復させることはできない。したがって，外貨準備は徐々に低下することになり，そのことにより為替レート・スケジュールは右側に徐々にシフトすることになる。結局外貨準備は投機的攻撃が発生し得る危険な水準まで低下する。その点では次に為替レートは s_{max} の水準に陥り，残っている外貨準備全てを消滅させるフル・スケールの投機的攻撃に襲われる。換言すれば，外貨準備高が高い国は，小規模な介入で為替レートの軌跡を維持する Smooth pasting 局面を通じ，

徐々に外貨準備を消耗させ，伝統的な投機的攻撃モデルのように，結局外貨準備が危険な水準まで急落する危機を迎えることになる。

これはそれほど複雑な分析ではない。なかんずく，その分析によってこの問題に関する先行研究の中では曖昧な形で済まされてきた点を明らかにすることになる。

第1に，このモデルから，基本原則が制限されたケースを検討することが，為替レート目標のケースを検討することと同義でないことは明らかである。このモデルに関して制限された基礎技術を用いるとすると，s の目標値についての考えを，$m+v$ の上限値に置き換えることになる。このことは，外貨準備が Smooth pasting 解を達成可能なほど大きい間に生じることの概念を正確に捉えることになるが，初期の外貨準備が小さいケースと突発的な危機のケースについてはどちらも正確に捉えることができない。

第2に，関連した問題で Smooth pasting はこのモデルの一般的結果の1つではないのであって，制限された基本形式において一般的結果を明らかにする方法ではないのである。対照的に，外貨準備が十分に大きいケースを達成する特殊なケースの1つなのである。もしそうでなければ，その理論は投機的攻撃の理論であり，為替レートは予測可能な大幅変動がないという要件によってつなぎ止められることになる。

第3に，このモデルは，Smooth pasting 的結果に関する議論の決着の一助となる。最適化モデルの観点から問題にアプローチする経済学者の中には，この種のアド・ホックな金融モデルに Smooth pasting 条件を用いることについては正当化できないと指摘する向きもある。一方，ここでのようなアド・ホックなモデルを用いる経済学者の中には，この種のアド・ホックな金融条件である Smooth pasting 条件を用いることに疑問を呈する向きもある。そして彼等は最適化から得られる条件が，最適化プロセスが暗黙の内に時には正当化できないことを議論している。一方，ここでのようなアド・ホックなモデルを用いる経済学者は，その条件を裁定取引の意味する条件と同等に見なし得るものと指摘している[1]。このモデルでは，Smooth pasting は外貨準備が十分に大きい場合における投機的攻撃モデルにおいて

「予測可能な大幅変動がない」条件の限界，すなわち，実質的な裁定取引条件を示すものとして考えられているのである。

第4節　金本位制モデル

　本章の他の箇所では，近年の研究で取り上げられた特定の問題，すなわち，金本位制下の投機的攻撃の役割を分析対象とするために開発された分析方法を用いている。

　Buiter(1989)あるいはGrilli (1989) などの研究では，金本位制下における投機的攻撃の問題が分析対象とされている。また，Grilliは実証的にモデルも提供している。しかしながら，後で簡単に触れるが，標準的な投機的攻撃モデルを金本位制に短絡的に適用すると深刻な問題に陥ることになる。最も単純な標準的モデルは，金本位制下においては投機的攻撃は生じないことを示唆しており，そうした体制は轟音よりもむしろすすり泣きと共に終焉を迎えることを示している。このことは，直観と経験に反するものである。もっと悪い場合には，多少とも詳細な解説を通じて，分析の論理を危うくするような深刻な概念的矛盾に陥ることになる。本節では，経済学的に合理的な金本位制下の投機的攻撃モデルが，2つの持続性が不完全なターゲット・ゾーン間の境界を標準として取り扱うことで形成され得ることを示す。

　基本的な金本位制モデルは，本章冒頭の2国間モデルとして表すことができる。すなわち，為替レートは2国間のマネーサプライ，需要ショック条件，そして予測切り下げ率などの比率に依存することになる。したがって，

$$s = m - m^* + v + \gamma \frac{E[ds]}{dt} \tag{19}$$

両国のマネーサプライは国内信用および外貨準備によって構成されているの

---

[1] Dumas=Delgado (1990) は，こうしたモデルにおける接触条件は，最適化から得られるのではないので，それを本当の意味でSmooth pastingと呼ぶことはできないとしている。このことは意味論上のポイントであり，いかなる場合でも用語が一般化し過ぎると，それを本当に取り消すことができなくなるものである。

で，
$$m = \ln(D+R) \tag{20}$$
$$m^* = \ln(D^*+R^*)$$
しかしながら，ここでは外貨準備は金によって構成され，それは固定された世界供給に位置付けられていることから，
$$R+R^* = G \tag{21}$$
これまでと同じように，貨幣需要条件のプロセスを特定する必要がある。まず，逸脱のない単純なランダム・ウォークを想定する。したがって，$\mu = 0$ である。より複雑な確率論的プロセスの含意については以下で論じることにする。

当該国の金融当局は，金との交換比率を通じて相互に自国通貨の固定価格を維持するために金の売買を行い得る準備があるとする。ここでの為替レートを s_{par} とする。この体制はどちらか1国が保有する金を使い果たすまで継続することになる。

明らかに想定されることは，体制が有効である限り為替レートの変動は想定されないことになるが，体制が崩壊すると為替レートは自由フロート下に戻ることになる。しかしながら，この想定の組み合わせが，投機的攻撃が生じないという経済学的には容認し難い結果をもたらすことが分かる。

その理由を検討するために，まず $E[ds]/dt=0$ とした時の外貨準備の変化から考えることにする。v が上昇すると，金は第1国から第2国に流れることになる。また，v が低下すると，金の流れは逆転する。投機的攻撃の可能性は，無視して，このプロセスはマネーサプライの比率が最大ないし最小となるまで継続することができる。第1国から保有する金が全て流出する時，$m-m^*$ が最大値となる。その点は以下のようになる。すなわち，
$$m = \ln(D) \tag{22}$$
かつ
$$m^* = \ln(D+G) \tag{23}$$
同様に，第1国に全て金が流入する時に，$m-m^*$ は最小値となる。したがって，

$$m = \ln(D+G) \tag{24}$$

かつ

$$m^* = \ln(D) \tag{25}$$

　伝統的な投機的攻撃を扱った研究では，エージェントが無知で体制崩壊の可能性を予測していなければ，移行時に予測可能な資本収益ないしは損失が生じることを指摘しながら，投機的攻撃の必然性が示されている。エージェントが無知で，体制変化が見込まれていることに気付いていないとすると，利益機会を逸することになるのであろうか。エージェントが純真無垢であるとの仮定の下では，外貨準備が一方の国で枯渇するまで金本位制は続くことになる。第1国で保有する金が枯渇すると仮定すると，以下の条件によって決定される v または v_1 の水準で枯渇することになる。すなわち，

$$s_{\text{par}} = m - m^* + v_1 \tag{26}$$

　一方の国における金の枯渇は，純粋なフロート制への移行プロセスによって引き起こされ，移行プロセスに即した為替レートは以下によって決定される。すなわち，

$$s = m - m^* + v \tag{27}$$

しかしながら，(26)式および(27)式を比較すると以下のことが分かる。すなわち，

$$s = s_{\text{par}} \tag{28}$$

ここで為替レートには大幅な変動はない。このことは，いかなる投機的攻撃も必然的ではないことになる。

　このことは経済学的には容認し難い結論である。v によって決定されるプロセスが単なるランダム・ウォークではなく，一般的傾向あるいは自己回帰性があるとすれば，問題は一層悪化することになる。このケースでは，単なる容認し難いことでなく，矛盾に行きつくことになる。すなわち，ある条件の下，1国が固定レート下で外貨準備を，投機的攻撃に対する標準的な判断に合致する前に枯渇させることになる。この「金本位制の矛盾」は，いくつかの先行研究においても取り上げられている（例えば，Krugman＝Rotemberg＜1990＞）。しかしながら，本章では，厳密に逆説と称されるも

のではなく，単に容認し難い結果限定的に関わるランダム・ウォークのケースのみに焦点を当てることにする。

次に，金本位体制が，既に崩壊させられた一時の体制として，ないしは，予測可能な体制の代替として見なしている場合には，より満足度の高い結果が生じることが示されることになる。このケースでは，これから検討するように，金平価が2つのターゲット・ゾーン間の境界となる。

第5節　境界としての金平価[2]

金本位制下における投機的攻撃に関する分析は，通常の投機的攻撃の様相と多少異なった仮定を設けると，より一層現実妥当的なものとすることができる。必要となる仮定は以下のような内容となる。すなわち，「中央銀行というものは保有する金が枯渇しても決してあきらめない」というものである。また，中央銀行は機会があれば，積極的に正価で金を購入し，金本位制への復帰を図ろうとし続けるものである。

1つの事例として，この仮定の重要な点が明らかになるかも知れない。すなわち，ここで2国を英国および米国とし，金価格をオンス当たりそれぞれ35ドルあるいは7ポンドと想定する。両国がプラスの金準備を保有していると，ドル＝ポンドの交換レートは5に固定されることになる。しかしながら米国が保有していた金を使い果たしたと想定すると，為替レートは例えば1ポンド＝7ドルのように，当初水準よりも上昇することになろう。金価格は，英国中央銀行が積極的に売却することでオンス当たり7ポンドに設定されることになる。米国が保有する金を使い果たしたとしても，米国中央銀行は金価格がオンス当たり35ドルまで低下すると積極的に金を買い入れ続けることになろう（その価格であれば，金を売却するものであろうが，売却するだけ金がないのである）。為替レートが7であれば，金価格は当然49ドル

---

[2] ここで提示された均衡はDelgado＝Dumas（1990）が提示した金本位制の矛盾の解決策に類似している。

になり，取引はなくなる。為替レートが5になる（ドルが切り上がる）と，金の購入も再び開始されることになる。

反対に，英国が金を使い果たすと，為替レートは5よりも小さくなる。そして再び5まで為替レートが上昇すると，英国中央銀行は金を購入するようになろう。このことは米国におけるマネーサプライの減少を意味しよう。つまり，米国が金を枯渇させると，為替レートはフロートするが，これは自由なフロート制を意味するものではない。反対にドルが強過ぎると，不胎化介入によりポンドを維持するためのデファクトなコミットメントのある偏ったターゲット・ゾーンが実態的には存在することになる。

逆もまた真である。すなわち，英国が金を使い果たしたときに，ポンドが単位当たり価値まで強くなると，フロートは本質的には不胎化介入によってドルを維持するコミットメントを有するターゲット・ゾーンになるのである。このことは，各通貨が金に固定された価格によって決められた単位当たり価格が，2つの一方に偏ったターゲット・ゾーンの間の1つの境界線としてみなされる可能性を示唆している。A ゾーンと呼ぶ低位のゾーンにおいては，米国が金全てを保有している状態にあり，そこでポンドが上昇し過ぎると，ドル＝ポンドの為替レートは米国による金売却見込みと，英国による

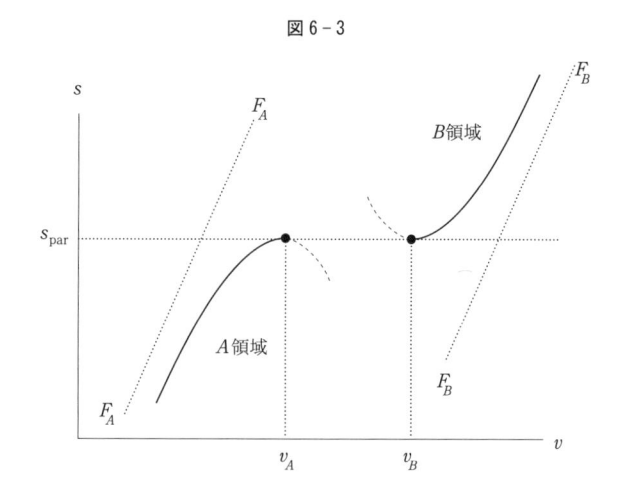

図6-3

金購入見込みに依存する自由変動線よりも下方に維持されることになる。英国が全ての金を保有している状態の B ゾーンでは，同様に，為替レートは自由変動線よりも上方に維持されることになる。

世界の金保有量が十分な規模にある場合には，為替レートを v に対してプロットした図6-3に示されたような状態となる（世界の通貨を低く抑制している不十分な金にケースを想定することになろう）。45°線は自由変動線を代表するものである。米国が全ての金を保有し，将来的に介入が見込まれない場合には，45°線の左側には，s が v によってどのように変化するかを表すことになる。一方，45°線の右側は，英国が金を全て保有するケースに相当するものである。しかしながら，A ゾーンにおける実質的な関係は，自由変動線の下方に位置し，v_A の値のいずれかで単位当たり価値線に接する曲線となる。これは，大きな外貨準備を保有する場合における一方に偏ったターゲット・ゾーンとして既に検討したものである。同様に B ゾーンにおける v と s との間の関係は，自由変動線より上方に位置し，点 v_B で単位当たり価値に接することになる。

したがって，v と s との間の関係は，曲線の左側で点 v_A までの部分として示される。単位当たり価値は v_A と v_B の間に維持され s は v_B より大きな v に相当する曲線の右側にそくしたものとなる。単位当たり価値が維持される範囲の外側での金本位制に対する期待利益は，為替レートをサポートするか，弱らせるかのどちらかになる。

v が単位当たり価値が期待される範囲から動き始め，その範囲から例えば v_B へ逸脱すると，そこで何が起こることになるのかが問題となる。その答えとしては「フラット」な状態にある限りには，米国が次第に保有する金を失うことになる。しかしながら，点 v_B に達すると，米国の残されていた金の保有分に対する投機的攻撃が生じることになる。その理由は，投機的攻撃発生後の $v-s$ 関係が凸型であるため，その分散条件は $E[ds]/dt$ をプラスにすることである。金本位制が崩壊すると v の低下が見込まれていたとしても，相対的な米国の貨幣需要は減少する中でドルの減価率はゼロからプラスに転じることになる。同様に，v がその範囲の限界まで低下すると，英国に

残された金の保有分に対する投機的攻撃が生じることになる。

　保有する金を使い果たした国の通貨が金を使い果たすとすぐに減価が生じると見込まれる理由は，いく分皮肉なものである。すなわち，自国の通貨が本質的に増価した場合，フロート下での価格を下げるため当該国で金購入が見込まれるため，その結果として減価が生じるのである。米国が金を保有せず，単位当たり価格が強制される範囲へvが移動した場合に何が生じるか考えてみよう。そこで生じることは，英国から得られた金準備の増加分に対して生じるドルに対する投機である。

　vがランダム・ウォークを辿るという仮定を保持しながら，この金本位制モデルをより明示的に示すことは有効かも知れない。図6-3は，vがもっと複雑な過程を辿ったとしても有効であるが，この点についてはKrugman＝Rotemberg＜1990＞を参照）。ここでは，vが何らかの変動なくランダム・ウォークを辿る時，2つの解の和がゼロになることを示すことからはじめる。したがって，為替レートの基本方程式は以下のようになる。すなわち，

$$s = m - m^* + v + Ae^{\alpha v} + \beta e^{-\alpha v} \tag{29}$$

ここでαは，本章第1節で用いた方法で算出されることになる。

　そこでは2つのデファクトなターゲット・ゾーンが存在することになる。すなわち，米国が全ての金を保有するA領域と英国が全ての金を保有するB領域が存在する。それらの領域における相対的なマネーサプライは以下のようになる。A領域では以下のように示される。すなわち，

$$m - m^* = \ln\left(\frac{D+G}{D^*}\right) \tag{30}$$

一方，B領域では以下のようになる。すなわち，

$$m - m^* = \ln\left(\frac{D}{D^*+G}\right) \tag{31}$$

　次にv_Aを算出するために，A領域でvが際限なく低くなるため，$B=0$でなくてはならず，また，Aを為替レートの単位当たり価格がv_Aに達する値としなくてはならないという条件を示すことから始める。

$$s_{\mathrm{par}} = \ln\left(\frac{D+G}{D^*}\right) + v_A + A e^{\alpha v_A} \tag{32}$$

そして曲線は点 v_A フラットでなくてはならないので,

$$\frac{ds}{dv} = 1 + \alpha A e^{\alpha v_A} = 0 \tag{33}$$

これらを合わせて, 以下の式が得られる。

$$v_A = s_{\mathrm{par}} - \ln\left(\frac{D+G}{D^*}\right) + \frac{1}{\alpha} \tag{34}$$

同様に算出して以下も得られる。

$$v_B = s_{\mathrm{par}} - \ln\left(\frac{D}{D^*+G}\right) + \frac{1}{\alpha} \tag{35}$$

　また, ここで 1／α 条件の重要性が問題となる。これは, 金本位制下で対応する自由変動線までの限界範囲の水平方向における距離を示すものである。したがって, それは 1 国が金を使い果たした時に, 完全に信認されたシステム下で金が使い果たされる前に, その為替レート制におけるターゲット・ゾーンのあり方によって金本位制が崩壊させられる程度を測るものである。また, 1／α は投機的攻撃が生じた時に生じる各国のマネーサプライ比率の対数値における変化を測るものである。

　この事例によって, 金保有量が限定した場合における金本位制が, 2 つのターゲット・ゾーンの境界線としてどのようにモデル化されるかが示されることになる。しかしながら, その事例から問題点も明らかになる。図 6-3 に示されているように, $v_B > v_A$ であるから単位当たり価値が維持され得る範囲が存在している。しかしながら, このことが正しいか否かを保証するものはないのである。すなわち,

$$v_B - v_A = \ln\left(\frac{D^*+G}{D}\right) + \ln\left(\frac{D+G}{D^*}\right) - \frac{2}{\alpha} \tag{36}$$

これは, 金準備量 G が世界のマネーサプライに対して相対的に十分大きい場合に限りプラスの値をとることになる。金準備量が十分な場合には, 図 6-4 に示されるような状態となる。しかしながら, 十分でない場合に生じ

図6－4

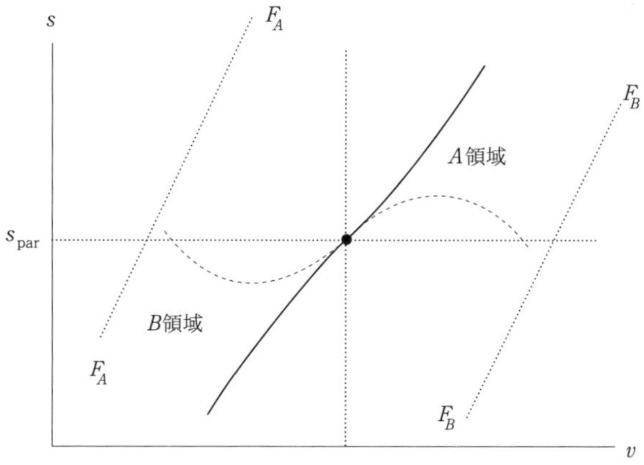

ることが何かという点に留意しなければならない。

ここで図6－4に示されていることは明らかである。基準為替レート s_{par} は依然として2つのターゲット・ゾーン間の境界線となっているが，両通貨における変化はもはや単位当たり価値に対して Smooth paste 的ではないのである。一方，両通貨は v がある値をとる場合には相互に Smooth paste になる。v がその値を通っている限りは，全ての金が米国から英国，またはその反対に英国から米国へと移動するような投機が生じることになる。両国の中央銀行は金平価を強制しようと試みるが，それは相互に失敗することになる。

第6節　結　論

投機的攻撃の決定要因に関する研究と最近のターゲット・ゾーンに関する研究は為替レート制がどのように機能し，また，どのように終焉を迎えるかを理解しなければならないことに関する洞察を共有している。固定レート下における資本フローは，平価放棄の見込みに依存している。変動制下の為替レートは，将来にわたる交換率の固定化努力等に非常に依存することにな

る。したがって，これらの研究は，その精神において密接に関連し，相互に結び付けられ得る要素を持っている。

　本章では，こうした2つの見方を結び付ける1つの方法を示している。ターゲット・ゾーンに対する投機的攻撃は，固定レートに対する投機的攻撃と多くの点では同様の形態をとって発生することにあるが，モデルの確率論的側面によってその分析はより内容的にも深められることになり，また何らかの洞察が加えられるかも知れないのである。特にターゲット・ゾーン・アプローチは金本位制下の投機に関する分析において，従来の標準的モデルを用いる場合に比べてより満足し得る分析を与えてくれるものなのである。

第Ⅲ部　　　　　　債務危機とその影響

第7章　　　　　　　債務超過に対する対応：
　　　　　　　　　　　　融資と免責

　発展途上国の債務問題に対する新しいアプローチに関する議論は，1983年以来で最も活発なものとなっている。提案の中には，ベーカー提案などのような債務免除，債権（請求）内容の変更を伴わず1983年の融資戦略を再活用し，また継続化する提案がみられた。また，ブラッドレー提案のような別の提案もなされており，そこでは帳簿上の清算努力および平時状態の回復努力のために主要債務の免除が呼び掛けられている。そうした提案の中には，金利の資本化，世界価格での貸付あるいは債務救済割当，債務の株式転換ないし株式請求権転換などを含む債務国と債権国との間の関係性を変容させるある種の提案が含まれている。
　多少とも驚くべきことに，こうした現実的議論が経済学者の間では，ほとんどかみ合わない分析上の議論としてなされているに過ぎないということである。すなわち，ソブリン・リスクについての問題に関するEaton他（1986）による先行研究は実質的には理論的研究であり，こうした研究の大半は，既存債務を伴わずに借入を行っている国の債権国割当あるいは当該国が返済と債務不履行のどちらを選択するかに焦点を当てたものとなっている。しかしながら，現実世界における立場は，返済および新規借入のいずれかなのである。各国は債務残高を伴いながら現在の状況に到達しており，新規借入なしに元金返済することなど不可能なのである。当該国の将来にわたる返済が不

確実でなければ，既存の債務返済のための借入も何等難しくはないのである。しかしながら，重債務国グループは，将来の返済に関する不確実性が高いため，特別な方法を通じなければ，こうした債務国には新規資金の準備は困難なことになる。

実際の債務問題に非常に密接に関連した理論的研究も多少はある。これは債務超過によって提示された問題に関する研究である。つまり，債務超過によって，既存の十分に大きな債務は，債権国に対する元金返済が期待できないことが示されている。そうした債務超過の効果を分析対象とした先行研究は，Sachs (1984, 1986) および Krugman (1985b, 1985d) を含めても僅かである。こうした先行研究によって債務超過の存在が，債権国に自らが保有する既存の請求権を防衛するためには損失が見込まれるような貸付でも行うインセンティブとなる可能性が示されている (Sachs 〈1984〉, Krugman 〈1985b, 1985d〉)。また，こうした先行研究では，債権国の個別利益と全体の集合的利益との間に葛藤が生じる可能性があることと，フリーライダー（ただ乗り組）の問題が望ましい新規貸付実現の可能性をも危うくする危険性があることも示されている。一方，債権国にとってのインセンティブは，超過債務の存在によって歪められているが，その歪曲化は，債権国が新規資金の準備およびより好ましい将来的条件の可能性よりも緊急的な債務免除を提供することで軽減されることになる (Sachs 〈1986〉)。債務超過に対するアプローチは，資金供給に対する革新的アプローチの望ましさを強く示唆するものであり，また，発展途上国における銀行請求権の性質の変化についても示唆している。

本章は，要約的なものとはなるが，現実的議論に対する考え方の一助となるような債務超過に関する分析の1つの統合的な提示を試みることにする。第1節では重要な問題のいくつかを内包させる3つの事例について取り上げる。第2節では債務超過に対処する方法として新規貸付と債務免除との間のトレード・オフに焦点を当てたより数学的モデルについて説明する。そして第3節では，請求権の性質の変化がどのように債務超過の解決の一助となるのかについて検証する。

第1節　債務超過問題：事例研究

　相似性は正確なものではないが，債務国はどこか債務会社に似ている。いつでも企業の債権者は，企業を将来収益から債務返済のために分配を受けるためのものと考えているものである。収益の現在価値が企業の債務よりも低いと予想されると，債権者は当該企業に破綻手続きを強制するよりも静観することを好むが，全額返済されるとは期待していないものである。

　企業のように国家も収益が期待されているが，その全てが潜在的に返済に利用可能なわけではない。一方，国民所得の一部が，当該国が仕向けることのできる最大限の移転資源を象徴するものである。したがって，1つの債務国に対する潜在的な移転資源の期待値を，企業収益からの期待返済額と同様にみなすことができる。

　そのアナロジーは，1つの債権国に対する潜在的な移転資源が決まった値ではないことから，正確さに欠けるものである。一方，移転資源の最大値は，当該国の支払い意思によって究極的には決定されるものであり，それは債務不履行に伴うコストと国内政治上の懸念との合理的計算を反映するものである。そこには債権国間の取引上の問題がある。すなわち，1国から可能性が見込み得る期待返済額を得ようとする債権国と，移転資源を最小化しようとする債権国との間の取引である。こうした取引交渉上の問題については，例えば，Bulow＝Rogoff（1986）のように，いくつかの進展がみられている。しかしながら，分析的目的として，こうした取引交渉上の問題はさておき，すぐに可能な移転資源率を明確な数値で示すことは（多分不確実なものであるけれど）有効である。

　所与の最大の移転資源の獲得を大幅に単純化することが認められれば，債務超過問題における単なる定義の問題として扱うことができる。潜在的な将来の移転資源の予想現在価値が債務よりも少なくなった時，当該国は債務超過問題に直面することになる。

債務超過の影響を示すために，債務超過が引き起こす問題に関する3つの高度に様式化された事例について検討する。これらの3つの事例は1つの共通した構造を有し，その行動は2つの期間にまたがる。第1期には，当該国は引き継いだ債務と共に始まり，期間中（単純化のため）に全ての債務は返済期日を迎える。当該国は債務返済を移転資源と新規借入で賄おうと試みることになる。こうした新規借入は第2の期間中に移転資源で返済されることになる。

当該国が最終的に完済できない場合に何が生じるのかが問題となる。少しの間，債務不履行に伴うコストの問題を無視し，債権国は当該国が可能な最大の移転資源を共有すると仮定する。そうすると，当該国が第2の期間中に完済できないとすると，結果として，債務の当該部分は免除されることになる。このことは，力点を第1期にシフトさせることとなる。重要な問題とは，当該国が流動性危機を経験するか否かである。債務を返済するために，新規に借入れるのかが問題になる。このことは，貸付国の行動に依存することになる。そこで，貸付国はリスク中立的で，世界市場において所与の資金の機会費用に直面すると仮定する。重要なことは，債権国が競合関係にあるのか，共謀して金利操作ができるかどうかということである。この2つのケース両方について，ここでは検討する。

不確実性を伴わない債務超過

まず，不確実性が存在せず，第1期および第2の期間における潜在的な移転資源が当初より知られている状況を想定する。全債務は第1期に返済期日を迎えるとし，必要な債務返済額を D，各期間における可能な移転資源を x_1, x_2 とする。そして，i を貸付国への資金の機会費用とする。

当該国には流動性問題があるかどうかという点が問題となる。当該国は，現在の資源から x_1 に相当する債務返済ができる。現在の債務返済が，この水準を上回っているとすると，当該国は $D-x_1$ に相当する新規借入に取り組まなければならない。貸付国は $(1+i)(D-x_1)<x_2$ または同様に $x_1+x_2/(1+i)>D$ で準備することになることから，債務が全額返済されると確信し

ているとすると，この資金提供は機会費用 i で行われることになろう。潜在的な移転資源の現在価値が債務を上回っているとすると，流動性の問題が生じないことは驚くには当たらない。

一方，$x_1 + x_2/(1+i) < D$ であると仮定すると，当該国は債務返済を賄うことができないことになる。融資金額を返済できないと判断されたため，安全な金利で必要となる資源 $D - x_1$ を借入れることができないことになる。安全な金利を上回る金利をオファーしても追加融資を受けることはできないのである。第2の期間において債務返済に利用可能な資源総額は x_2 であり，その現在価値は $x_2/(1+i)$ である。第1期の借入金利にもかかわらず，それは債権国が獲得するものであり，それは必要借入額の価値より低いものである。

したがって，初期からの債権国がとり得る最善の策は，自国の債務をすぐに削減可能な国と和解することである。和解のメカニズムは，この抽象的レベルでは気まぐれなものである。リスケジューリング，元本免除，金利免除，および特別レートによる新規借入の組み合わせは，いかなる組み合わせでも，何が可能なのかによって，整然と実際の移転資源をもたらす限りにおいてなされることになる。

また，不確実性が存在しない場合には，流動性の問題は生じない。しかしながら，支払能力がない場合には，債務は最初に切り下げられなければならないのである。

不確実性を伴った債務超過

まず，同様に債務 D を有するものの，将来における不確実性に直面している国を検討する。それは，世界の経済環境が不確実であるか，当該国自身の経済的パフォーマンスが予測不可能であるために，第2の期間における潜在的な移転資源がランダムな変数となることによるものである。単純化のために，第1期における移転資源は x_1 とし，第2期間における移転資源の最大値を x_G（良いケース）か x_B（悪いケース）のいずれかになると想定する。悪いケースでは，潜在的な移転資源の現在価値は当初の債務より低いことに

なるが，良いケースでは，債務返済が可能となる。

この国には支払能力があるのか否か。これは定義が明確な質問ではない。移転資源の現在価値が債務より低いものでなければ，当該国が債務返済を可能にするだけの所得を得られるかは単に不透明なものである。しかしながら，当該国に流動性の問題が生じるか否かを質問でき，それには直接的な回答が存在する。すなわち，移転資源の現在価値が債務と少なくとも同様である場合だけに限って，当該国は債務返済のために借入が可能となるのである。

これを検討するために，p を良い結果の確率，$1-p$ を悪い結果の確率とする。知りたいことは，当該国がオファーできる金利が貸付国に債務返済のために必要な資源 $L=D-x_1$ を供与させるか否かである。当該国が新規借入にオファーする金利が r であるから，$L(1+r)=x_G$ と仮定する。当該国は最高のケースでもこれ以上は支払うことができないので，これは有意で最も高い金利である。したがって，貸付国はどちらかの国における潜在的な移転資源全てを受け取ることができる。貸付国が受け取る移転資源の期待現在価値は，$[px_G+(1-p)x_B]/(1+i)$ となろう。これが，必要借入額 $D-x_1$ を上回ることになれば，貸付国は貸付を積極的に実施することになる。しかしながら，$[px_G+(1-p)x_B]/(1+i)>D-x_1$ という条件は，移転資源の期待現在価値が初期債務の価値を上回るという条件に過ぎない。

この基準が満足される限り，当該国は十分な金利プレミアムを支払うことで債務返済のために十分な借入を受けることができるのである。しかしながら，基準が満たされなければ，当該国は債務返済に必要となる資金の借入を受けられなくなる。

そうであるならば，金融市場が当該国を既存の債務よりも返済能力の方が低いとみている時はいつでも，単に債務不履行とみられることになる。しかしながら，債務不履行を阻止することは，既存の債権国の利益に適うことなのである。流動性危機がどのように発生するのかを明示的に示すモデルが定式化されていなかったとすると，債務不履行が無秩序に生じる場合には，債権国は明らかに当該国から潜在的な移転資源全てを積極的には回収しないこ

とになる。第1期に流動性危機が生じた場合に債権国が獲得できると期待しているものの現在価値を Z とする。このとき，$Z<x_1+[px_G+(1-p)x_B]/(1-i)<D$ という仮定は保たれるようである。しかしながら，債権国が損失の確定を受け入れる必要はない。債権国は第1期における債務不履行を妨ぐために債務国に十分な資金を再貸付，次の期間まで評価を先送りにすることができる。そして，債権国が幸運ならば，結局全返済額を手にすることができる。しかしながら，債権国に幸運の女神が微笑まなくとも，債務不履行がすぐに生じることを容認するより依然としてより良い状態にいることができよう。

この目標を達成するための戦略は容易に立案することができる。既存の債権国が当該債国に再貸付 $L=D-x_1$ を，金利 $L(1+r)=x_G$ で実践するとする。したがって，債権国は第2の期間の潜在的な移転資源全てを一方の国で受け取ることになる。孤立してみられていたため，これは依然として提案を逸していることになる。したがって，債権国が受け取る予想現在価値は $[px_G+(1-p)x_B]/(1-i)<L$ となる。つまり，初期債務の返済において利害関係がない場合には，自主的に救済計画に参加する国などない。初期段階からの債権国の観点では，救済計画は当該債務国からの潜在的な全移転資源の現在価値総額を受け取ることを保証することである。しかも，それは貸付を行わない場合の受取額よりも多いものとなる。したがって，孤立してみられ，利益が見込まれない貸付は既存債務の保全の意味から価値をもつことになる。

この単純な事例が，債務問題に関して一般に信じられていることの中に間違いがあることを示す上で十分な根拠となることからも，この種の保全的な貸付シナリオについて言及すべき点がある。

第1に，債務問題に関する議論の多くは，流動性と支払能力の間に明確な区別をしようとするものである。しかもそこには，債務返済を賄うための新規貸付が流動性上は妥当なものであるが，支払能力上は妥当でないという議論も含まれている。しかしながら，この単純な枠組みアプローチでも，そうした区別が有効でないことは明らかである。債務国が債務の現在価値総額を返済可能であると分かっているのであれば，例え潜在的な返済額の現在価値

が相当大きなものであったとしても，十分に高い金利プレミアムを提供することで，当該国は他国から自主的な貸付を受けることができる。但し，返済可能性があまりにも低ければ，資金の獲得は不可能となる。その場合には支払能力に対する懸念により流動性危機が必ず生じることになる。しかしながら，検討したように，支払不能が見込まれることで，新規貸付が既存の債権国の利益を妨げることはない。

第2の点としては，評論家の中には，発展途上国の債務が債券市場で大幅に割引いて売却されることが，追加融資が妥当でないことの根拠となると指摘する向きもある。このモデルにおいては明らかに債務国に対する新規貸付はすぐに割引いて売却されることになる。それは，期待現在価値が貸付価値より低いからである。こうした割引がまさに新規貸付を独立したものとみせることから，利益にならないという事実の他の側面を示すものである。しかしながら，この点は，それが独立的には生じないことから依然として実施する価値を有することになる。すなわち，それが既存債務の返済においては重要なのである。

第3には，既に検討したように，債務国が債務不履行に陥ることを回避するための再貸付を実施することは債権国にとって利益となる。しかしながら，それは全体的な利益でしかない。もちろん，各債権国が自主的に新規貸付を取り止め，他の債権国に負担を負わせることができれば，いずれの債権国個々にとってもより良い方向に向かうことができる。したがって，各債権国にとっては，ただ乗り問題が，例えそれが誰の利益にもならないとしても流動性危機を招来することになる。

第4の点としては，債務国が新規貸付を受けられるか否かは，譲許条件がしばしば問題となる。通常用いられる基準は，市場金利との比較である。しかしながら，その事例は市場金利比較が本質的には何ら関係がないことを明らかにするものである。貸付国の観点からすると，その融資は，額面金利が何であろうとも市場金利以下の期待収益しか生まないものである。したがって，貸付国にとって，これは譲許条件下における貸与とみなされる。融資金利がその機会費用よりも高いか低いかは，融資対象国がどれほどの友好国で

あるかということに依存する。貸付国が課す利益は，その関係 $L(1+r)=x_G$ によって定義される。$x_G/(1+i)>D-x_1$ ならば r は i を上回り，$x_G/(1+i)<D-x_1$ ならば r は i を下回ることになる。つまり，友好国の度合いによって，その移転資源の現在価値は当該資金の機会費用を上回ることになる。

　この最後の観測は1つのパズルを現出させる。その事例では，移転資源の現在価値が既存債務の価値を上回る国はどこでも，債権国にとって当該国に対する新規貸付金利は，資金の機会費用を上回るものであることを示唆している。多くの債権国にとってはおそらくそうしたケースは，少なくとも友好国の可能性がある。例えば，ボリビアについても現在は知られていない天然資源の発見によって，価値を見出すことができるかも知れないのである。しかしながら，債権国の行動についてのこの説明は，現実的には間違ったものであり，撹乱的なものでさえある。つまり，新規貸付（あるいは既存皆無のリスケジューリング）が譲許金利で実施されるような環境など存在しない可能性がある。債務免除に対する動機付けは，債権国が債務国に提供できるインセンティブについて十分検討すべき事例が必要である。

インセンティブ効果

　債務免除の事例において，債権国は例え，それが期待損失であっても債務国に対する貸付に既存請求権の価値保全方法としてのインセンティブを有している。しかしながら，そうしたインセンティブは，例え当該国が最恵国であったとしても，支払可能な最高金利での貸付に対するものである。この方法が唯一債権国が債務国からの最大の移転資源受取を保証できる方法なのである。実際は，債権国が期待損失を甘受している間に，債権国は債務国に対して金利引下げよりも新規資金の注入を通じた金融支援を提供するインセンティブを有するようになる。事実，当該国が友好国であるか否かに関わらず，当該国が初期債務の価値よりも移転資源の現在価値の方が大きい限り，債権国は資金の機会費用以上の金利を課すことになる。

　この結果を緩和するために，債務国向けのインセンティブに関する債務負

担の効果を考慮に入れる必要がある。現実世界では債務国が取り得る行動の1つに当該国の将来の資源移転能力に影響を及ぼすものがある。すなわち，為替レート調整，投資，予算政策などがそれである。「調整努力」という曖昧な題目の下にこうした政策についてまとめることにする。債権国は可能な限りの調整努力を債務国が責任を負うとする以上にさせようとするものである。そこで，当該国における債務負担が最善の調整努力により，支払能力の最大限に相当するものと仮定すると，利益は債権国のみに向かうことから，債務国には実際には調整努力の理由など存在しないことになる。したがって，債務国にとっては調整のためのインセンティブを提供するために，最大限の調整努力を求めないことには意義がある。

先の第3の事例から，潜在的な移転資源が債務国の行動のみに依存し，債務国の性質には全く関係ない極端なケースについて検討する（このケースはSachs〈1986〉によって検討されたものである）。最初の期間において，いつでも債務返済要件 D と周知の最大の移転資源 x_1 が存在する。したがって，債権国は流動性危機を防ぐために貸付 $D-x_1$ を行わなければならない。しかしながら，第2の期間では潜在的な資源移転は調整努力に依存することになる。調整努力が高ければ最大の移転資源は x_H であり，調整努力が低ければ x_L となる。他の条件を一定とすると，債務国はより低い調整努力で済ませることを選好することになる。

以上のことから，支払可能な最高金利は $L(1+r)=x_H$ によって定義されることになる。しかしながら，債権国がこの金利を課すと債務国には高い調整努力をするインセンティブは存在しないことになる。したがって，債務国に大きな調整努力を行わせるような低金利を課すことは，債権国の利益につながる可能性がある。流動性問題が存在するとすれば不確実性はなくとも不確実性を伴わない最適金利は，市場金利 i 以下でなければならない。

この事例から，いくつかの観測が導かれる。第1に最大の移転資源および市場金利以下の金利を課すことが実際に債権国にとって利益となる点に留意する必要がある。こうした請求権の価値と，より高い金利を伴った最適金利とを比較すると，市場価値を生み出す融資額を削減させることになる。

第2に，この事例はコンディショナリティに対する動機と，それを強制する問題とを示唆しているのである。債権国はより高い金利の融資に対する条件として大きな調整を課したがるものである。一方，当該国が正しく行動できないとしても，流動性危機の発生を回避することが債権国の利益に適うものであれば，融資しない姿勢を貫徹することは難しいことになる。

　第3には，インセンティブ創出手段として，債権国の観点から債務免除が望まれている間は，明らかにこの目的のため手段としては手ぬるいものである。この事例からすぐに，融資が請求権の形態としては間違いであるという示唆が得られる。つまり，条件付請求権の形態に選好は働くことになる。（最適な請求権の詳細は以下のようなより精査された議論に委ねられる）

　単純な事例でできる範囲では遠回りをしてきた。こうした事例から得られる洞察を統合するために，数学的モデルに転換することになる。

第2節　債務超過の数学的モデル

　単純化された事例と同様に債務ストックDを引き継いだ国が，2つの期間の第1期に債務が支払期限を迎えた事例について検討する。まず，第1期に当該国は周知の最大の資源移転 x_1 を行うことができ，次の期間における潜在的な移転資源については知られていないとすると，

$$x_2 = s + z \tag{1}$$

ここで s は $\underline{s}$ から $\bar{s}$ まで範囲のランダム変数とし，z は債務国による「調整努力」という概念を反映する選択的変数とする。

　当該債務国は2つの事柄について懸念するものと仮定する。すなわち，第2の期間に債務国に残された資源水準と，実行が求められている調整努力の規模とに関心を寄せることになる。そして，債権国に対してしなければならない潜在的な移転資源 x_2 と実際の支払との間の相違を C_2 とする。すなわち，

$$C_2 = x_2 - P \tag{2}$$

単純化，そして分析に保証問題が混入するのを防ぐために，当該国の目的関数を C で線形と仮定すると，以下のようになる。すなわち，

$$U = C_2 - v(z), \qquad v' > 0, \qquad v'' > 0 \tag{3}$$

ここで，関数 $v(z)$ は，将来の債務国の支払能力を強化する調整を実施するために当該債務国に対する反感も捉えられている。

債権国がただ乗り問題を克服し，第1期における債務不履行を回避できるだけの十分な貸付を行うものと仮定する。したがって，第1期における貸付は，潜在的な債務返済の最大値と債務の価値との差に相当することになろう。したがって，

$$L = D - x_1 \tag{4}$$

債権国は新規貸付分に金利 r を課すものと仮定する。潜在的な移転資源が $L(1+r)$ を上回ることになれば，当該融資は全額支払われることになろう。反対に，潜在的な移転資源が $L(1+r)$ を上回らなければ，債権国は能力の最大限までを受け取ることになると仮定すると，以下のようになる。

$$x_2 < L(1+r) \text{ ならば} \qquad P = x_2$$
$$x_2 > L(1+r) \text{ ならば} \qquad P = L(1+r) \tag{5}$$

これは債権国が最初に金利を選び，次いで債務国が調整努力のレベルを選ぶ1つのゲームとして考えることができる。このゲームの解を得るために，まず債務国の金利に関する条件的問題を解くことにする。(3)～(5)から，当該国の期待効用が得られることになる。

$$EU = \int_{L(1+r)-z}^{\bar{s}} [(s+z) - L(1+r)] f(s) ds + v(z) \tag{6}$$

債権国への潜在的な移転資源を独力で全額支払わなくてもよい時には，調整努力 z の増加によって，友好国における当該国資源は引き上げられることになる。

$$\frac{\partial EU}{\partial z} = \int_{L(1+r)-z}^{\bar{s}} f(s)ds - v'(z) \tag{7}$$

調整努力が国内的には最大であるなら，$\partial EU/\partial z = 0$ であり，$\partial^2 EU/\partial z^2 < 0$ となる。ここで，

$$\frac{\partial^2 EU}{\partial z^2} = f[L(1+r)-z] - v''(z) \tag{8}$$

ここで，債権国によって課された金利に対する調整努力の程度を算出する。そのために，まずクロス・デリバティブを計算する。

$$\frac{\partial^2 EU}{\partial z \partial r} = -L[L(1+r)-z] < 0 \tag{9}$$

次にその反応を導出するために陰関数の定理を用いることにする。すなわち，

$$\frac{dz}{dr} = \frac{Lf[L(1+r)-z]}{\partial^2 EU/\partial z^2} < 0 \tag{10}$$

したがって，金利が高ければ高いほど，当該国の調整努力は低くなる。

債権国の目的は，新規貸付の期待収益の最大化である。したがって，(5)式から，

$$ER = \int_{\underline{s}}^{L(1+r)-z}(s+z)f(s)ds + L(1+r)\int_{L(1+r)-z}^{\bar{s}}f(s)ds \tag{11}$$

つまり，債権国の一階の条件は，以下のようになる。すなわち，

$$\frac{\partial ER}{\partial r} = L\int_{L(1+r)-z}^{\bar{s}}f(s)ds + \left(\frac{dz}{dr}\right)\int_{\underline{s}}^{L(1+r)-z}f(s)ds = 0 \tag{12}$$

この条件は，明らかに債権国が直面している2つの誘因を示している。常に正となる第1項は，不確実性の存在によって生じる「新規資金」バイアスである。債務国に予想以上の支払いを許す何かが生じる可能性があるため，債権国は良い知らせから利益を得るために，出来るだけ高い金利で債務を回していくインセンティブを有することになる。第2項は常に負となるもので，これは債務国に対するインセンティブの問題によって生じる「債務免除」バイアスを表すものである。債権国は債務国の状況をあまり絶望的なものにしたいとは思ってないし，それが債務国の返済能力を改善するインセン

ティブを有するわけでもないのである。

　その状況が2つの検討事項のどちらか一方のみによって占められているとすると，新規資金と債務免除との間の選択は明らかなものとなろう。また，不確実性のみが問題であるならば，予想不可能な幸運に資金投入するオプションを保持するためにも債権国にとっての最善の策は，債務免除ではなく，融資となる。また，インセンティブのみが問題であるとすると，債務国の努力に対して禁止的水準の税制を課すことなく損失を甘受することが最善の策となろう。しかしながら残念なことに，実際にはどちらか一方ではなく両方の問題が存在することになるため，正しい戦略の選択は容易なことではないのである。

　しかしながら，このトレード・オフによって顕在化するディレンマは不可避のものでない。それは，新規資金と債務免除両方が，債務超過を取り扱う手段としては効果的な手段でないという事実に根差すものである。効果的に請求権の性質を変容させる革新的な返済計画によって事態を改善することが可能かどうかということが問題となる。原理的には少なくともそれは可能なのである。

第3節　請求権の性質の変容

　債務を他の請求権に転換することを勧める多くの提案がある。提案の中には債務を断片的な株式へと転換することを提案するものから，Baily (1982)の提案のように，債務を輸出への部分的な請求権に転換するもの，そして，金利または新規貸付を自動的に輸出価格に指数化する提案までの広範な内容が含まれていた。本章で採用されたアプローチは，資源を抽出して構成されたブラック・ボックスとして現実経済を取り扱っているため，そうしたスキームの詳細を正当に取扱うことはできない。それにもかかわらず，課された返済額が潜在的な移転資源に依存するようなスキームを検討することによって，革新的提案の精神について知り得る部分もある。

請求権の性質を変容させる提案を広義に2つに分類することができる。第1の分類は，返済額を返済能力の一般的尺度に結び付けるものである。最もよく知られた事例は，債務返済を輸出入に比例させるという提案である。こうしたスキームの重要なポイントは，そこでは好ましい結果が国家的努力によるものなのか，他国からのコントロールによるものかについて区別しないということである。一方，もう1つの分類とは，返済額を世界の金利水準や主要輸出品価格などで，当該国が経験したショックの程度に結び付けるものである。このような2つに分類された内容は，少なくとも内容的には相互に全く異なるものなのである。

こうした提案の中には，債務返済延期と債務免除との間でより詳細な分類が存在することになる。提案の多くは，返済額と支払能力を，当該国の性質に結び付けるものであり，そうした提案は少なくとも文書上では，債務国が支払うべき最終的な義務を減殺するものではない。すなわち，課された返済義務は市場金利で単にリスケジュールされることになるのである。しかしながら，分析上リスクの高まった債務は市場金利で単にリスケジュールされることになるのである。しかしながら，分析上リスクの高まった債務がすぐに免除になることは想像に難くない。したがって，返済延期についても，その適用において同様のものなのか否かが問題となる。

返済能力に結び付けられた返済

ここでは，前節で取り上げたような債務国で，その債権国が問題に対して革新的アプローチを採用すると仮定する。すなわち，債務返済に必要となる資金を貸付けるのではなく，返済能力で修正されるような請求権を確立することになる。返済を第2期間における潜在的な移転資源の関数であると仮定することで，そうしたスキームを概観することができる。
すなわち，

$$P = A + Bx_2 \qquad 0 < B < 1 \tag{13}$$

そうしたスキームが好ましいニュースの長所を取るか，債務国に調整イン

センティブを提供するかという債権国の葛藤を解決できるのかどうかという問題がある。そこで債務国の一階の条件を検討する。返済スケジュールが所与の場合，潜在的な移転資源と実際の移転資源との相違は以下のようになる。

$$C_2 = -A + (1-B)x_2 \tag{14}$$

そこで，債務国は移転資源を最大化することになるので，

$$EU = \int_{\underline{s}}^{\bar{s}} [-A + (1-B)(s+z)]f(s)ds - v(z) \tag{15}$$

これに一階の条件を加味すると，

$$\frac{\partial EU}{\partial z} = (1-B) - v'(z) = 0 \tag{16}$$

この条件は以下のように解釈することができる。すなわち，当該国は移転資源能力の改善からの利益の一部 $(1-B)$ だけを受け取ることになる。但し，ここには請求権を融資返済能力次第で置換えることでのトレード・オフが存在することになる。すなわち，非友好国が特別な調整努力を払うことで債務国として受ける利益はないが，友好国では希釈された利益は得られるようなケースはもはやないのである。インセンティブを一層歪曲させる詳細な経済モデルがなければ，それは明らかにはならないものである。

　この分析によって，返済を輸出か返済能力の尺度と結び付ける提案がインセンティブの問題を解消できないために，新規資金と債務免除との間のトレード・オフも解消できないことが明らかになる。しかしながら，これがここで示された形式的フレームワーク内で処理され得る問題だけであれば，実際には当事間の覚書あるいは他のスキームが，例えば，債務返済を経済成長およびインフレーションにリンクして長期的に上昇させる方法として依然として価値あるものとなろう。

当該国の性質に結び付けられた返済

　代替的な提案についての分類としては，返済を当該国の性質（位置付け）に結び付けるものがある。理想的な尺度は，当該国の努力の結果と，他国か

らの管理統制の結果とを完全に分離するものである。したがって，このケースに関する数理分析に集中し，実測の不完全性が議論にどのように影響を及ぼすかについて検討することが分析上最も近道となる。

ここでの数理モデルの文脈では，最適なスキームの形態は明らかである。すなわち，それは当該国の努力レベル z の結果ではなく，当該国の性質 s から得られる利益にすべて充当されることになる。すなわち，

$$P = A + s \tag{17}$$

結果としての一階の条件は以下のようになる。すなわち，

$$\frac{\partial EU}{\partial z} = 1 - v'(z) = 0 \tag{18}$$

したがって，当該国の調整インセンティブにおける歪みは完全に解消されることになる。

債権国にとっては，そのスキームにおける自由度は，定数項 A によって示される。一見して，債権国は A を最適条件 z と等しく位置付けるため，債権国は債務国に対して限界的な調整インセンティブを提案することになるが，結果的には，債務国による潜在的な移転資源全てを獲得することになる。この方法は，あまりにずる賢いものであることから，現実には難しいものとなる。限界条件(18)を満たすことに加えて，調整努力における債務国の選択は，グローバルに最適化されなければならない。調整から利益が得られていないとすると，債務国は自国に好ましい調整水準を選択し，支払スキーム(17)を単に不履行することで状態を改善できることになる。したがって，当該国から抽出され得る移転資源は，債務イニシアティブに参加すべき国に十分なインセンティブを提供する必要性による制約を受けることになる。しかしながら，そうした制約は国別スキームに独自のものではない。その独自の特徴は，完全に国別スキームが，友好国以外も含めた全ての性質の国家における最大の移転資源よりも少ない移転額を当該国から抽出することである。

そうした分析から，理想的な国別スキームが，全額は返済されない融資

か，広義の返済能力に結び付けられた請求権かのどちらかより有効に機能することは明らかである。もちろん，実際には返済スキームは，当該国の性質が完全に特定化されていないのであれば，理想より見劣りする結果に帰着せざるを得ないことになる。例えば，返済は当該国の主要輸出価格に結び付けられているが，変動から生じるショックは含まれないことになる。この不完全性が及ぼす結果としては，インセンティブ問題の解消において国別の偶発的要因に伴う効果を曖昧なものとすることである。その性質が原理的には位置付けられていたとしても，課された義務を履行できない国が含まれるものである。マージン上では，当該国の支払能力の改善は，その性質において債権国の利益ではあっても，当該国の利益ではないのである。したがって，当該国にとっての調整インセンティブは弱められることになる。しかしながら，少なくとも義務が当該国の性質を反映していない場合より，反映している場合の方が，明らかにそのインセンティブの希釈性は少なくなる。したがって，不完全な国別請求権は，依然として全く国別でない請求権よりは有効なものである。

債務返済延期

　これまでのところでは，債務免除か支払能力か，当該国の性質に結び付けられている返済スキームのみについて取り上げてきたが，それより緊急な問題としては，新規貸付を輸出収益ないしは輸出価格に結び付けるスキームがある。これは分析上，全く異なったスキームなのか，類似したスキームなのか吟味する必要がある。

　ここでの重要なポイントは，既存の債権国による防衛的な貸付の状態において，債権国が全額返済を期待していないか，債務国が全額支払を見込んでないことである。すなわち，文書上は譲許的要素が含まれていないとしても，新規資金には譲許的要素が含まれることになる。結果的には，偶発的な免除に対してなされることと同様の考慮を新規資金についてもすることになるのである。

　ここでの基本モデルを2期モデルから3期モデルに拡張する。すなわち，

第1期では，当該国は第2期での移転資源を最大化させる調整努力についての意思決定を行うものとする。また，第3期における返済能力は不確実なものとする。その結果，第2期における移転資源負担のいかなる軽減も，第3期における予想される負担増と元金には相殺効果を及ぼさないことになる。調整インセンティブは，当初第2期の新規資金に付記されていた条件に依存するものである。債権国が債務国の性質にかかわらず可能な限り最大の移転資源を要求する場合には，調整インセンティブは存在しないことになる。反対に，新規貸付が当該国の性質に結び付けられ，マージンにおける調整努力が債権国よりも当該国に利益をもたらす場合には，調整インセンティブは大きなものとなる。

　分析は極めて抽象的なものであるが，明快な結論を提示することになる。すなわち，偶発的な返済あるいは新規資金のどちらかを当該国の性質という尺度と結び付けることは有効な考え方である。

第4節　結　　論

　本章では，発展途上国の債務問題を取り扱う際に含まれる問題についての極めて抽象的な分析上の問題について取り上げてきた。そして，債務超過の1つである問題について考える最善の方法について議論してきた。すなわち，いくつかの国では既存債務は，債権国が将来期待している移転資源の現在価値より大きなものとなるのである。

　すなわち，そうした議論では，債務問題の適当な取り扱いを単に流動性と支払能力との間の区別次第であると見なしているのである。問題が流動性の問題であるとすれば，当該国が問題を解決するまでは資金は供給されるべきである。また，問題が支払能力の問題であれば，ある種の破産手続きが必要となる。債務超過問題に関する高度に抽象的な分析が示す内容は，これが問題を捉え違う原因となる。純粋な流動性の問題は存在せず，それは支払能力に対する懸念が原因となって生じる問題である。債務が完全には返済されて

ない明確な可能性もある。しかしながら，広範に評価されている議論として，融資の提供に対する債権国における全体的利益とそこから脱却したい各債権国の個別利益との間にはある種の葛藤が存在するものなのである。

　本章における分析によると，追加融資と債務免除との間の選択は，流動性問題と支払能力問題との間でどちらを試みるかに依存することになる。一方，それは，積極的に返済しない巨額の名目債務のオプション価値と債務のインセンティブ効果との間のトレード・オフ関係を示すものである。良いニュースはいつでも可能なものであるから，債権国は請求権を高く維持しようとするため，何かの機会に当該債務国が支払可能であることが分かると，請求権が不必要に免除された債務を保有するインセンティブはなくなる。一方，債務国が例外的な状況を除き返済できないとすると，調整を試みるだけのインセンティブはほとんどないことになる。したがって，債権国は債務残における返済見込みを高めるために，当該国債務を積極的に免除しようとする可能性がある。それは，困難なことがどれくらい債務免除に依存するかと，どれくらい融資に依存するかの間の緊張関係によるものである。

　債務免除と追加融資との間のトレード・オフ関係が，当該国の性質に位置付けられた返済によって改善されることは否定し難いことである。支払が当該国のコントロール外の条件に関連付けられているとすると，調整努力が債権国でなく当該国にマージン上利益をもたらす所与の予想支払の可能性は増加することになる。つまり，本章における分析は，それが抽象的なものでも，新規資金と債務救済を経済的条件に，結び付けることは債務国と債権国の相互利益に適うものであることを示唆しているのである。

第8章　市場志向型債務削減スキーム

　第三世界における債務問題は，その初期には，必要な解決策について，債権国，国際機関，そして債務国自身も含め広範なコンセンサスが存在していた。1982年以降の基本戦略は，債務超過をファイナンスすることであり，そこでは債権国がリスケジューリングばかりでなく「非自発」的貸付を約束することが期待されていたのである。経済成長とインフレーションを考慮することで，拡大している名目債務も，GNPないしは輸出で測った比率では低下しているものと期待され，追加融資によって，債務国における対外的な資源移転の負担を経済回復に合わせて削減させることになったのである。こうした戦略の出現は，米国における債務発生のほんの数ヶ月前に国際通貨基金（IMF）を通じて強制されていた市場重視型政策からの注目すべき方針転換を示すものであった。突然，債務に対する市場メカニズムは放棄されたのである。その努力は，既存の債権国の所有権を保護することに仕向けられていたが，独立して活動している個別融資国が積極的に債権を拡大しなかった環境で，新規貸付は全体的な決定プロセスの一部として提供されることが期待されていたのである。そのため，Carlos Disz-Alejandro が指摘したように，国際資本市場が突然社会主義化したのである。

　債務超過をファイナンスすることに対するコンセンサスは近年に至り徐々に崩れ始めていた。1つの問題提起が債務免除の主張から生まれた。その主張は，新規資金を提供することで現行の資源移転負担を削減する代わりに，

債権国が債務国の将来の返済義務を一度に削減することを提案すべきことが論じられている。この見解は，債権国の利益よりも債務国の利益を優先させる人々ばかりでなく，債務免除が現実には，債務水準とより現実的な返済水準まで削減することで，債権国の利益になると論じる多くの人々からも支持されている。債務免除国が確立された戦略とは全く異なった処方箋を提示する一方で，両者は全体的な活動が自由放任主義に反する点には同意しているのである。

しかしながら，別の問題提起において債務問題に対する市場志向型アプローチが主張されている。さまざまなスキーム，すなわち，債務買い戻し，証券化，債務の株式化などは，過去数年間に，債権国側の自発的活動を通じた債務問題の解決努力の中に生み出されて来たのである。そうしたスキームの主張は，新しい金融協定の「メニュー・アプローチ」を通じて，銀行の債務残高，各国の負債は，新規資金あるいは債務免除のために集団交渉する必要性などなしに削減されることになる。すなわち，市場志向型アプローチは，今日まで債務問題を独占的に取り扱ってきた協調行動戦略に代替する政策として提案されたものである。

市場が債務問題を解決できるのかが問題である。市場志向型スキームに対する支持の高さにも拘らず，驚くべきことに賛否両論，良識的議論はほとんどなされてきていないのである。そこで，本章では債務を取り扱うものとしての市場志向型スキームについて考えるためのフレームワークを提供し，そうしたスキームとより伝統的な融資と債務免除とから構成される戦略とを比較する。

本章は6つの節から構成されている。第1節では，リスケジューリングと協調貸付という基本的な戦略の合理性について検討する。第2節では，債務免除が債務国ばかりでなく債権国の利益にもなるような条件に関して協調しつつ，債務免除に代替するケースを取り上げる。(ここでの条件は，市場志向型スキームを評価する上で重要なことであることが明らかになる)。そして，第3〜6節では，買い戻し，証券化，債務の株式化の3つの種類の市場志向型債務スキームについて検討する。第6節では，いくつかの暫定的な評

価を提示することになる。

第1節　協調融資の合理性

　問題とされた債務国の定義上の特徴は，自発的な貸付を受けられないことである。すなわち，国際資本市場に普通にアクセスすることができないのである。1982年以来続けられてきた協調貸付の重要な点は，代替的な非市場性一般資金源であったということである。すなわち，債務返済用に相応な外為を通じて債務国に供給するため既存の債権国からの公的貸付および非自発的貸付の組み合わせを用いることである。そうした状態を認識していた人の多くにとっては，この戦略は矛盾したものに感じられた。結局，返済能力以上の債務を負っている国に追加的な貸付を行うということがどのように受け取られるかということである。出発点として，問題の債務国に対する新規貸付の合理性について理解することから始めることにする。

　ここでの合理性はしばしば流動性と支払能力との間の区別によって説明されることになる。すなわち，ある国の問題が支払能力（最終的には債務返済が期待されている）ではなく，流動性（現在の債務返済のための現金が不足している）の場合には，貸付ける意義があると主張することを意味する。しかしながら，こうした区別は債務危機に対する誤った見方である。支払能力があると認識されているのであれば，当該国は独自に自発的な貸付を探すことができ，流動性問題など発生しないのである。流動性問題の顕在化は，当該国の債務が完全には履行されない可能性によるものであり，特に債務残高より低い返済額の期待現在価値すら十分に返済できない可能性がある場合によるものである。(Krugman〈1988〉[本書第7章]参照のこと)。

　なぜ債権国がそうした国に依然として追加貸付をする必要があるのかという問題がある。その理由は，不完全な返済が許容されている間は，事態は不確かな状態にあるからである。ここで，債務国は最終的に債務残高の現在価値に等しい返済が可能であるが，返済不履行リスクが相当大きく，自発的に

資金融資を行う融資国をみつけることができない状態にあると仮定する。債権国による協調的行動がない場合には，当該国は現状の資源から返済義務を履行するか，もし許されるのであれば，直ちに債務不履行を選択することになる。後者については，当該国における将来の経済状況好転から得られる利益の受け戻し権を失うが，債権国に現在保有する資源全てが収容されないことは保証するものである。したがって，現状における債務不履行を回避し，少なくとも将来における経済状況好転の可能性を保全するために，債権国にとって債務国の返済義務の一部延期は利益となる可能性がある。

債務を償還する義務は，債務元本のリスケジューリングにより延期され得ることになる。それは標準的な手続である。しかしながら，債務に伴う金利支払ですら，現行資源からの予想支払額を超過するため，重債務国にとっては，これでは不十分なのである。したがって，金利義務の延期も必要となる。そうした義務履行延期は，金利の資本化を通じて直接的に実施されることになるが，これまでのところ，これはプロセスが極端に自動化されているため，債権国から強く反対されている。一方，その方法は既存の債権国を駆り立て，効果的に金利義務を延期させるために，債権国に金利支払の一部分を賄うための新規融資を用意させることになる。これは，「非自発的」あるいは「協調的」融資のプロセスなのである。

協調融資から得られる潜在的利益は，よく知られているCline (1983)による研究で大きく取り上げられているし，数理モデルでも取り上げられている (Sachs〈1984〉, Krugman〈1985b〉)。この点は，債務国自身の自発的な割引によって考慮されるものであるとすると，非公式な対応に見做されるかも知れない。ここでの割引率は，既存の債権国が債務の実質返済分の現在価値が当該国の法的義務負担分に対して不足すると見込まれる額によって決められるものである。協調融資が実施されない場合，債権国は債務国によって請求権の内の名目価値の一部 $(1-d)$ しか受け取れないような無秩序な債務不履行状態に陥ると確信していると仮定する。また，債権国は大規模な協調融資，すなわち貸付 L であるが，これによって見込損失を d から d^* へと減少させられると信じていると想定する。したがって，そうしたプログラム

が純利益をどのように生み出すことができるのかを検討することが直接な内容となる。協調融資プログラムの一部としての追加的なドル貸付は，見込損失 d^* での貸付である。しかしながら，そうしたプログラムは，既存の債務価値を $(d-d^*)D$ まで増加させることになる。また，その場合の D は債務残高の初期ストックである。したがって，そうしたプログラムに伴う債権国の利益は，$d^*L<(d-d^*)D$ ないしは $L/D<(d-d^*)/d^*$ である限りは，そのコストを上回ることになる。

事例を取り上げるために，協調融資プログラムが存在しないと想定すると，自主的な割引率は 0.5 となる。すなわち，債権国の見込利益は債務国の所有資源の半分であるが，突発的な債務不履行回避プログラムを伴う場合には割引率は 0.25 へと低下することになる。したがって，$L/D<1$，すなわち自らの提示額における増分は 100％より少ない限りにおいては，そうしたプログラムを追及することは債権国の利益となるのである。

こうした事例によって，問題の債務国に対する貸付に関する一般論の誤りが明確に示されることになる。例えば，債務に対する流通市場における割引（恐らく多かれ少なかれ主体的不払の可能性 d に等しくなる）の存在によって，新規資金が注入されなくなるという議論は正しくないのである。そうした新規資金は単に自発的には提供されないということであり，問題の債務国に対しての場合にのみ，そうした議論も成り立つものなのである。したがって，資金準備ないしは，そのための国内居住者による資本輸出が，債権国による新規資金の供給量に関する議論であるということもまた誤りなのである。

この方法での問題の捉え方が，協調融資の潜在的利益を明らかにする一方で，それはまた問題の1つであることを明らかにすることになる。協調融資の利益は全体的なものである。なぜならば，そうした問題が，突発的な債務不履行を十分に回避できるような貸付によって発生するものなので，債権国は既に獲得した請求権の価値を引き上げることになる。しかしながら，別々にみると，新規融資は損失を被っていることになる。したがって，問題のある国の債権国にまだなっていない国で積極的に融資する国などなく，例え，既存の債権国でも貸付に対する個別インセンティブは低いことになる。今日

では少なからず知られたフリーライダー（ただ乗り）問題があるが，貸付は全体的な利益となるかも知れないが，個別には貸付に個別利益が反映されていなかったため，貸付は実施されなかったのである。協調融資のプロセスには，個々の債権国ならびに債権国グループ，中央銀行，そして国際機関からの圧力がかけられており，新規資金が提供されなかったとしても，あまりにも目立たないために，モラトリアムを宣言できない上，悪い兆候を伴うものであることから，フリーライダー（ただ乗り）問題を克服できるように計画されている。実際には，その問題は，新規資金を準備するための合意形成が単に困難なためではなく，銀行および公的機関による新規資金の条件にただ乗りするキャピタル・フライトのために，依然として難しい状況にあるのである。

しかしながら，ただ乗りの問題は別としても，協調融資は戦略上で重要な意義を有するものである。協調融資戦略に対する露骨な不満は，協調融資が重債務国の債務状況に追い打ちをかけるものとの認識を背景とするものである。明らかに，これは誤りである。既に多くのことが強調されてきたが，債務国が継続的に成長しており，世界がインフレ的状況にある場合には，名目債務が拡大していたとしても，当該国は以前に比べると信用に足る存在と見做されやすくなっている（Feldstein〈1986〉）。事実，問題のある債務国は債務危機発生以来，発生以前に比べて成長速度を鈍化させており，部分的には結果として，債務指標もほとんど改善していないのである。少なくともある程度まで，成長鈍化は債務負担に帰せられることになる。このことによって債権国による自らの請求権保全についての主張は，自らに打撃を与え，債務国の債務負担を軽減する取り決めを通じて実現される返済水準以下に予想返済額を低下させる可能性が生じることになるのである。

債務返済を単に先送りにするだけの融資よりも，重債務国における債務負担の軽減が万人にとって利益となる可能性は，戦略を融資から免除に転換するケースの基礎となっている。

第2節　債務免除の分析

　債権国が返済延期よりもむしろ債務免除を選択すべきなのかが問題である。債務国からの支払の流れが，債務負担によって影響されないのであれば，債権国が保持する請求権の名目価値を維持することはいつでもむしろ好ましいことになる。結局，最も絶望的な債務国が想像できる限りの価値のある天然資源を開発するか，想像できないほどの経済成長を経験することになるとしても，債権国にとっては，好ましい将来から利益を得ることのできるオプションを保持することが妥当なことなのである。もし，債権国が債務国の返済義務を軽減すればこのオプションは犠牲にされることになる。
　なかんずく，当該国による潜在的な返済額は，その債務負担と無縁ではない。当該国の返済義務が積極的に支払おうとする金額を上回ると，そうした返済義務は当該国にとっては高い限界税率のように作用することになる。予想以上に上手くいくとすると，それに伴う主たる利益は，当該国ではなく債権国に対して増加することになる。このことは，2つの段階で当該国が上手くいくことの阻げとなる。第1に当該国政府は，その利益がどのようなケースにおいても外国の債権国に向かいがちな場合には，積極的に痛みを伴うような措置を講じたり，政治的に支持の得られない手段を講じたがらないものである。第2に，国家的な債務負担は税制を通じて国内居住者に負わされることになる。そして重要なことは，資本課税を通じて，債務超過は投資抑制効果を及ぼすことになる。
　潜在的な返済額を上回るこうしたコストは，独立した債務国に対する不完全な第11条手続（民事再生手続）が存在しているという事実であり，債務が支払義務よりも低い水準に早く削減されない場合には，敵対的で無秩序な債務不履行によって，債権国の実際の受取額は本来獲得可能な水準以下に削減される可能性すらある。
　こうしたマイナス効果の結果によって，当該国の対外債務水準が高ければ

高いほど，返済不履行の可能性は大きなものとなり，債務に対する自主的な割引率も大きなものとなる。債務が十分大きいものであれば，債務水準の一層の上昇は，現実に予想返済価値をより小さなものとすることになる。[1]

債務と返済の関係について考える有効な方法は，図8-1に示された$C \cdot D$曲線で示される関係性である。横軸は当該国の債務の名目価値とし，縦軸は実際の期待支払額である。名目債務に対する請求権で金額が低い水準の場合には，完全に返済されるものと期待されるかも知れない。したがって，その結果は45°線に沿ったものとなる。しかしながら，債務水準が高ければ高いほど，返済不履行の可能性は大きくなり，予想支払額は次第に45°線を下回る曲線を描くようになる。点Lのような点での名目債務額に対する予想返済比率は，起点からの軌跡の傾きによって測られることになる。リスクと取引費用を無視すると，これを債務の流通市場における価格の近似値をみなすことができるかも知れない。

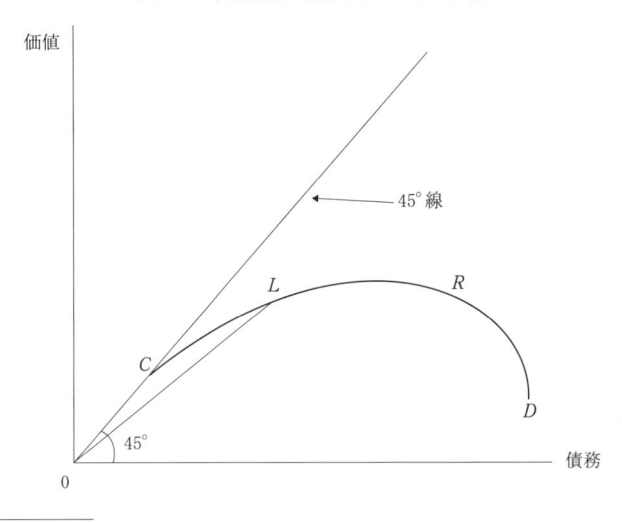

図8-1 債務救済に関するラッファー曲線

---

[1] 将来における不確実性が存在しなければ，返済可能水準まで，債務が免除されることは債権国にとっても利益となるのである。このケースでは，2度目の割引は，債務免除へとつながる可能性がある。しかしながら，将来が不確実な場合には，これはそうしたケースとはならないのである。

債務の流通価格が45°線を下回る限界点である点 C 以上に債務水準が上昇したとしても，まず，債務総額は依然として増加することになろう。しかしながら，債務水準が十分に高い場合には，前述したマイナス効果は相当大きなものとなるため，曲線は実際には降下することになる。

次に，どのような条件下で，債務免除のような名目請求権の削減が実際に債権国をより良い状態にするのかということが問題となる。これまでにも指摘されてきているように，債務が流通市場で割引いて売却される時に，債権国は「現実を認識」して，当該国に関する請求権を削減することになるのである。しかしながら，図8-1からも明らかなように，このことは必ずしも正しくはないのである。点 L では，2度目の割引が生じることになるが，債権国の保有する請求権における削減は依然として債権国の総予想受取額の減少となる。その理由は，前節における議論に実質的に含まれている。将来の不確実性を所与とすると，請求権の削減によって，債権国は好運を共有することから得られるオプション価値を享受できないことになる。このオプション価値が，債務削減によって改善されたインセンティブを通じて価値を高める場合だけ，債権国は債務国に対する2度目の割引の部分的決定により利益を得ることになる。このことは，債務負担が非常に大きい場合にのみ生じることであり，したがって，こうしたインセンティブ効果は点 R などでは強まることになる。

曲線 $DRLC$ はある意味で馴染みのあるものである。すなわち，これは債務ラッファー曲線である。政府が税率引き下げにより税収増を図るのとちょうど同じように，債権国は当該国の債務の一部を免除することで予想返済額の増加を図るのである。どちらのケースにおいても，そこでの命題は，より少なくすることで，より多くするということであり，それは初期の極端な状況に依存する。すなわち，極端なマイナス効果を及ぼすような税率，経済成長を停滞させるほどの債務負担のような極端な状況である。債務救済が全体的な利益であるという議論は，当該国が債務ラッファー曲線上で債務額と価値とが反比例する側に位置しているという議論である。

もちろん，実際に重債務国がラッファー曲線のどちらのサイドに位置して

いるかを確定することは非常に難しい問題である。例えば，ボリビアのように弱い政府をもつ重債務国は，債務水準にその価値が反比例する側に位置しているというコンセンサスがあり，これは議論なしで債務救済を与えることを意味する。主要な債権国が存在しないのであれば，問題は誰かの臆測になる。

　実際に DRLC のコンセプトを適用することの難しさにもかかわらず，それは考えを整理する方法としては有効である。すなわち，図8－1が2度目の割引は自由に債務国に与えることができるという確信と，債務は免除されるべきではないという強硬論との両方が原理的には誤りであることを明確化する方法が知られていないことを明らかにしたという点は意義深い。同様に重要なこととして，DRLC は近年非常に高い支持を得ている市場志向型債務削減スキームについて考える方法としても有効である。なぜならば，そうしたスキームの成功の見込みが，債務ラッファー曲線上の位置に密接に結び付いているからである。

　その理由は明らかである。市場志向型債務救済スキームは時として別の利益を生み出すことを目的とされることがあるが，大部分は債務国および債権国の両方に利益をもたらすような流通市場における割引を利用することが意図されることになる。しかしながら，ちょうど検討したように，協調的債務救済策が検討対象となると，2度目の割引は債務が当該国をラッファー曲線上の債務額と価値が反比例する側に位置付けるほど大きい場合に限り，債務国と債権国の両方に利益となる可能性を提供することになる。市場志向型債務救済スキームには，協調的行動が不可能な位置で割引を利用できるのかという問題がある。市場原理に基づく債務国，債権国に利益となる債務削減策は，両者に利益となる債務救済策と同じ環境の場合だけに成立するものである。

第3節　債務買い戻し

　問題のある債務国の中には，実質的に外貨準備を節約しているか，非常に大きな貿易黒字を通じて外貨準備を蓄積させることが可能であった。同時

に，こうした諸国の債務は，実質的な割引により引き続き取引されている。こうした取引には，当該国が積極的に好ましい貿易パフォーマンスを継続的に達成しようとしているか，その能力があるかという点から債務を評価した結果が反映されている。このことは，当該国の債務削減について協調的な債務免除よりも自主的活動を通じた可能性を明らかにするものである。単に，当該国に自国の債務を流通市場で買い戻されると，その効果は，債務が売却時の割引額であることから，債務，純外貨準備さえも減少させることになる。したがって，ここでは，この考え方に誤りがあるかどうかを考える必要がある。[2]

　法律的には，債務国が一般的に債務を割引額で買い戻す行為は禁止されている。その理由は2つある。第1に，優先権の問題がある。すなわち，債務再購入のための外貨準備の利用は，債務国の残された債務に対する返済能力を弱める可能性があり，既存の債権国には，実際に返済される債務全てについて第1請求権が与えられているのである。加えて，モラル・ハザードの問題もある。つまり，債務国に債務を割引額で買い戻すことを許すことは，少なくとも確実に債務国にとっての利益であり，最も安い流通価格で買い戻されることを意味する。

　債務買い戻しが，債務国と債権国にとって利益になると決定されれば，モラル・ハザードの議論は，取り扱われるべき問題となるかも知れない。そのために，コンディショナリティは債務買い戻し許可の授与まで適用され得ることになる。この問題が現実的問題であることは間違いないが，こうした問題は，債務買い戻しを認めることが債権国の利益になるかどうかについて焦点を当てるために，棚上げにされる可能性もある。

　こうした問題に検討を加えるために，表8-1で示したような単純な事例について検討することは有効である。例えば，1,000億ドルの債務を債権国から負いつつ，その支払において不確実な見込みのある国を想定する。返済時期については考えないものとすると，単に可能性としては2つになる。すなわち，表8-1の悪い国と良い国である。悪い国の場合，外国為替を通じて

---

[2] 債務の割引額での買い戻しは1930年代には事実として極めて一般的に行われていた。このことについてはPortes（1987）を参照のこと。

表 8-1　債務買い戻しの効果　　　　　　　　　　　　（億ドル）

	悪　い　国	良　い　国
外貨準備高	200	1,100
債務買い戻しなし		
債権国への支払	250	1,000
居住者利益	0	150
債務買い戻しあり		
売却した債権国への支払	50	50
その他債権国への支払	200	900
支払合計	250	950
居住者利益	0	200

僅か200億ドルしか得られないが，良い国は，例えば1,100億ドルのように1,000億ドル以上得られることになる。また，期初の外貨準備高を50億ドルと仮定する。悪い国の可能性は2/3であり，良い国の可能性は1/3である。

まず最初に債務買い戻しがない場合について検討する。悪い国において債権国は250億ドル回収するが，それは外国為替を通じて当該国が稼得可能な金額に外貨準備高を合算したものである。一方，良い国においては，当該国は1,000億ドル支払う。したがって，債権国の予想受取額は，250×(2/3)＋1000×(1/3)＝50となる。リスクを無視すると，当該国債務の流通市場における価格は0.5となる。

ここで，当該国は外貨準備を用いて債務の一部を買い戻すと仮定する。また最初に，債務買い戻しが良い結果の可能性に何ら影響を及ぼさないものと仮定する。このことは後で検討することになるが重要な要因である。流通市場価格の0.5で，外貨準備を用いて債務の内の100億ドルを買い戻し，債務残高は900億ドルに削減される。[3] 債権（債務）を売却した債権国は何が起ころうとも50億ドル受取ることになる。こうした債権国も悪い国から200億ドル，良い国からであっても900億ドルを受取ることはできない（外貨準備が枯渇しているため）。そうした流通市場価格における変化は，債権国に

---

[3] これは正確な議論ではない。なぜならば，債務の流通市場価格は買い戻しの結果として変動するものであり，購入額は買い戻し前の均衡価格に依存し，買い戻し価格には依存しない。限界的変化のため，大きな相違は散見されないし，債権国への利益総額に焦点を当てることで，いずれにしても，この問題を回避することになる。

損失を及ぼすのか,利益を供するのかという点が問題となる。

その問題に対する回答は債権国に損失をもたらすということである。債権国への予想支払額は,債権国ないし債務国における 50(流通市場で売却された債務の価値)に悪い国での 200 億ドルと良い国での 900 億ドルを合算したものとなる。したがって,予想支払額は以下のようになる。すなわち,

$$50+200\times(\tfrac{2}{3})+900\times(\tfrac{1}{3})=480\tfrac{1}{3}$$

これは,買い戻しによって債権国への予想支払総額が削減されることである。このケースにおける債務買い戻しの効果は,流通市場における債務価格を一層低下させ,債権国の状況を悪化させることになる。

こうした結果となる理由は,債務買い戻しが良い国における当該国の純支払負担を削減することになるからである。すなわち,債務の総額返済が可能なのに支払いは次第に削減されることであり,悪い国においては効果はないが,いずれのケースにおいても,当該国が債務返済が可能な場合に問題が生じることになる。したがって,当該国は債権国の負担の下で利益を得ることになる。これが全く一般的な結果であることは明らかにされるべきである。当該国の支払能力が債務買い戻しによって影響を受けないとすると,当該国が債務を返済でき,債権国に対して利益を生まない場合に,その当該国による純返済額は債務買い戻しにより削減されることになる。

この結果を逆転させる唯一の方法は,このマイナス効果を相殺可能な水準まで,債務買い戻しにより支払能力が改善されることである。事実,インセンティブ効果は支払能力改善の方向で作用するものである。次に良い国で生じた場合で,当該国にとっての利益について検討する。悪い国では,債権国は当該国が支払い得るものを,それが何かによらず受取ることになる。一方,良い国では,名目債務を上回る部分を維持しようとするものである。したがって,良い国では,債務 1,000 億ドルに対して,外国為替収益 1,100 億ドル,外貨準備 50 億ドルであり,債務買い戻しなしでも当該国利益を 150 億ドルに維持しようとすることになる。債務買い戻し後,外貨準備はなくなるが,債務も 900 億ドルへと削減されることになるので,良い国は利益を

200億ドルで維持しようとする。こうした良い国における大きな利益は，当該国が調整政策を模索し，投資し，当該国が将来の支払能力を向上させるためにできること全てをする大きなインセンティブを提供するはずである。

　債権国は，良い国の支払能力の向上が，良い結果が実現された場合に得られる請求権の損失を十分に相殺できる場合に限り，債務買い戻しから利益を得られることになる。しかしながら，これはまさに債権国が債務免除から利益を得るために必要とされた条件である。したがって，実際に債務国が債務救済ラッファー曲線上の誤ったサイドに位置している場合には，債権国の利益は流通市場での債務買い戻しを許すことだけである。

　ここで示した多くの事例の中から，こうした効果と同じものを見つけることができる。当該国に債務の一部買い戻しを認める代わりに，債権国が債務の額面金額を単に1,000億ドルから950億ドルに引き下げると仮定する。すると，債権国に対する支払総額は，債務買い戻しのケースと同じになる。すなわち，悪い国で250億ドル，良い国で950億ドルである。また，良い国では，同じ金額の外国為替が繰り越されることになる。すなわち，外国為替収益1,100億ドルから債務950億ドルを控除し，外貨準備50億ドルを加算すると，200億ドルである。したがって，良い国の支払能力向上のためのインセンティブは同じになる。すなわち，流通市場において債務買い戻しを認めることが債権国に利益をもたらすのは，債務免除が同様の効果を有するか，有する場合に限られることになる。

　このことは，債権国は債務免除が望ましい場合でない限り，債務買い戻しには同意しないことを示唆している。したがって，本章の前2節で論じたように，債務買い戻しが協調的行動の戦略に代替するような合理性は持ち得ないことになる。

第4節　証　券　化

　債務買い戻しは，外貨準備の利用可能量によって，その可能性は制約を受

けるものである。しかしながら，近年投資銀行は，こうした制約を克服し得る方法を提案してきている。それが証券化であり，証券化の考え方は，当該国が新規債務を流通市場での債務購入に用いることのできる現金で売却するか，直接債務に転換できる（モルガンとメキシコとの間の契約）ような債券を発行することである。新規債券が既存の債務よりも小さい割引率で売却できるのであれば，その効果によって，債務国が外貨準備支出なしに債務残高を削減させることができる。

　非常に現実的な議論を通じても曖昧さが残る場合には，明らかにすべきことは，そうしたスキームが機能するのは，新規債務が既存債務に優先される場合に限られるということである。新規債務が優先されなければ，既存債務のような返済不履行の可能性に直面し，既存債務と同じ割引率で売却されることになる。例えば，当該国が既存債務を50％割引で売却し，その上で額面100億ドルの新規債券の発行を含む証券化を通じて債務削減を試みると仮定する。新規債券が既存債務に優先されないとすると，新規債券も単に50億ドルで売却されることになる。このことは，既存債務の100億ドルでの回収を認めるものであるが，当該国は始めたところで終わらせようとする（このことは，割引率が変更されないことを確認するものでもある）。したがって，債券化は，支払に関する第1請求権を認め，新規債務を既存債務に優先させることに依存するものである。

　そうした優先権を実現することは難しいことである。いずれにしても債務不履行を国際法の枠外に位置付けるため，独立債務国は他国よりも自国の債務返済へのコミットメントを本当に信頼できるものとすることはできない。にもかかわらず，いくつかのケースでは事実上の優先権を確立できるかも知れないのである。モルガン＝メキシコの場合には，新規債務が銀行融資ではなく債券の形式を取った事実から，事実上の優先権が想定されている。1982年以来，メキシコ債は，債券保有国からの協調的行動を実施することの相対的な重要性の低さと困難性のために，リスケジューリングおよび新規資金要請を義務付けられていない。したがって，メキシコ政府は，新規債券を既存債務に事実上優先することを主張してきている。実際には，このことで新規債券は限界的な

成功しか収めていない。すなわち、債券の中には銀行債務より小幅な割引率で売却されているものもあるが、大半はそうはなっていないのである。

しかしながら、現実的に既存債務を回収するために発行された新規債券が古い残余の債務に優先する原理を確立することは可能である。こうした証券化が債権国と債務国に利益をもたらすのかどうかという問題がある。問題は、債務買い戻しの問題に相当するものであり、その回答は再び債務国の債務ラッファー曲線上における位置に依存することになる。

表8-2 証券化の効果 (億ドル)

	悪い国	良い国
外貨準備高	250	1,150
証券化なし		
債権国への支払	250	1,000
居住者利益	0	150
債務の部分的優先債券化		
新規債権国への支払	50	50
その他の債権国への支払	200	900
支払合計	250	950
居住者利益	0	200

表8-2では、債務買い戻しの検討の際に用いた事例と比較可能な形式が取られ、相違点が強調されるようになっている。したがって、当該国の初期債務は1,000億ドルとし、悪い国では返済額は250億ドルであるのに対して、良い国では1,150億ドルの外国為替収益が想定されることになる。また、両国の返済可能性はそれぞれ2/3、1/3とする。したがって、証券化プランが予定されていない場合には、予想返済額は500億ドルとなる。

ここで当該国は既存債務より若干優先される新規債券を50億ドル発行するものとする。これらの債券は、悪い国であっても完済されることになるので、額面価値で売却でき、それにより既存債務100億ドルが買い戻されることになる。[4] したがって、当該国の純債務額は950億ドルに削減されるのである。

---

[4] ここでは（注3）と同様の前提条件とし、既存債務と取引される債券価格は、債券導入後の割引率によって算出される。したがって、価格変動は取引自体の結果として生じることになる。しかしながら、限界的変化に対する分析は有効であり、債権国の返済総額という重要な点についても正確な分析となる。

以上のように，債務買い戻しのケースと一致することが明らかになる。悪い国では，支払総額は250億ドルであるから，新規債権国は50億ドル受け取り，既存債権国は200億ドル受け取ることになる。一方，良い国では支払総額は950億ドルであるから，新規債権国は同様に50億ドルの受け取りであるが，既存債権国は900億ドル受け取ることになる。したがって，証券化プランを通じて返済可能性が向上しなければ，債権国への予想支払額は以下のように削減されることになる。すなわち，

$$\left(\frac{2}{3}\right) \times 250 + \left(\frac{1}{3}\right) \times 950 = 480\frac{1}{3}$$

債権国に対する対応を改善するために，良い国の返済可能額は，当該国からの利益オプションによって債権国が被った損失を十分に賄える金額まで引き上げられなければならない。当該国にとって良い国の返済可能性を向上させるためのインセンティブはちょうど債券買い戻しのケースのように高まることになる。債務削減前は良い国は 1,150−1,000＝150 を維持しようとする。債務削減後は，1,150−950＝200 を維持しようとするようになる。したがって，ちょうど債務買い戻しのケースのように債務国が債務ラッファー曲線上で債務額の増加に比して，その価値が低下していくような状況にある場合に限り，債務削減が債権国に利益をもたらすことになる。

したがって，債務を 1,000 億ドルから 950 億ドルに削減する直接的な債務免除もまた，証券化プランと同じ効果を持つことは明らかである。

第5節　債務の株式化

最も一般的な市場志向型債務削減スキームは，債権国が株式投資に用いられる現地通貨での収益を多少割引いて債務を売却する売買取引を用いたものである。そうしたスワップ取引についての詳細な説明では，全ての問題がすぐに解決されるような印象が与えられる。すなわち，当該国では同時に資本流入と対外義務免除が可能となるのである。

事実，債務の株式化は，資本流入を促すものでも，当該国の義務を免除するものでもない。中央銀行に渡されるものが当該国の債務そのものであるから，外国人投資家は当該国に外国為替はもたらさないことになる。したがって，資本流入は生じないことになる。当該国の負っている義務は免除されないので，外国人投資家は以前の請求権を換えるための当該国資産に対する請求権を獲得することになる。実際に生じたことは，証券化の際に生じたことと本質的には同じである。当該国は既存の負債の内のいくつかをある種の新しい負債と交換したことになる。

　ここで，こうした交換についてまず，流通市場における割引を通じて当該国の対外的義務が減殺されるかどうかという問題がある。債務の株式化がある種の証券化であることに気付けば，その答えはすぐに明らかになる。すなわち，当該国は新規請求権の既存請求権に対する優先度に応じて流通市場における割引を受けることができるのである。現行の政治経済情勢では，直接投資主体は，当該国が債務返済できないとしても，利益の本国送金を許されるか，債務国内で自由に利益を使うことが許されるものと広く考えられている。このことは，全てではないが，債務の株式化によって部分的な割引が得られることを意味する。しかしながら，一度，債務の株式化を通じたネットの支払義務削減の可能性がエクイティの優先性に依存することが認識されると，限界が明らかになる。

　基本的なレベルで，債務の株式化がある種の証券化であるならば，必然的に含まれる資産が大きく異なるという事実は，債券発行を含む債務化スキームに起因しない別の3つの考慮すべき事項を持ち出すことになる。それは，支払時期に関するスワップの影響，資金の往復の可能性，あるいは，資本流入の別の方向への転換と財政上のインパクトである。

　原理上，債務の株式化は，当該国の支払義務の時期に好ましい効果を有するはずである。リスケジュールされた債務でさえ，名目上では当該国に一律の支払いを求めるとすれば，当該国に関するエクイティ請求権は本国への送金を規定しているが，通常は長期的に経済成長と世界インフレを前提として，それは最初は低水準ではあるが次第に上昇するものである。したがっ

て，債務の株式への転換は，当該国がもっと積極的な時には，支払日延期という協調融資に想定されているのと同じ目的を満足させられるのである。理想的な債務の株式化は，明らかに問題の債務国における短期的な流動性制約を緩和するものである。

現実に，債務の株式化は必ずしも理想的なものとは限らないし，そうではない国にとっては，外国為替ポジションは容易かつ急速に悪化する可能性を秘めている。最も極端なケースは，悪化のメカニズムの伝播である。債務の株式化後，投資主体が当該国の株式を売却すると，株式化を試みてきた国は，そうした試みを相殺することになるのである。この場合には，事実上，債務の株式化は流通市場で，多分に割引率は低いままで，債務を買い戻すために外貨準備を利用することになる（もちろん，投資主体としては，利益の還流が期待できるのであれば，取引を実施するための権利を割引値で購入させられることになる）。

そうした影響がスワップ実施国にまで還流しなかったとしても，債務の株式化は外国為替をネットで消費することになる。外国企業が投資目的で債務の株式化を用いると想定すると，スワップなしで投資が実施されると，投資資金を得るために中央銀行に外貨が持ち込まれることになる。反対に，スワップが行われると，こうした外貨流入は生じないことになる。したがって事実上は，中央銀行は流通市場で債務を購入するために自国内にある外国為替を用いることになる。

債務の株式化が外貨準備に及ぼすネットのインパクトは，多くの人々が依然として想定しているような，資本流入と影響の回帰を通じた資金流用，別の融資のための代替との間におけるトレード・オフではない。100％追加的な形となる理想的なスワップの場合には少なくとも，資本流入は発生せず，むしろネットで資本流出となるのである。実際には関連があることから，債務の株式化は現実には債務の証券化と買い戻しとの混合である。

しかしながら，財政効果的には，債務の株式化が意味する証券化は，直接的な証券化とは全く異なったものである。直接的な証券化では，債務国政府は，古い債務の新しい資産への転換を提案して行った債務の株式化では，民

間部門に帰属する資産を提供することになる。こうした提案のために，債務国政府は，当該資産を購入するための現地通貨を準備しなければならない。しかしながら，こうした通貨の増発は，国内借入によって相殺されなければインフレ要因となる。債務の株式化のケースでは，外国投資者による債務と株式とのスワップの対極に位置するものが，債務国による国内債務と対外債務とのスワップということになる。

　これまでのところは，良好な状態であるが，債務国政府の多くは，対外債務問題同様に国内債務問題も抱えている。債務国政府の多くは，大きな財政赤字を抱えており，財政赤字を悪化させるような要因は何でも，実質的なコストとなるものであり，当該国はそのために対外債務よりも国内債務に高い実質金利負担を余儀なくされることになる。例えば，対外債務の実質金利が5％であるとすれば，国内債務に対する実質金利は20％になる。したがって，債務の株式化が外国為替準備に大きなマイナス効果を及ぼさなかったとしても，債務国の財政問題を間違いなく悪化させることになる。

　この議論からも明らかなように，債務の株式化はその効果の点では極めて複雑なものであり，事実に即してもその評価は難しいものである。原理的には，債務の株式化は支払いを現在から将来に向けてのものに変更する追加的な優位性を有するある種の証券化プロセスである。しかしながら，現実的には，流通価格以上の実効価格で債務を買い戻すことになる傾向が強く，典型的に財政赤字問題を悪化させることになるものでもある。

　債務の株式化が債権国に利益をもたらすことになるか否かという問題もある。債務の株式化が債務の買い戻しと証券化との組み合わせで，ある程度まで債権国にとって利益となるか否かは，通常は債務ラッファー曲線上の債務国の位置に依存する。財政面は債権的価値を減少させる傾向があるが，融資面では，債務国の見通しは改善されるかも知れない。賞賛に値するものではないが，重要な利益の可能性もある。すなわち，債務国が，実質的なレントを生み出すためにスワップを行う債権国を容認するための方法で，スワップの処理を誤るかも知れないからである。

第6節　要約と結論

　本章の中心的結論は，以下のような飾り気のない形で表現することができる。すなわち，市場志向型債務削減プロセスには何らかのマジックは存在しないものである。発展途上国債務の流通市場における割引は，自動的に何の義務も負わないような債務救済を用意するために利用され得る資源を構成するものではない。流通市場における債務の再購入は，外貨準備による買い戻し，ないしは，新規優先債券の発行のどちらかを通じて，既存の債権国に損害を及ぼすことになる。債務負担の軽減が強力に債務国が積極的に返済する能力を増強する場合に限り，債権国，債務国の双方に利益が生じることになる。これは，債権国が金利を用いて行う単独の債務免除と同じ状況となる。

　市場志向型債務削減措置として最も取り上げられているものは，債務の株式化の利用である。本章でも論じてきたように，そうしたスワップは，原理的には，証券化の一種であり，債券の往復およびその他のリンケージによって，外貨準備による債券買い戻しへと退化させられ，流通市場における割引の獲得能力の点，および当該国の財政ポジションにおける効果においては失望させられることになる。一方で，そこには潜在的優位性も存在するが，その保証国による債務の株式化に向けられる請求権は明らかに誇張されることになる。

　市場志向型債務削減は，明らかに，伝統的なリスケジューリングおよび協調融資に対する代替措置としては機能し得ないのである。債務ラッファー曲線上で債務の水準と価値が反比例するような状態ではない債務国のための債務買い戻し，証券化のように，債権国の犠牲の下で債務国に利益をもたらすスキームは，それが限界的なもの以上になると，既存の債権国による反発を惹起することになる。いずれにしても投資するであろう企業に投資を認める一方で，流通上の割引を得られない債務の株式化のように，債務国の犠牲の下で債権国に利益をもたらすスキームは，その効果が明らかになるのにした

がって債務国による反発を招来することになる。したがって，ボリビアでの事例のように，債務国があまり大きな債務を抱えているために，債務請求の削減によって実際に予想返済額が増加するという共通の合意が多かれ少なかれ存在する時に限り，スキームに関する相互合意が実現することになるのである。

付論　債務免除，買い戻しおよび証券化の数理モデル

　ここでのキーポイントは以下のようになる。すなわち，外国為替準備によって賄われるか，新規優先債券の発行によって賄われる債務買い戻しが，債権国の利益となる条件は，例えば，債務ラッファー曲線上で，債務水準と価値とが反比例する側にいるために，当該国の名目上の義務の軽減が実際に予想返済額を増加させる場合のように，債務義務の軽減が全体的利益となる条件と同じである。この点は，本章中でも多くの事例によって示されている。そこで，ここでは簡単な数理モデルを用いることにする。そのモデルは先行研究に基づくものである（Krugman 1988）が，当該モデルでは，市場志向型債務削減スキームが最低限の複雑さで導入され得るように，スキームは一層単純化されることになる。

　次に，対外債務を完済できない可能性のある国を検討する。単純化のために，世界が2国から構成されるものと仮定し，一方の国は最終的には債務を完済できないものとし，もう一方の国は最終的には債務を完済できるものとする。そして，債務完済可能国と不可能国が計上できる最大の貿易黒字額をそれぞれF_G，F_Bとする。また，実際に支払われる返済額をそれぞれT_G，T_Bとする。

　債権国では，当該国に可能な限り，債務義務水準まで返済されることが可能であると想定されており，債務完済不可能国においては，このことは以下のように示される。すなわち，

$$T_B = F_B + R \tag{1}$$

ここで R は当該国における外国為替準備である。一方，債務完済可能国については，単に自国が負っているものを支払うだけであり，以下のように示される。すなわち，

$$T_G = D \tag{2}$$

ここで D は当該国の債務額である。

当該国が債権国に対する返済後に繰越すものを S とする。すなわち，それは予想される貿易黒字と外国為替準備との和から，実際の支払分を控除したものということになるから，

$$S = F + R - T \tag{3}$$

となる。

債務免除における重要な要素は，いずれのケースにおいても，当該国の返済能力に関する債務のインセンティブ効果である。インセンティブ効果を債務完済可能国の蓋然性が，当該国がどれくらい懸命に取り組むかに依存すると仮定することで導入する。そうした取り組みは，調整努力と呼ばれる変数 A によって測られることになる。すなわち，

$$p_G = h(A) \tag{4}$$

当該国は調整努力は好まず，超過分 S を受け取りたいと仮定する。特に当該国の目的関数は以下のように示されるかも知れない。すなわち，

$$U = S - V(A) \tag{5}$$

当該国は，債務を完済可能か否かを認識するまでは調整努力を行わなければならないし，完済可能な場合のみ繰越分が得られることも分かっていることから，当該国の目的関数の予想価値が得られることになる。

$$EU = h(A)(F_G + R - D) - V(A) \tag{6}$$

ここで，カッコ内の条件は，完済可能国における繰越受領分を意味する。当該国は，A に関してこれを最大化し，当該国の A の選択によって完済可能性も決定されることになるので，当該国の最大化の帰結は以下のように示されることになる。

$$\begin{cases} p_G = p_G(F_G + R - D) \\ p'_G > 0 \end{cases} \quad (7)$$

次に，当該国の債権国からの予想収益について検討する。予想収益は以下のように示される。

$$ET = p_G D + (1 - p_G)(R + F_B) \quad (8)$$

ここでは次に，名目債務額の削減が生じることになるのか，予想収益の低下が生じるのかが問題となるが，明らかに以下のようになる。

$$\frac{\partial ET}{\partial D} = p_G - p'_G(D - R - F_B) \quad (9)$$

したがって，債務削減は予想収益を増加させることになる。すなわち，債務救済ラッファー曲線の誤った側にいることになり，その時はいつでも，

$$p_G - p'_G(D - R - F_B) < 0 \quad (10)$$

この条件の意味することは，債務救済のプラスのインセンティブ効果が，完済可能国における支払額の方が少ないという事実の債権国に対するコストを補って余りあるに違いないということである。

次に，ある国が流通市場で自国の債務を買い戻すために外国為替準備の一部を用いることが許されているとする。そして，債務 1 ドル当たりの流通市場価格が予想収益に単純に等しいとすると，

$$\sigma = \frac{ET}{D} \quad (11)$$

ここで σ は流通市場価格とする。

外貨準備の内の dR が流通市場における債務の再購入に用いられると仮定

する。外貨準備によって名目上はより大きな債務額が買い戻されることになることから，

$$dD = \sigma^{-1}dR \tag{12}$$

外貨準備による効果以上に債務が値下がりする事実が意味することは，当該国が債務完済可能国以上の繰越利益を有するということであり，それは一層の調整努力，返済可能性を高めるインセンティブとなるものである。

$$dp_G = p'_G(dD-dR) = p'_G(\sigma^{-1}-1)dR \tag{13}$$

流通市場価格における変化は，予想支払額の変化と債務残額の減少との両方を反映するものである。

$$d\sigma = D^{-1}(dET-\sigma dD) = D^{-1}(dET-dR) \tag{14}$$

しかしながら，予想支払額における変化は，

$$\begin{aligned}dET &= (1-p_G)dR + p_G dD + (D-R-F_B)dp_G \\ &= dR + p_G(\sigma^{-1}-1)dR - p'_G(D-R-F)(\sigma^{-1}-1)dR\end{aligned} \tag{15}$$

であるから，これを(13)式に代入すると以下のようになる。すなわち，

$$d\sigma = D^{-1}(\sigma^{-1}-1)[p_G - p'_G(D-R-F_B)]dR \tag{16}$$

したがって，外貨準備 ($dR<0$) を用いた買い戻しは，$p_G-p'_G(D-R-F_B)<0$ となる場合ないし，その場合に限り，債務国に利益をもたらしつつ，流通価格が上昇することになる。これが予想支払額を増加させるための債務削減の条件である。したがって，買い戻しの容認は，当該国が債務ラッファー曲線上で，債務の増加が価値の低下を招来するような状態にある場合に限り，債権国に利益をもたらすことになる。

次に，債務国が既発行債券と交換に新規債券を発行でき，この新規債券が既存債券に優先されるとすると，債務完済不可能国において利用可能な資源に対する第1請求権を得られると想定する。また，新規債務 dN が少量発行されると仮定する。新規債務は既存債務に優先されることから，その取引を

通じて，流通市場価格の形成において徐々に既存債務を排除するために用いることができる。

$$dD = \sigma^{-1}dN \tag{17}$$

債務完済不可能国における新規債務は，返済を最初に受け，既存債務では残された資源の範囲でしか返済を受けることはできない。

$$T_B = F_B + R - N \tag{18}$$

既に指摘したように，1国における調整努力に対するインセンティブは，新規および既存債務を返済した後に得られる繰越利益に依存するものである。したがって，以下のように示されることになる。すなわち，

$$p_G = p_G(F_G + R - D - N) \tag{19}$$

次に新規債券発行の既存債権国に対する予想支払額に及ぼす効果について検討する。すなわち，

$$\begin{aligned}dET &= -(1-p_G)dN - p_G\sigma^{-1}dN + p'_G(D-R-F_B)(\sigma^{-1}-1)dN \\ &= -dN + [p_G - p'_G(D-R-F_B)](\sigma^{-1}-1)(-dN)\end{aligned} \tag{20}$$

流通市場における価格変化をみるために，これを(13)式に代入する。したがって，

$$d\sigma = D^{-1}(\sigma^{-1}-1)[p_G - p'_G(D-R-F_B)](-dN) \tag{21}$$

外貨準備を用いた買い戻しのケースと同様に，$p_G - p'_G(D-R-F_B) < 0$ の場合ないし，その場合に限り，既存債務の価値が増加することになる。また，この場合，当該国は債務救済ラッファー曲線における誤った側に位置することも条件となる。

第 9 章 発展途上国における債務削減

　1989年春, Nicholas Brady 米財務長官は, 債権国として債務国に対する一種の国家戦略とでも呼ぶべき対応の全容について初めて明らかにした。米国の初期の主張では, 債務国は債務免除を受けるのではなく, 経済成長によって債務の解消を図ることが想定されていた。しかしながら, ブレイディ提案では, 債務国および多国間機関による資金還流等による債務削減処置に対する支持が表明されていた。債務問題関係者の多くは, ブレイディ提案を広範な債務免除処置の実施計画を意図するものと受け止めていた。

　しかしながら, その後も何ら大きな変化は生じず, 次第に債務延滞が広がり始め, 銀行の多くは発展途上国の債務に対して広範に条件付き援助を行うに至った。但し, 唯一メキシコに対しては大規模な債務削減策の実施が検討されていた。メキシコの事例を一般化すべきか否か, ブレイディ提案の意味, あるいはまた, 次になすべきことをめぐり広範な論争が生じた。一般的には, 政策上の劇的な変化の結果は徐々に失望へと変わっていった。

　ブレイディ提案が大きな進展をみせなかった要因としては多くの要因が作用しているが, 少なくとも, その要因の1つとして明確な思想の欠如があったことは間違いない。依然として, 発展途上国の債務削減におけるコストと利益とについての混乱と, こうした債務削減を実施するための代替メカニズムの有効性についての広範な混乱とが存在している。債務国は銀行に債務免除という形での流通市場における債務割引を期待しているが, 銀行は買い戻

しを通じた債務削減を期待している。一方，米国政府内では，これらが同一のものでないこと自体が理解されておらず，その結果として行き詰りに直面させられることとなった。

　本章では，発展途上国に対する債務削減の経済学に関する一種の手引書を提示している。事実や実証分析の結果の中には，それとなく言及されるものもあるが，ここでは多くの部分において，事実よりも分析の議論に重点をおくことにする。しかしながら，あくまで本章での中心課題は，代替的な債務削減策の評価のためのフレームワークを検討し，明確に提示することである。

　本章では，まず最初に最も単純なケースを取り上げる。すなわち，一方的な債務免除である。そこで買い戻し，債務スワップ，債務の株式化を含む「自主的」な債務削減策に関する分析から始めることとする。そして，協調的な市場志向型債務削減策，債務削減交渉などの比較分析も試みることとする。

第1節　一方的債務削減措置

　定義上では，問題のある債務国とは，債務国に対する支払いにおいて意図的に支払義務以下の支払で済ませようとする国ということになる。経済学者の多くが論じているところによると，そうした状況が生じるのは，全ての利害を勘定して，債務国が現実を理解し，自国の支払義務を自国の支払能力まで引き下げる場合ということになる。しかしながら，問題はそれほど単純ではない。すなわち，債務削減が時として全体的利益と一致するかも知れないが，ほとんどの場合，全体利益に一致するとは限らないのである。その理由は，不確定な将来の出来事に依存する変数の1つである。したがって，メキシコの結果としての債務支払能力は，石油価格，製造業の輸出基盤の発展，国内経済改革の成功などの要因に依存することになる。考え難いことではあるが，メキシコ経済がブームを迎え，それによって何らの問題もなく債務を

完済することも，また，メキシコにおける政情不安によって債務返済が全く不可能になる可能性もあるということである。

不確実性を前提とした債務削減の効果について明示するために，数多くの単純な事例を用いることは有効な手段となる。明らかに高度に形式化されてはいるが，中心的な原理を説明するために，こうした事例を用いることが可能なことから，本章では一貫してこうした事例の変形を用いることにする。

まず，表9-1から検討する。表9-1は1,000億ドルの負債を負った国の状況を示している。これによると，当該国が債務を完済する可能性もいくつか示されている。特に当該国が債務完済可能国になると想定すると，その可能性は1/3しかないことになる。250億ドルしか返済できない可能性の方がもっと高いのである。

したがって，当該国の予想支払額は(1/3)×1,000億ドル＋(2/3)×250億ドル＝500億ドルしか返済できない可能性の方がもっと高いのである。

この状況では，債権国は事実を理解すべきであり，当該国に対して額面割引を認めるべきであると考えるかも知れない。この事例における債務削減は500億ドルへの削減を意味することになる。その結果およびそれが債権国の利益においては必要ない理由は表9-2に示されている。債務免除によって，返済可能国の返済額が500億ドルへと減少するものの，返済不可能国の返済には全く影響を及ぼさないのである。もし，債務免除によって返済可能国が何の影響も受けないとすると，予測返済額は，(1/3)×500億ドルから(2/3)×250億ドル＝333:1/3億ドルへと減少することになろう。換言すれば，債務は市場における評価を通じて，当初価値に対する請求権を減少させることによって，債権国は受取額を一層減少させることになるのである。なぜならば，債務国が期待支払額に満たない返済能力しかないからである。債務削減によって，債権国は手にし得る利益を奪われることになる。そして，債務が大幅に割引いて売却されることになれば，債務削減は債権国の利益とはならない可能性が高いのである。

額面価格で売買されたとしても，この事例は，ある国が債務を完済する可能性がある間は，債務削減の実施が提示されないことを示唆している。すな

わち，最も期待が薄い債務国であっても，一度価値のある資源の埋蔵が発見されれば，債務削減は相互に有益な行動とはみなされなくなるのである。しかしながら，表 9-2 は債務国の支払能力が返済義務の規模に影響を受けないという重要な仮定に基づいている。

表 9-1　債務返済額（仮説）

	返済可能国	返済不可能国
返済回収可能性	1/3	2/3
債権国受取額	1,000 億ドル	250 億ドル
（期待受取額　500 億ドル，流通価格　5 億ドル）		

表 9-2　500 億ドルへの債務削減後の債務返済額（仮説）

	返済可能国	返済不可能国
返済回収可能性	1/3	2/3
債権国受取額	500 億ドル	250 億ドル
（期待受取額　333 億ドル，流通価格　6.7 億ドル）		

　事実として，巨額の名目債務負担は，いくつかの理由から当該国の究極的な債務返済能力を示唆することになる。その理由の1つは，債務が債務国が返済に消極的になるほど巨額な場合，それは外貨収入拡大のための努力に対する高い限界税率のような効果を及ぼすからである。すなわち，いかなる改善も当該国でなく債権国に利益をもたらすことになるのである。第2の理由は，債務負担は究極的には国内投資に課せられる税のようなものであり，そのため，国内投資に対するディスインセンティブとして作用することになるからである。第3の理由としては，債務の返済不可能性の程度が債務不履行を生じるほどの場合には，返済額は当該国の支払額以下に削減されることになるものである。

　こうした理由から，特定国に対する債権国の請求権削減は，通常は債権の残額に対する当該国の返済能力における不確実性の増加によって部分的には相殺されることになる。債務標準が高い場合，「インセンティブ効果」は極めて強いものとなり，実際に債務削減によって債務国の期待返済額は増加することになる。

このことは図9-1を用いることで理解が容易になる。図9-1の横軸は当該国における債務の現在価値を示しており、縦軸は将来における債務返済の予想現在価値を示すものとする。この時、当該国における債務の初期水準が低ければ、債務は完済されるものと予想される。したがって、期待価格は図9-1の45°線にそったものとなろう。しかしながら、当初債務水準が高ければ、債務不履行の可能が高まることになり、期待返済額は45°線を下回わり、曲線 CD のような軌跡を描くことになろう。事実、債務水準が高いことと、期待返済額が低くなることの間には関係がある。この曲線は、税率・税収分析におけるラッファー曲線に明らかに類似している。したがって、「債務ラッファー曲線」と呼ぶことができる。

要点は以下に示すようになる。すなわち、ある国が債務において返済見込が立たないような状態であり、債務削減によって実際には期待返済額が増加するような、債務ラッファー曲線上における債務額と価値が反比例する側にある場合には債権国の集合的利益は一方的な債務免除をオファーすることにあることになる。なぜならば、このケースにおいては、当該債務国における債務改善見込みが、債権国が削減した分の請求権を維持する場合のコストを上回ることになるからである。

表9-3は、債務免除が債権国にコストをもたらさないボーダーラインの

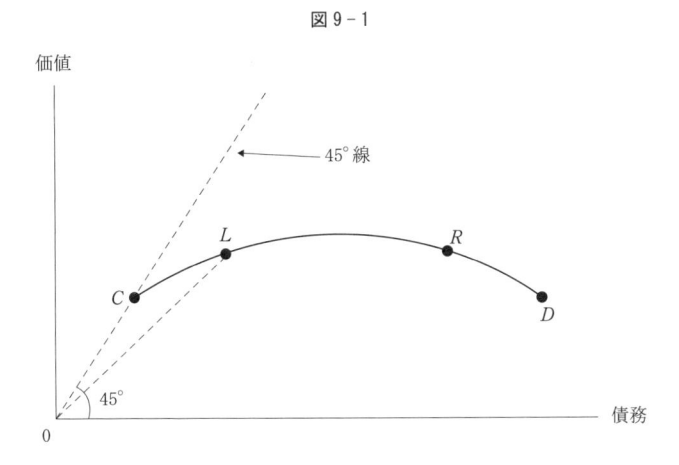

図9-1

ケースを示している。表9-3には，先に示した仮説において，債権国の返済回収可能性が3分の1から2分の1の返済可能国の可能性まで改善するのに十分な1,000億ドルから750億ドルへの債務削減が実施されるケースを仮定している。したがって，債務削減が実施されたとしても，(1/2)×250億ドル＋(1/2)×750億ドル＝500億ドルとなり，期待返済額は変わらないことになる。明らかに，債務削減のインセンティブ効果が十分大きなものであれば，債務削減は事態を全ての国にとって良い方向に導くことになる。

表9-3 インセンティブ効果を伴った債務の750億ドルへの削減

	返済可能国	返済不可能国
返済回収可能性	1/2	1/3
債権国受取額	750億ドル	250億ドル
(期待受取額＝500億ドル，流通価格＝6.7億ドル)		

　債務ラッファー曲線による分析について2つの点が要件となる。第1に，本分析は，債務削減が債務国にとって有利なものか否かとは全く関係がないということである。債務削減は調整可能なものであれば，債務国にとって利するものである。反対に，問題は，第3国からの協力を用いることなく債務国と債権国の双方にとって利するようなスキーム考案することが可能か否かということである。

　第2に，債権国に被害を及ぼすことなく債務削減を保証するような流通上の債務の減価は存在しないということである。図9-1の点Lで流通市場における減価（債務価格はOLの傾きで示される）が示される場合，債務削減は全ての債権国に被害を及ぼすことになろう。債務が大きく債務国が債務ラッファー曲線上で債務額の増加が債務価値を減少させる状態の側にある場合だけ，すなわち点R上にある場合だけ，相互利益が実現される可能性がある。

　このことは，当該債務国が債務ラッファー曲線上でどこに位置するかによって全く異なった結果を意味するのである。クロス・セクション・データを用いた債務ラッファー曲線の推計については数多くの先行研究がある。そうした先行研究の中でも初期の分析では，債務ラッファー曲線上で債務額と

債務価値が反比例する側に位置する債務国はごく僅かなものとみられてきたが，近年の分析結果では，数多く債務国が債務額と価値が反比例する側に位置しており，典型的な問題のある債務国は債務ラッファー曲線上の部分近榜に位置しているとの示唆が得られている。

Claessens（1989）の分析結果は1つの事例を示しており，それは以下の関数を用いることでクロス・セッション・データに適用することができる。すなわち，

$$\ln\left(\frac{P}{1-P}\right) = 7.88 - 1.41 \ln\left(\frac{D}{X}\right)$$

ここで P は当該国の債務の流通市場における価格であり，D は債務の額面価格，X は財・サービス輸出額を示している。これにより示される債務ラッファー曲線は図9-2のようになる。これによると債務・輸出比率はIMF15カ国の平均が3.2であるのに対して，最大5.0となっている。

以上のことから，債務ラッファー曲線上で債務額と価値が反比例する側に位置する債務国について明確な説明は得られないことになる。しかしなが

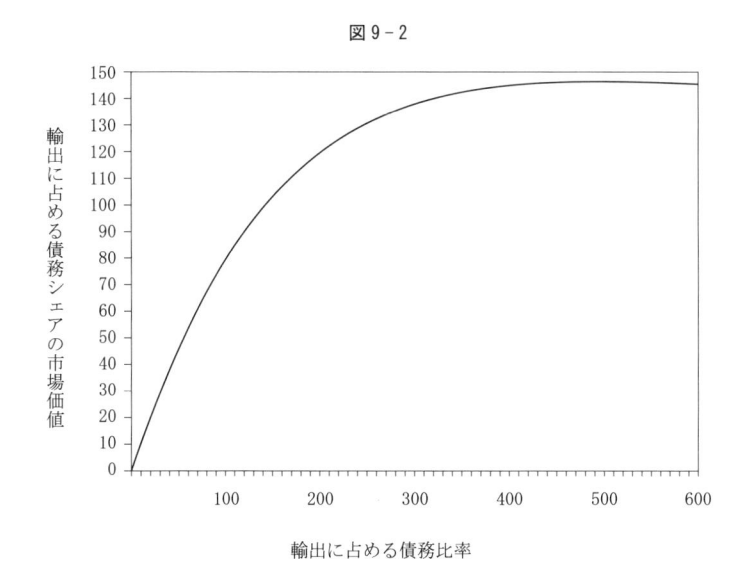

図9-2

輸出に占める債務比率

ら，問題のある債務国の多くにおいて，曲線の傾きが右下がりでなければ，傾きは一定となることは間違いではない。また，以下で議論するように，協調的債務削減と市場重視型債務削減との間における比較から重要な関係が観察されることになる。

第2節　対外的融資による債務買い戻し

　債権国による一方的な債務免除は容易には調整できないものでる。また，債務国が債務ラッファー曲線上で債務額と債務価値が反比例するような状態に置かれている点でコンセンサスも得られていない。例え，債務ラッファー曲線上でそういう状態に位置している点でコンセンサスが得られているとしても，深刻なただ乗り問題が存在することになる。債務国が債務削減をフォローするとすれば，それは，例えば何らの実現的な回収機会がなかったとしても，債権国による請求権の額面価値維持の要求を背景とするものとなろう。

　この結果は，一方的債務免除が協調的債務免除であることを意味するものである。しかしながら，この点において，銀行団も政府も，協調的行動の実現のための試みに壁易としているのである。その意味で銀行団も政府も，より安易な方法に流れる傾向がある。所与のイデオロギー的状況である非理性的反応は，本質的に流通市場において債務を買い戻す市場志向型の解決法を模索することである。

　債務買い戻しにおける重要な問題は資金の出自である。最も単純なケースは，資金が第3国から提供されるケースである。但し，後述するが，それは大規模な債務削減が実施されるような経路を意味するものではない。しかしながら，それは基本原理を確保する上からも検討することが有意義である。

　そこで，第3国からの資金供与による債務買い戻しの効果を検討すべきである。まず，表9-1で用いた事例に戻って，債務ラッファー曲線で債務額と債務価値が反比例する状態の時に生じると見込まれるインセンティブ効果

を一時的に無視することにする。ポイントを明確にするために，第1に，第3国の存在として世界銀行を想定し，次いで，ここで世界銀行が債務水準を債務国が返済可能な250億ドルまで削減することにコミットメントしていると仮定する。すなわち，このことは，債務のうちの750億ドル分を回収しなければならないことを意味する。より現実的でより小規模な債務買い戻しの効果は，以下に検討されるもののようになろう。

すなわち，債務買い戻しの効果は表9-4に示されるようになる。結論的には，以下のような問題が想定されることになる。つまり，債務の流通市場価格での買い戻しの効果が何かということであり，また，買い戻しへの世界銀行のコミットメントが何かということ，当該国の厚生における効果が何かということ，そして民間債権者への効果が何かということである。

表9-4 750億ドル買い戻し後の支払額

	返済可能国	返済不可能国
残存債権国の受取額	250億ドル	250億ドル
債務売却国の受取額	750億ドル	750億ドル

（期待受取合計額=1000億ドル，流通価格=10億ドル，債務国による期待支払削減額=250億ドル）

1. **流通価格における効果**：対外融資による債務買い戻しは，当該国における債務額を小さくするが，支払能力には中立である。したがって，債務残額の流通価格は上昇することになる。ここで想定されるような極端なケースでは，債務の買い戻し規模が，債務国が債務残額を完済可能な程度の規模であれば，流通市場における債務残額の価格は額面通り（100%）の価格まで上昇することになる。

2. **債務買い戻しのコスト**：債務の限界的な売却国は，債務の維持と売却とに無関係でなければならない。流通市場価格が100%上昇することが認知されているため，債務買い戻しは750億ドルで行われることになる。

3. **当該国における利益**：債務の買い戻しが実施されない場合には，当該国の期待支払額は500億ドルとなろう。大規模な買い戻しが実施されれば，期待支払額は250億ドルまで削減されることになる。したがって，当該国の期待支払額は250億ドル削減されることになる。（但し，ここでは当該国にお

ける債務不履行の可能性が削減されることから得られる利益については考慮していない)。

4. **債務国における利益**：大規模な債務買い戻しが実施されない場合には，債権国の期待受取額は僅か500億ドルとなろう。一方，大規模な債務買い戻しが実施される場合には，債権国は債務全額を回収されることになる。なぜならば，債権国は，債務の一部を世界銀行に売却し，債務残額の完済を受けることが可能となるからである。その結果，債権国の期待受取額は500億ドルから500億ドル増加して1,000億ドルへとなることになる。

ここでの事例は単純なものであるから，債務の買い戻しと免除により第三世界の債務救済手段に関する2つの重要なポイントが示されている。第1に，そうした救済手段は，債権国が自ら保持する請求権に対して要求する価格が高いものであればあるほど，高価な救済手段ということになる。第2に，債務買い戻しに伴う利益の大部分は債務国ではなく債権国に帰属することになる。この点については，Bulow＝Rogoff（1988）その他においても強調されている。こうした典型的な事例においても，世界銀行の支出の3分の2は，債務国ではなく債権国に向かうことになる。

この結果，対外的な融資による債務買い戻しの利益は，債務国ではなく債権国に向かうことになる。これに対する反論を立てることが可能か否かが問題となる。そこでの議論の中心となるものは，追加的コストの発生である。債務国が必ず債務不履行に陥る場合に発生させる追加的コストを債務国の対外支払から賄うことはできないのである。このことは，貿易取引の崩壊と国際資本市場への将来にわたるアクセスの禁止とが含まれることになる。したがって，債務買い戻しの程度まで債務不履行の可能性は削減され（債務返済において，返済可能国，返済不可能国の2つの性質に留まらない可能性の存在が認識されることで），債務国が得る利益は，ここでの議論よりも大きなものとなる。

それにもかかわらず，別の議論として債務買い戻しが，公的資源を怪しげな用途に供するものになることで，債務国よりも民間債権者を救済するため

に対外的に資金を供給するもののようにみえるという議論もある。実際には，ブレイディ提案を含む債務救済スキームは，一般的に，利益を完全に債務国にシフトさせるためのパッケージの一部として用意された資金を対外的に供給するための試みである。こうした政策パッケージにおける重点は，そうした対外的な資金が，既存債務に代替する新規債務の発行を保証するために用いられているということである。そうしたさまざまな要因が混ざったスキームについては後で取り上げることとして，ここではまず，新規債務の発行によって完全にファイナンスされた債務買い戻しのみのケースから取り上げることにする。

第3節 債務スワップ取引

　債務のスワップ取引において，債務国は新規債務を発行し，その新規債務を直接的に既存債務と交換するか，それを売却し，流通市場からの債務の買い戻しに用いることになる。そのいずれのケースにおいても，効果は新規債務による既存債務の代替である。

　通常，債権国に対して「出口債」として提供されている形態を取る債務スワップのスキームが高い関心を持たれている間は，そうしたスワップ取引が機能するための重要な前提条件に対する誤った評価が広範になされているものである。すなわち，新規債務について当該国の支払額に対する第1請求権を有しているという認識で，既存債権より新規債務の方が優先されるものと考えられているものである。その点について検討するために，新規債務が既存債務と同様の取り扱いが期待されている場合に生じること，同様のリスクを伴う場合に生じることを検討する必要がある。そうした場合には，債務削減を妨げるように，新規債務は発行後すぐに既存債務同様の取引率で売却されることになろう。例えば，債務が50％割引で売却される場合を仮定すると，現在価値で額面100億ドルの新規債務は50億ドルで売却されることになろう。そして，その売却資金は100億ドルの既存債務の買い戻しに用いら

れることになるが，その場合には，全体としての債務負担責任は削減されないことになろう。

　新規債務を既存債務に近い金額で売却するために，買手は利用可能な資金からの支払において自らは優先されるという点は確認しなければならない。1988年初めのメキシコにおける債務スワップにおいて，売却点は新規債務の債権の形を取る点であった。メキシコでは新規債務は，リスケジューリングおよび銀行債務として位置付けられる新たな資金支払を免除されていた。また，別の出口債のスキームでは，新規債務は新たな資金支払を免除されるという取り決めがなされていた。Williamson (1989) のような債務救済提案の中には，債務国が民間債権者より国際機関に対する債務不履行を回避しようとする行動に基づいて，世界銀行保証の一部には，保証された債務にシニョリティを付与することが期待されていることになる。

　実際には，新規債務にシニョリティを付与する試みには問題があり，そうすることにおける難しさは，市場原理に基づく民間主導の債務救済策の障害を構成する可能性がある。しかしながら，ここで，新規債務の買手に債務返済における第1請求権が得られると確信させ，新規優先債務の発行による資金で債務買い戻しをファイナンスすることの合意について検証することができると仮定する。

　再び表9-1の参考例に戻ると，債務国は3分の1の可能性で1,000億ドルの債務完済が見込まれ，3分の2の確率で返済額は僅か250億ドルになる可能性がある。債務買い戻しの事例では，該当国は750億ドルで債務を買い戻すことができるが，利用可能な資源に関する第1請求権を得ることのできる新規債権の発行によって買い戻しを実施することができる。

　その結果は表9-5に示した通りとなる。既存債務750億ドルを買い戻すために，当該国は新規債務250億ドルを発行する必要がある。したがって，純債務額は500億ドルとなる。これが必要なスワップ取引額であることを示すために，流通価格における変化を示さなければならないことになる。新規債務の方が先に支払われることになるので，返済可能国ないしは返済不可能国のどちらかでは完済されることになる。したがって，新規債務については

割引がされないことになる。しかしながら，返済不可能国では，既存債務に対する請求権を保有したものとしても3分の1の確率でしか返済はされないため，既存債務の流通市場価格は2分の1から3分の1へと低下することになる。したがって，250億ドルの新規債務は750億ドルの既存債務とスワップされることになる。

こうしたスワップ取引の厚生効果は，対外的な資金によってファイナンスされた債務買い戻しによる効果とは全く異なったものとなる。当該国による支払見込額は，500億ドルから333億ドルへと低下することになる。この取引から得られる利益は，もともとの債権国の犠牲の下に得られるものであり，債権国は保有する請求権の期待価値が同じ金額だけ低下することを目のあたりにすることになろう。

新規優先債を発行することでファイナンスされた債務買い戻しは，債権国の犠牲の下で債務国に利益をもたらすものである。そのため，債権国というものは，そうしたスワップ取引を可能にする新規債務に対するシニョリティの確立を容認することに反対するものと考えられている。しかしながら，債権国が損失を被るという帰結は，今日では緩和されるべき重要な仮定に基づくものである。すなわち，従来は債務国の返済能力および，または積極性は，債務残高の規模に関係していると考えられてきたが，今日ではその両者は独立したものと考えられている。一方的債務免除のケースでは，債務国ばかりでなく債権国も，当該国が債務ラッファー曲線上で債務額が債務価値とは反比例するような状態に位置していれば利益を得られることにより，債務の額面価値の削減は実際には期待支払額を増加させることになる。

第4節　国内資金による債務買い戻し

第3国が協力体制を取る時に限り対外的にファイナンスされた形での債務買い戻しは可能となるものである。また，債務スワップはシニョリティが確立された場合に限り機能することになる。したがって，ボリビアの事例で

は，同国は自国の債務を買い戻すために，対外的な資金提供国を上手く編成しただけであり，既存債務に対する新規債務のシニョリティ確立は調整されてこなかったのである。しかしながら，また自己資金で債務削減を行う選択肢は残されており，当該国は単に流通市場で自国の債務を買い戻すことになる。

　こうした債務削減であっても，自動的に利用可能とはならない。支払額を銀行債務に等比することになる融資協定下における条項の共有は，流通市場における直接的購入を妨げることになる。しかしながら，債権国は新規債務を担保するために債務の株式化取引および外貨準備による間接的な債務買い戻しに積極的に同意してきたのである。

　こうした明確化されていないものを1つ1つ検証しながら，債務国が自国の債務の一部を額面価格以下で買い戻すために当該国自体が捻出した資金を直接的に活用することの効果について検討する。こうした資金は既存の外貨準備金から拠出されるか，貿易黒字から創出されることになる。また，ある意味で，債務買い戻しをファイナンスするために第3国が供与する資金も，資金自体が当該国に直接供与されることになるため，国内的に拠出された資金とみなすことができるのである。したがって，資金を債務買い戻しに投入することは，その他の用途に資金を活用しないという選択を意味することになる。

　この点で新しい問題が生じることになる。すなわち，これは資金の「流用」問題である。もし，債務買い戻しに資金が支出されなかったとすると，実際に債務買い戻しに用いられた資金の内のどれくらいが債務国に支払われることになるかという点が重要である。（すなわち，債権国によって，債務国の資源における限界的変動のどれくらいが流用可能か，ということである。）1つの極端な事例としては，債務国による債務返済が当該国の資源にはほとんど独立のものであるという見方があり，この場合は流用はほとんどゼロということになる。こうした見方では，債務削減に用いられる資金は，債務国が債務を完済できる場合には，債権国に対する支払を削減することになる。こうした見方は，まさにBulow＝Rogoff（1988）が指摘したもので

ある。また，別の極端な事例としては，債権国は本質的に債務国が支払可能な金額を受取るものであるという見方であり，これには外貨準備が含まれているという見方である。この見方では，ほとんど完全な流用によって，債務削減に用いられる資金は，債権国が差し押さえることのできない資金であり，債務買い戻しは，好ましい結果同様に，好ましくない結果でも，債権国による支払額を削減することになる。

　自己資金による債務買い戻しの効果は，実際には流用の程度に依存するものである。流用をほとんど伴わない買い戻し行動は，まさに対外的なファイナンスによる買い戻しであり，1つの典型を捉えているように，買い戻し行動は債務国よりもその利益の大部分を債権国にもたらすことになる。しかしながら，この場合には，債務買い戻しのコストは債務国自体に課せられることになる。したがって，その結果により債務国の厚生は低下することになる。

　そこで，先に用いた表9-3を再び援用して，債務を1,000億ドルから250億ドルへと削減する債務買い戻し策について検討する。既にみてきたように，債務国からの期待支払額が250億ドルまで低下したとしても，債務買い戻しのコストは750億ドルとなる。次に，債務買い戻しが，債務国自身の資金によってファイナンスされると仮定すると，当該債務国は期待支払額250億ドルまでに削減するために750億ドルの資金を投入し，ネットで500億ドルの損失に直面させられることになる。流用が限りなくゼロに近い状態であるとすると，債務買い戻しを自国資金でファイナンスする政策は，明らかに問題をはらんだ政策であるということになる。

　それに対して，債務買い戻しに投入される債務国資源が，債権国に支払われる資金からの流用であるケースを考えてみよう。例えば，債務買い戻しに外国準備金が流用されるようなケースでは，債務国は輸出価格の好ましからざる変化により，債権国をして債務を免除せざるを得ないような状況にすることができ，また債権国は外貨準備の枯渇をカバーせざるを得ない状況となる。また，完全な流用のケースでは，債務国の自己資金による債務買い戻しは，優先債券発行によって債務買い戻しをファイナンスした場合と同じよう

な効果が生じることとなる。(例えば,コーポレイト・ファイナンスでは,債権者は倒産企業の資産を差し押さえることができることになっており,ここでは流用が制度化されている。これが債務買い戻しを割引で行うことを原則的に禁止している理由である。)

　国内資源を用いた債務買い戻し策は,最も容易な債務削減策であると同時に,最も曖昧な結果,すなわち,債務国の犠牲の下に債権国に利益をもたらすかのどれかの結果になることから,これまで数多くの紛争を生み出す原因となってきている。しかしながら,国内資金によってファイナンスされる債務買い戻しのケースは過剰に強調されるべきではない。その性質からして,そうした債務買い戻し策は,債務問題解決に大きく貢献するような政策ではないのである。定義により,問題を抱える債務国のほとんどが資金不足に陥っている国である。したがって,そうした債務国は自国の資金源によって大規模な債務をファイナンスすることなどできないのである。また,第3国から直接援助として供与され,将来的にも期待されるような大規模な資金供与もないのである。大規模な自動的債務削減が試みられるとすると,そのほとんどは完全な現金購入よりも資産交替の形態をとらざるを得ないものなのである。

第5節　債務の株式化

　市場原理に基づく債務削減で実際に用いられている政策の最も重要なメカニズムは,債務の株式化である。債務の株式化策は,今日でも銀行団においては非常に一般的な政策であり,そうしたプログラムの拡充は実際には,他の債務削減策にしたがった銀行団の重要な要求の1つなのである。しかしながら,債務の株式化は極めて複雑な取引であり,その長所は支持者の要求よりも捕らえどころがないことである。

　第1のポイントは,債務の株式化は,決して純資本流入を構成するものではないことである。当該国は単に対外債務を他のものに交換するものであ

る。その交換は望ましいものかも知れないが，それは国内貯蓄を追加的に供給するものではないし，債務返済のための資源に資するものではなく，当該国が所与の債務を返済するために貿易黒字を減少させることになる。

　第2のポイントは，債務削減は対外貿的な債務が削減されることを意味するものではない。資産が債務を代替するような場合，諸外国は将来流用される利益に対する請求権の代わりに将来の債務返済に対する請求権を放棄することになる。流用から得られる将来の利益の現在価値は，将来における返済債務の現在価値より小さいかも知れないのである。この決定的要因については検討する必要がある。外国資産保有の増加によって相殺される債務削減の効果に関する問題に行き着く前に，重要な問題について言及する必要がある。残念ながら債務を伴った資産の購入に対する支払許可が実際には外国資産保有の順増に結び付くケースばかりではない。これは「アディショナリティ」の問題であり，債務の株式化を通じて発生する資産投資が実際に実施されてきた投資を超えてどれくらい増加することになるかが問題になる。

　債務の株式化によって追加的な資産投資が引き起こされなくなる最も明らかなケースは，外国人投資家が取得資産を国内投資家に売却し，現金を当該国から再び持ち出すケースである。そうした「資金還流」は知られてはいないが，その結果については十分に理解されている。実際の債務の株式化政策は少なくとも，そうした悪用を規制しようとするものである。

　より重要度の高い問題のケースは，債務の株式化が，どこかで行われている投資をファイナンスするために用いられるようなケースである。多分，最もよく知られている事例は，メキシコにおける日産の生産拠点の事例である。聞くところによれば，スワップ取引が利用可能でなかったとしても，日産のメキシコ工場は建てられたのである。しかしながら，スワップ取引を通じてプロジェクトをファイナンスする機会があったとすると，企業は当然のことながら，よりコストが低い方法を選択するはずであり，投資は現金よりも割引の利く形で債務を伴った形で賄うことになるはずである。

　債務の株式化を通じて追加的な資産投資を生み出すことができない時にどのような事態となるかが次の問題である。もし，そういう事態になるとス

ワップ取引は，当該国の国内で形成された資源を用いて債務を買い戻すという問題を引き起こすことになる。日産が債務のスワップ取引を活用したということは，中央銀行に供給されるはずの資金が中央銀行には供給されなかったばかりか，中央銀行に対外準備を輸入により多く使わせる結果を招来したことを意味する。

　加えて，アディショナリティが100％の場合には，債務の株式化は少なくとも資本の純流入量がゼロであることを示唆するという点に留意しなければならない。しかも，アディショナリティが100％のところから，資本流入がデ・ファクトな結果となる。したがって，債務の株式化が資産の実質的交換を構成するものであるとすると，アディショナリティ比率は高くなる必要がある。また，債務の株式化は隠れた現金による債務買い戻しを発生させることになり，明らかな債務買い戻しが実現化される状態よりも債務国にとって好ましくない状態を引き起こすことになる。

　一方，アディショナリティ比率を高くするために債務スワップ・プログラムが意図されたものであると仮定すると，対外支払の現在価値を引き下げるという意味において，債務スワップ・プログラムが当該国の対外債務を実質的に削減することになるか否かが問題となる。その意味においては，債務スワップ・プログラムは必ずしも有効とはいえない。すなわち，対外債務の削減は外国人投資家が債務を資産のために積極的に支払うようなプレミアムの規模に依存するものである。プレミアムの規模は多くの要因に依存するものであるが，重要なことは，それが新規債務の発行による債務削減の可能性を決定するのと同様の理由に依存するに違いないということである。すなわち，投資家は債務に対する資産のシニョリティを形成しなければならないのである。

　一般的なコーポレイト・ファイナンスでは債務は恒常的に資産に優先されることになることから，このことは奇異に聞こえるかも知れない。これが当該のケースであるとすると，債務の株式化，1国の対外債務の現在価値を増加させることになる。しかしながら，現状の議論は，債務は論争の苦渋の源泉であり，資産はそうではないこと，そして中南米諸国が，直接投資の主体の

資産保有権が依然として尊重されている間に，債務不履行に陥るかも知れないということである。第三世界における急進派の鉾先が向けられているのが銀行から多国籍企業に代わって10年余ではあるが，こうした可能性は十分あるといえる。

　資産が本質的に債務に優先させられるとすると，債務の株式化は，新規債務が優先性を有する債務間スワップと同様の質的効果を有することになる。債務の株式化が1国の負っている義務を軽減できなかったとしても，債務の株式化には依然として別のいくつかの利点があるといえるかも知れないのである。流用によって得られる利益は，一般に債務返済から得られる利益よりも後から得られるものであり，有効なスワップ取引は，1国の流動性ポジションを改善することになる。また，債務の株式化は，副次的な経済的利益が期待される海外直接投資の促進のような他の目的に資する可能性があるが，これに対して，このことはそうしたスワップ取引の効果が，予算上の逆調的影響と同様に，資本の純流出のリスクを有することを意味する。

　直観的には，債務の株式化の相当高い割合が実際には債務国により害のある好ましからざる条件での現金による債務買い戻しへと変質しているものと考えられる。もし，この評価に同意しないとしても，債務の株式化の潜在性は明らかに限定的なものである。

第6節　協調的債務削減策と市場志向型債務削減策

　これまで発展途上国の債務削減に関するさまざまなメカニズムについて取り上げ，議論してきたが，代替的な削減策についての評価をここでは取り上げることにする。

　まず，債務国政府が，発展途上国の債務削減策を講じる必要性があり，債権国としても，債務削減プロセスを促進するための資源をいくつか投入するための基準を準備することを決定していると仮定すると，どのような債務削減策が有効なものかということが重要となる。メキシコに対して実施したよ

うな協調的債務削減策が有効なのかという問題である。

　民間債権者と米国政府との，いわば本能的とでも称すべき反応は，自主的な市場志向型債務削減策に対する選好である。こうした市場志向型政策への選好は，市場メカニズムが，選択の自由を極大化させるものであり，政策的にも柔軟性を欠くメソッドというより効率的なメソッドであるという一般的仮定を形成する結果となっている。また，自主的な政策的対応に対する選好は，協調的行動をとる銀行団の焦りと，協調的対応には強制力が期待できないかも知れないということに対する債権国政府の感じる脅威とから生じているものである。

　しかしながら，市場に対する選好という仮定は，債務問題の解決に関しては多少とも不適切なものであるともいえる。定義上，問題のある債務国は，法的債務にそった行動をとりたがらないものであり，その意味で，一般的な市場メカニズムは崩壊することになる。債権国において外部性が多い状況では，キャピタル・フライト，他の銀行貸付へのただ乗りその他を帰結することになり，そうした問題は広く個別銀行のためのものと理解されているが，全ての銀行がそうした行動に加担することになると，破壊的状況を招来することになる。したがって，選択の自由の拡大がよいことであるという仮定は成立しないことになる。また，自主的対応の長所を強調することで，債権国政府からの資源利用に対するコミットメントが市場を通じてよりも，協調的行動を通じての方が債務をより削減させ得るという極めて明快な点を曖昧なものとする。

　ポイントは明快であり，債権国は，すなわち，問題のある債務国に対する請求権は少額，例えば100億ドルまで削減しようとしている国にとってのコストが何かという問題である。しかし，この問題に対する解はほとんどないといえる。現在の債務水準で，債務ラッファー曲線が右下がりの状態ではなかったとしても，また完全にフラットな場合でも，債務の名目価値を100億ドルまで削減することは，債権国に対する期待支払額を少額に減少させることになり，それは5億ドル以下となる可能性すらある。したがって，債権国政府あるいは多国籍機関からの僅かな働き掛けで債務の名目価値を実質的に削減さ

せる協調的債務削減について交渉することが可能なはずなのである。

　一方，同様の債務削減市場を通じた債務買い戻しによって試みることを想定すると，債務の市場化価格は，期待支払額に対する債務の限界的寄与よりも債務当たりの平均期待支払額を反映しており，その価格はより高い水準にある。したがって，100億ドルの債務の市場価格は，30億ドルを超える水準にある。既存債務を低減させる新規優先債務処置を創出することが可能ではない場合には，協調的削減措置により2～3億ドルに削減可能な債務の削減に30億ドル以上のコストを要することになろう。

　以上のことについて図示すると，以下のようになる。図9-3において，債務ラッファー曲線が適切なレンジで右上がりの形状をとっているものの，第3国は債務をD_2からD_1へと削減するために資金を準備していると仮定する。すると，協調的債務削減プログラムは，債権国に対してV_2からV_1への期待価値で削減分を補償するための十分な価格引き上げによって補充される必要があるが，適切なレンジ内において債務ラッファー曲線がフラットになっていれば，そのコストは適当なものとなるはずである。破線で図9-3で示されているように，債務買い戻しは，債務に対して，その市場価格を支払わなければならないため，債権国政府に対するコストはV_3からV_1を控

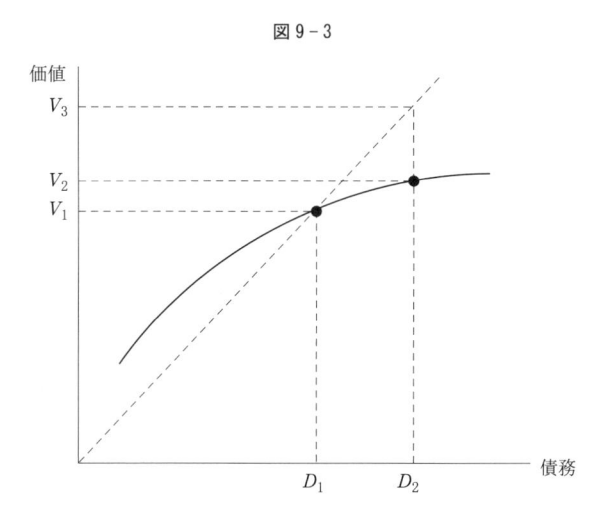

図9-3

除した部分となり，より大きな金額となる。

本章の前半部分で取り上げた Claessens (1989) の推計による債務ラッファー曲線を想定すると，重債務国 15 カ国の債務を 1,000 億ドルまで削減するのに要するコストは，協調的債務削減策の場合には 130 億ドルの価格引き上げを要することになるが，同規模の債務買い戻し策の場合には 534 億ドルを要することになろう。

明らかに，こうした推計結果は特定の債務ラッファー曲線に付随するものであり，それほどの信頼度を有するものとはいえない。また，現実における数多くの複雑な要因も，そこでは無視されているのである。債権国は必ずしも全てが類似しているわけではなく，市場志向型アプローチは，債権国の売却要請を許容することにおいて有効なアプローチとなろう。協調的債務削減策は容易には交渉できるものではなく，最低水準以上の価格引き上げは，潤滑剤として必要なものといえるかも知れない。

しかたがって，協調的行動を通じるのであれば，債権国政府にとって適正コストで実質的な債務削減が可能であるという結論から逃れることはできないのである。一方，市場志向型債務買い戻し策は，同規模の削減を想定すると禁止的なほどに高コストなものとなろう。

第Ⅳ部　　　　国際金融システム

第 10 章　　　　　ドルの国際的役割：
　　　　　　　　　　　　　　　　　理論と展望

　一般に貨幣として使われるのは何か。国民経済を分析する場合には，通常，こうした問題を念頭におくことはほとんどない。政府は不換紙幣を創出し，それを強制的に受容させることができるからである。もちろん，いくつかの問題がないわけではない。例えば，内部貨幣，近似貨幣の役割や，国民通貨の代わりに他国の通貨が部分的に使用される「ドル化」（イスラエルでみられる）の問題などがある。しかし，こうした問題は，一般的というよりは，むしろ例外的なものである。そのため，研究者は，何物でもなく，これら紙幣の一定量こそがどうして価値尺度として登場したのかを説明する必要もない。研究者は，一般に，実質貨幣（M/P）の需要を前提とした考え方に拘泥することになる。

　しかしながら，国際経済を分析する場合には，この問題を避けて通ることはできない。国内経済活動と同様に，国際的な経済活動においても貨幣を使用しなければならない。そのため，単一の国内通貨に収斂させるのと同様な力によって，世界も少数の国際通貨に収斂していくことになる。第一次世界大戦以前は，スターリング・ポンドが国際通貨であった。戦間期には，ドルとポンドが国際通貨の役割を担った。そしてブレトンウッズ時代には，ドルが国際通貨の役割において優位性を示した。しかし，国際通貨の役割を強制できる世界政府は存在しない。スターリング・ポンドの優位とスターリング・ポンドからドルへの交代は，主として「見えざる手」のプロセスの結果

であり，このプロセスは国際協定によって導かれたというよりも承認されたものである。米国の金融システムの将来は主として政治的な問題である。将来におけるドルの国際的役割は，主として経済的な問題である。

ドルの国際的役割に関する問題は，1960年代には国際金融関連の論議の中心的な問題であり，いまなお重要な政策的問題ではあるが，研究課題として取り上げられることは事実上なくなった。この問題が無視されるようになったのは，国際金融論の研究分野が変化したためである。国際金融論は，伝統的に歴史的・制度的アプローチに支配されてきたが，1970年代には基本的にはマクロ経済学の一分野へと収斂した。これにより，研究様式も大きく変化した。記述的であった論文は，数式モデルに取ってかわられ，書籍は，簡潔な学術論文へと変容した。調整，信認，流動性は，$\dot{p}/p = \lambda(y - \bar{y})$，$i = i^* + \pi$，$\Delta R = \Delta M - \Delta D$ と表わされるようになった。そのため，表現形式が変わったことで，内容も変化したのである。数式モデルを構築する方法として理解されているのは，摩擦のない市場をモデル化することである。この摩擦のない市場では，取引費用はゼロであり，経済主体は入手可能な情報を十分に利用する。しかしながら，国内であれ国際的であれ，貨幣のミクロ経済学では，基本的に摩擦が問題として取り上げられる。このように，1970年代の国際経済学の理論研究では，マクロ経済学的な問題が中心とされ，ドルの役割に関連する伝統的な問題は無視されることとなった。

ここでの問題は，事実として，ある問題について厳密なモデルの構築が困難であっても，そのことから，この問題の重要性はいかほども損なわれないということである。幸いにも，過度に厳密性を追求しなければモデル化は不十分でも有効なモデルはある。長年にわたり，Swoboda (1969)，Cohen (1971)，McKinnon (1979) および Kindleberger (1981) をはじめとした経済学者は，国際通貨システムを説明するための理論を展開してきた。こうした理論は，例えば，国際収支のマネタリー・アプローチにみられるような数式モデルのみで論じられているわけではない。しかし，この理論が，十分な情報を提供していることは間違いない。本章では，この理論を総合的に説明し，この理論を歴史とドルの役割の将来に対して適用することにする。

この理論の基本的な概念は，閉鎖経済における貨幣理論（同様に叙述的）から引き出すことができる。摩擦―取引費用，計算費用―があるために，経済主体は国民通貨を国際的な交換手段，計算単位および価値保蔵手段として使用するようになる。規模の経済性が作用するため，こうした目的を果たすために使用される通貨がごく少数（しばしば1つだけのこともある）に集中することになる。国際通貨の理論と通常の貨幣理論の相違点は，2つの事実に起因する。第1に，商品相互の選択を論じているのではなく，通貨の選択を取り扱っているのである。通貨は，それ本来の機能性に対する必要性からではなく，国内取引におけるその特権的な役割のために必要とされているのである。第2に，ドルの国際的役割の一部は，民間の経済主体よりもむしろ公的機関あるいは中央銀行による選択を反映しているのである。極めて重要な問題は，公的役割と私的役割の関連性がどの程度密接であるかということになる。準備資産をドルから他の通貨に代替させることによって，民間取引におけるドルの役割を軽減できるのか否かということである。逆に，中央銀行が，「実際に使用されている」国際通貨ではない準備資産を保有することが可能か否かという問題もある。

　本章は5つの節から構成されている。第1節では，国際通貨の基本的な役割を再検討し，ここでの議論の全体像を提示する。第2節では，交換手段としてのドルの役割について検討する。この検討から，国際的な交換手段がごく少数の通貨に収斂することを示す単純なモデルを提示する。また，ある媒介通貨から別の媒介通貨への代替がどのような形で起こる可能性があるのかについても議論することにする。第3節では，計算単位の役割に注目する。そして，ここでは，民間取引における契約通貨の選択について定式化を試みるために，これまでの議論をレビューする。次に，第4節では，価値保蔵の役割を検討する。そして，準備保有，ユーロ・カレンシーの保有および国際貸付において近年通貨表示が多様化していることを取り上げ，その背景について説明する。第5節では，仮説的な予測を試みる。そして，ドルの優位性を掘り崩す諸力について検討する。そのため，現在のドルの地位と1920年代から1930年代にかけてのポンドの地位を比較する。ドルの役割が「崩壊」

する可能性はあるが，それは決して必然的なものではない。したがって，そうした崩壊を引き起こす可能性のある要因について簡潔に取り上げることにする。

第1節　ドルの6つの役割

　主流派経済学者は，貨幣には3つの機能，すなわち，交換手段，計算単位および価値保蔵の機能があると指摘する。国際通貨も同様な機能を果たしている。すなわち，国際通貨は国際支払決済，価格設定，そして国際取引のための流動資産として保有されている。しかし，国際通貨の場合には，新たに民間行動と中央銀行の決定を区別するという重要性が加わる（小国の中央銀行は，先進主要10カ国の通貨当局よりも民間経済主体と比較的よく似た行動をとると考えられる）。したがって，ドルには6つの機能があることになる。これを表で示したのが表10-1である（Cohen<1971>）。ドルは，民間取引における交換手段あるいは媒介手段として使用されている。そしてドルはまた，中央銀行も売買する。これを「介入」通貨と呼ぶ。貿易契約は，しばしばドル表示で行われる。これを「契約」通貨と呼ぶ。そして，為替レートの平価は，一般にドル換算して示される。そこでは，ドルは「釘付け（アンカー）」としての機能を果たしている。最後に，民間経済主体は，ドル建て流動資産を保有し―「銀行」機能―，中央銀行は準備としてドルを保有する[1]。

表10-1　国際通貨の役割

	私的	公的
交換手段	媒介	介入
計算単位	契約	釘付け
価値保蔵	銀行	準備

---

[1] Kindleberger (1981) は，ドル融資額の表示を第7番目の役割として取り上げているが，それは「繰延返済額」を表わす標準的な表示としての役割である。ここでは，この役割を「契約」上の役割の特殊なケースとして扱うことにする。

原理的にも，またある程度実際にも，こうした貨幣の機能を区別することができる。こうした機能は，主体別にも機能別にも識別することができる。例えば，金本位制下では，公的機能は金が担っていたが，私的機能はポンドが果していた。1970年代中頃に欧州で導入されたスネーク制度においては，通貨は加盟国通貨相互で釘付けされていたが，準備通貨あるいは介入通貨としてはドルが使用されていた。交換手段と計算単位とを分離することが可能であることを示す事例としては，ペルシャ湾岸の小産油国がある。こうした国では，1974年まで，石油価格はドル建てであったが，決算はポンド建てとなっていた。もちろん貨幣のこうした機能は独立したものではない。ドルがある役割において使用されると，他の機能においてもドル使用のインセンティブが強くなる。

そこで，以下ではドルがこうした個別の機能を実際にどの程度果たしているのかを簡単に確認する。

1. **媒介機能**。ここでは，取引を3つのタイプに分けることが重要である。第1は，非銀行間決済である。これは，契約と密接に関連している。以下で議論するように，ドルは，ここでは特別な機能を果たしているが，その機能を独占的に果たしているわけではない。第2は，企業と銀行との取引による外国為替のリテール市場である。ここでは，ドルは何等の特別な機能も果たしていない。スウェーデンの銀行は，例えば，クローネを売ってペセタを買うこともあれば，それとは逆の取引を行うこともある。最後に，インターバンク（銀行間）市場がある。ここでは，ドルは，最も重要な交換手段である。国内外の市場参加者による，インターバンク取引においては，外国通貨に対してドルの売買が行われている。ある銀行の目的がポンドを売ってドイツ・マルクを買う場合でさえ，このことが当てはまる（Kubarych〈1978〉p.18）。

2. **介入機能**。中央銀行は，通常，既存の民間インターバンク市場に介入する。その際の介入通貨はドルである。このことは，欧州通貨制度内で平価維持を目的として行われる介入においても当てはまる。

3．**契約機能**。この点に関するデータは，説明上において必要十分なデータとは言い難いが，いくらかの一般化は可能である。2国間の工業製品貿易では，輸出国通貨での契約が選好されるが，また大国の通貨での契約も選好される。このことから，世界最大の経済を擁する米国は，契約シェアにおいてはアンバランスな状態になっている。さらに，原材料取引の多くにおいてもドルで契約されている。特に当該取引が米国に無関係であってもドルが用いられている。金融取引，場合によっては国際貸借・融資・借款においてはドルが優位であるが，この優位性は完全なものではない。

4．**釘付け機能**。これは，このドルの機能に関する説明において最もよく取り上げられる側面である。1970年には，世界の大多数の国家が自国通貨をドルにペッグしていた。今日では，継続的にドル・ペッグ制を採用しているのは少数の小国だけである。しかしながら，これは，ドルに対抗可能な通貨の台頭を示唆するものでなく，固定レート制の放棄を示しているに過ぎない。

5．**銀行機能**。ニューヨークにおけるドルと，ロンドンにおけるユーロ・ダラーは，主要な国際的流動資産を構成している。しかし，他の通貨，特にドイツ・マルクへの分散化が進んできている。

6．**準備機能**。ドルは，欧州通貨制度において最近導入された複雑な会計システムがあるにも拘らず，金以外の準備の大部分を占めている。さらに以下で論じていくように，ここでもまた，最近分散化の傾向がみられるようになってきている。

以上のような概論的説明からも，ドルが国際通貨であることは明らかである。しかし，ドルは，その貨幣としての本質的機能において以前よりも機能性を低下させており，11年前よりも劣化している。さらに，1913年当時のポンドの機能と比べてもその機能はポンドに及ばない。このようにドルの地位はどれくらいの確度で変化し，その変化によってどのような影響が生じるのか，という疑問が当然でてくる。こうした問題に答えるために，従前の分析が厳密性を欠いた理論と大雑把な経験主義者に依拠していたため，少な

くともドルを国際通貨に押し上げた諸力を検討する必要がある。

第2節 国際的な交換手段としてのドル

規模の経済性と間接交換

媒介通貨としてのドルの機能は，外国為替市場における規模の経済性に依拠するものである。しかも，これは大量の取引の結果として生じる。「ドルは，国際貿易および投資における主要通貨であり，各国のドル市場は，ドル以外の外国通貨間の取引市場よりもより一層活発である。ドルを媒介とすることによって，巨額の取引がより一層簡単に行えるようになる」(Kubarych＜1978＞p.18)。

規模の経済性の性質は実例をもって説明することができる。その際，リテール市場とインターバンク市場の区別を無視し，外国為替取引をする企業について単純に考えることにする。現行の為替レートで，ある市場における外国為替の総需要と総供給は1年間を通してみれば均衡すると仮定する。しかし，売買のいずれであれ，通貨交換の取引規模には限界はあるが，取引頻度はランダムである。通貨交換取引をする企業は，市場において自らのオファーとちょうど反対のオファーがでるまで待機し続けることになる。しかし，企業は取引成立まで待つか，最初の取引完了まで待ちつづけねばならないこともある。したがって，取引完了まで，平均していくらかの遅れを伴うことになる。さて，ここで市場を通じた取引量が2倍になったと仮定すると，平均的な待ち時間は明らかに低下することになる。薄い市場よりも厚い市場での方が取引相手をみつけることが容易になるからである[2]。

通貨残高を保有し，市場を形成できる銀行が加えられても，この説明はほとんど変わらない。企業が取引のために待機する必要はなくなるかも知れない。しかし，大数の法則が暗示するように，通貨残高規模と通貨残高の限界

---

[2] これまでの議論に沿った国内の交換手段の登場に関する独創的で示唆に富むモデルはJones (1976) がる。

との間のトレード・オフ関係は，市場規模が拡大するにつれて改善されていくことになる。したがって，売買の鞘は規模が大きな市場ほど縮小していくことになろう。

為替市場における規模の経済性から媒介通貨の登場へと説明を進めるためには，支払構造と交換構造を区別しておく必要がある（Krugman＜1980＞）。支払構造は，貿易・投資に伴う外国為替の最終需要をマトリックス化したものである。交換構造は，実際の外国為替取引のマトリックスである。これら2つの構造の違いは，例えば，エクアドルとオランダとの間での貿易および投資の流れを検討することによって説明できる。これらの取引は，エクアドルーオランダおよびオランダーエクアドルの決済構造のフレームにおいて絶対値の形で記入されることになる。しかし，ギルダーースクレの交換構造のフレームにはゼロと記入される。なぜなら，実際の取引は，ドルーギルダー市場とドルースクレ市場において行われるからである。まず得られた近似的な結果として，決済構造は交換手段の選択とは独立したものである。交換手段の選択は，「基本的な」貿易および投資の動機によって決定されるものである。そこで次に問題となるのは，貿易と投資の基礎的条件を所与とした場合における交換構造の決定要因である。

最初に，世界がA国，B国，C国の3カ国から構成されると仮定する。これら3カ国は，それぞれα，β，γの国民通貨を有するものとする。図10-1aには，この世界の決済構造が示されている。すなわち，P_{AB}，P_{BC}，P_{CA}は外国為替フローの最終需要である。これは，同一の（任意の）単位で測定される。この最終需要は双方向で均衡すると仮定されている[3]。

これらの決済はどのように実際に行われるのか。1つの可能性が図10-1bに示されている。すなわち，決済は，直接的に行われており，全部で3組の通貨の取引が実際に行われる。このような場合，各市場における為替の取引量は最終的な決済額に一致する。また，B国とC国の貿易および投資の

---

[3] 決済構造が双方向で均衡しない場合には，モデルはより一層複雑なものになる。支払の一部が媒介通貨を通じて間接的に行われる場合もあり得る。この「部分的間接交換」は，直接的な為替レートとクロスレートとの間の体系的な相違と密接に関連している。分かりにくいことが残念であるが，この分析については，Krugman（1980）を参照のこと。

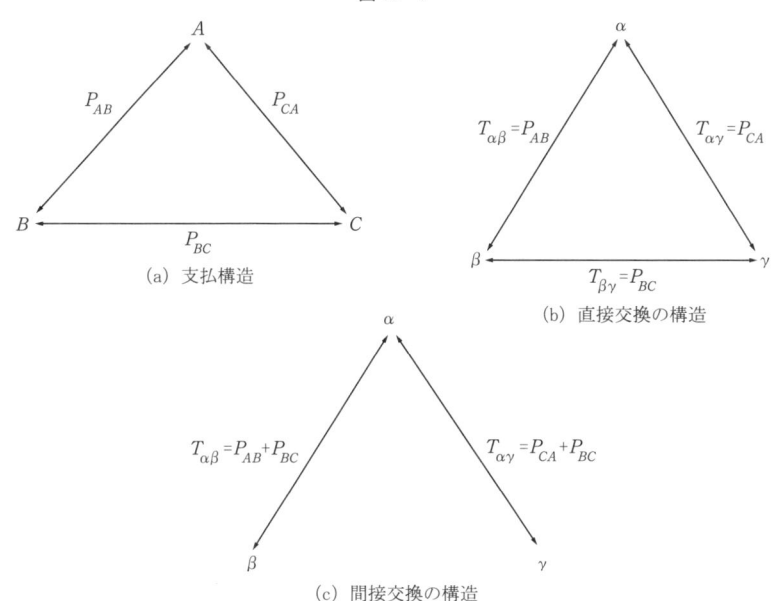

第 10 章　ドルの国際的役割：理論と展望　223

図 10-1

(a) 支払構造

(b) 直接交換の構造

(c) 間接交換の構造

パートナーとして，お互いの国よりも A 国の方がより一層重要であると仮定する。すなわち，P_{AB}, $P_{CA} \gg P_{BC}$ となる。その場合には，α を媒介として β と γ を間接的に取引した方が，費用が安くすむ。そして交換構造は，図 10-1c に図示されたように破綻するであろう。そこでは，実際に $\beta\gamma$ 市場は存在しない。ここで指摘しておくべき重要な点は，A 国通貨を通じた B 国と C 国との間の取引のこの経路それ自体が，A 国通貨の市場を膨張させるということである。これにより，その優位性は強化されることになる[4]。

N 番目の国の問題

構成国が 3 カ国以上になると，説明はより一層複雑になる。しかしなが

---

[4]　Cohen (1971, p.60) は，A. C. L. Day を引用している。「一般的に，ある国が別の国との取引を増やしていくほど，ますますその国との取引（その国）は魅力的になる。このことは，英国が非常に多くの国々と貿易関係を有していたために，ポンドは，それを使用することを選んだ国にとってますます有益になることを意味する。そして，ますます多くの人がそれを使用するにしたがい，ポンドは，国際的な支払手段として全ての人にとってますます魅力的な通貨になる」。

ら，その原則に変わりはない。新たに2つの可能性が生じてくることになる。第1は，国際決済においてはほとんど使用されていない国の通貨が「雪だるま式」のプロセスを通じて媒介手段として登場する可能性があることである。第2は，多数の媒介通貨が存在する多極的な世界が出現する可能性があるということである。

　雪だるま式のプロセスは，以下の事例で説明できるかもしれない。世界が多数の大国と多くの小国から構成されていると仮定しよう。そして多数の大国の中で，ある1国が他国よりも僅かに大きいとする。単純な3カ国から構成される世界に例えるならば，大国間で行われる決済は直接交換を通じて行われると予測できる。しかし，小国の存在によって，世界的な決済関係の完全な「超貨幣化」が起こる可能性がある。このプロセスは次のように作用する。小国間決済は，最も大きな国の通貨を媒介として間接的に行われる。これにより，小国において媒介手段となる通貨の取引市場は膨張することになる。そのため，他の大国も小国との交換において同様の媒介手段を通じて行おうとするインセンティブが生じる。したがって，最も大きな国の通貨が取引される市場全てが膨張することになる。これにより，おそらくすべての2国間通貨を直接的に取引する市場は排除されることになろう。英国は，かつて経済的リーダーであったが，例えば1950年には米国のように，一種の優位性を失っていた。この時点は，ポンドが非常に優位な地位に上昇してきたことを，このプロセスから説明すること自体は，それほど魅力的ではないかも知れない。

　他方で，多数の国から構成される世界には，多くの媒介通貨の存在を維持しようとする力が働く可能性がある。図10-2は，5カ国—A, B, C, D, E—がそれぞれ通貨—α, β, γ, δ, ε—をもっており，これら5カ国間において可能性として考えられる交換構造を示している。これら諸国間の決済は，P_{AB}, P_{BC} となる。そして，市場での取引は，$T_{\alpha\beta}$, $T_{\beta\gamma}$ となる。この図で示されたパターンは，A国とB国の両国が媒介通貨国となるパターンである。ここでは，全ての支払がαを媒介として行われる「アルファ・エリア」（AとC）と，βを媒介として支払が行われる「ベータ・エリア」（Bと

図10-2 交換の二極構造

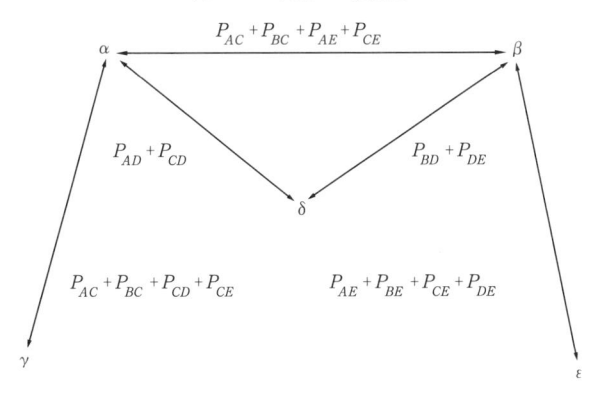

$$\alpha \xrightarrow{P_{AC}+P_{BC}+P_{AE}+P_{CE}} \beta$$

$$P_{AD}+P_{CD} \qquad P_{BD}+P_{DE}$$

$$\delta$$

$$P_{AC}+P_{BC}+P_{CD}+P_{CE} \qquad P_{AE}+P_{BE}+P_{CE}+P_{DE}$$

$$\gamma \qquad \qquad \varepsilon$$

E）が存在するものと仮定する。ある国，例えばD国が両エリアのどちらにも属さなければ，その時には，$\alpha\delta$市場と$\beta\delta$市場の両市場が活動することになる。こうした2極的な交換構造は，戦間期におけるドル－ポンド体制に存在したし，将来的にも存在する可能性がある。

複数均衡と媒介通貨の交代

　以上で示した媒介通貨モデルには，明らかに複数均衡が生じる可能性が内包されている。媒介通貨の選択が通貨市場の相対的規模に反応する場合，あるいは，特定通貨が媒介通貨になること自体が当該通貨市場を膨張させる場合には，媒介通貨の選択は自己正当的なものとなろう。このことはさらに，一度特定国通貨が国際的な交換手段として定着すると，当該通貨は交換手段の役割を担い続けることになるのである。そして，当該国が，当初，決済構造上で自国通貨が国際的な交換手段を果たすことによって得てきた地位を失ったとしても，国際的な交換手段の役割を担い続けるのである。事実，英国が覇権国の地位を退いた後も長きにわたって，ポンドは媒介通貨として機能していたのである。

　世界全体での取引費用を最小化し得ない交換構造は利潤機会を提供するという逆説を生む可能性がある。銀行は，市場形成者として行動し，利益を獲

得することができる。ここで，市場形成には，市場参加者に対し情報を提供するが，市場参加者の行動に影響を及ぼすには，少なくとも初期のみの固定費用が伴うものと仮定する。既存の市場では，それはサンク・コストになるが，この費用は初期時点のみ必要となる。交換構造を変えるためには，新たな支出が必要になる。そのため，決済構造と交換構造に大きな隔たりがある場合にだけ，交換構造は変化することになる。したがって，交換手段の選択は，多くの慣性が働いていることになる。一方，外国為替市場の一時的な崩壊は，交換構造をある均衡状態から別の均衡状態へとシフトさせる可能性がある。しかも，この効果は持続的な効果を有するものである。媒介通貨の選択は，歴史と履歴現象の両方を反映している。

　交換手段としてのポンドの現実的な地位低下と，ドルの台頭は，際立った停滞状況，緩かな地位低下，そして最終的な崩壊という形で生じた。第一次世界大戦時の為替制限は，ポンド体制を混乱させ，ドルとフランス・フランの台頭をもたらした。そして，ドルは50年間にわたりその地位をゆっくりと勝ち取っていったのである。(意外なことに，ポンドは戦間期においても，より重要な交換手段であることに変わりなく，そして1940年代後半においても，ドルよりも重要な地位にあった。) 最後に，ポンドは，1960年代後半から1970年代後半にかけて国際通貨の勢力地図から姿を消したのである。ここでの印象的な事実は慣性である。特筆すべきは，ポンドが，英国が世界最大の経済力を喪失して以降も，半世紀にわたり世界第1位の通貨であり続けたことである[5]。

貨幣の有する他の機能との関係

　本節では，国際通貨における交換手段機能だけを取り上げてきた。実際には，さまざまな機能において相互依存性がある。例えば，ドルが優れた価値保蔵手段である場合，ドルに対する市場形成費用はより低くなり，媒介機能も促進されることになる。逆に，以下で論じるが，ドルの有する交換手段機能はドルによる契約締結およびドル保有を促すことになる。

5　この説明は，Yeager (1976) およびCohen (1971) を参照した。

第3節　国際的な計算単位としてのドル

　国際的な計算単位としての通貨の使用に関する分析的な先行研究の大半は，公的役割に焦点を当てている。すなわち，他通貨にペッグするかどうか，あるいは，ペッグの選択に焦点を当ててきた。ここでは，こうした膨大な先行研究と同内容の分析は行わない。なぜならば，ドル・ペッグ制自体がなくなっているからである。むしろ，ここでは計算単位としての私的な分野での通貨の利用に焦点を当てることにする。比較的豊富なデータが存在するので，契約通貨の決定から始めることにする。

　1960年代においても，貿易契約は，決して独占的にドルで記載されていたわけではない。Grossman（1973）の先行研究にも示されているように，スウェーデンの貿易の大半は輸出国通貨で契約がなされている。事実，工業国間の貿易は輸出国の通貨か，あるいは輸入国の通貨で契約されるのが一般的である。その意味では，第3国間の貿易においては，ドルは重要な役割を果たしていないのである。

　表10-2は，自国通貨建て輸出入のシェアと，ドル建て米国向け輸出シェアとを比較したものである。各国は，1978年の輸出額の順に並べられている。この表から，各国には，3つの規則性が相互に考察できる。第1に，他の事情を所与とすると，輸出国通貨選好がある。輸出入の両データが利用可能な国において，輸入よりも輸出において自国通貨建てシェアが高い。第2に，他の事情を一定とすると，小国の通貨よりも大国の通貨が多く使用されている。例えば，ドイツは，輸出において自国通貨建てシェアが最も高くなっている。同様に輸入においてもマルク建てシェアが高い。ドル建て米国向け輸出シェアは目立って高く，ほとんどが自国通貨建ての国でさえドル建ての米国向け輸出シェアは高い。

　第3に，日本円にはほとんど適用できない。表に示されているように，日本の輸出のほぼすべてがドル建てである。また，入手可能なデータによる

表 10-2　商品貿易の契約通貨別輸出入　　　　　　　　(単位：%)

	自国通貨建てシェア		ドル建て米国向け輸出シェア
	輸出	輸入	
ド　イ　ツ	86.9	42.0	36
日　　　本	－	－	94
フ ラ ン ス	68.3	31.5	52
英　　　国	73.0	－	44
イ タ リ ア	－	－	68
オ ラ ン ダ	50.2	31.4	81
カ　ナ　ダ	－	－	87
ベ ル ギ ー	47.7	25.4	78
スウェーデン	66.1	25.8	27
オーストリア	54.7	24.7	－
デンマーク	54.0	24.0	－
フィンランド	15.5	－	－

(出所)　Page (1977)；Rao and Magee (1980).

と，日本円は日本の経済規模に見合うほど契約通貨としては使用されていないことも事実である。これは，日本の政治的役割の中に円を国際通貨として機能させることが含まれていないことが背景にある。

　こうした一般的事例に加えて，その大半が発展途上国によって輸出されている原材料貿易が，一般にドル建てとなっている事実がある。McKinnonは，重要な違いを示すために「貿易財 I 」と「貿易財 II 」という用語を用いて，貿易財 I は，差別化された工業製品であり，一般的にこれは寡占業者によって生産され，通常は，輸出国通貨建てで契約がなされている。但し，輸入業者と輸出業者を比べて輸入業者の方が大きい場合には，輸入国通貨建てになるという例外がある。貿易財 II は，1次産品であり，これは世界市場で販売され，通常ドル建てで契約される。

　図 10-3 は，契約通貨の選択に関する現実を定式化したものである。ここでは 4 つのタイプの国に分けられる。すなわち，米国，先進大国，先進小国，発展途上国である。矢印は輸出の方向を示している[6]。そして，これらが，契約に関する定式化された事実である。こうした事実によって何が説明されるのかということが次の問題である。こうした事実が基本的に計算コス

6　このシェーマは，基本的には，Magee ＝ Rao (1980) によって提示されたものである。

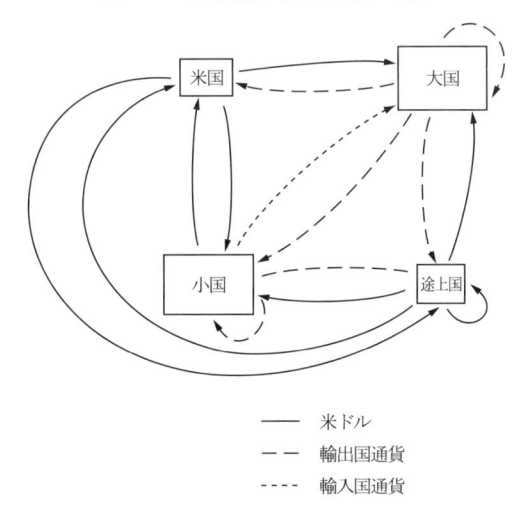

図10-3 世界貿易における通貨の選択

―――― 米ドル
― ― 輸出国通貨
---- 輸入国通貨

トを反映していることを論証する。

　リスク・シェアリングそれ自体によっては契約のパターンを説明することはできない。その理由は，企業は，先物市場に参加し，為替リスクを常に回避することが可能であり，輸出国通貨か輸入国通貨かの契約通貨の選択は，先物契約の締結の決定権者の問題に過ぎないからである。（先物市場が存在しない場合でも，企業は，国際借款あるいは国際融資によって先物契約を「自ら引き延ばす」ことができる。）確かに，先物契約にはコストがかかるが，次に焦点を当てるべき点は，リスクそれ自体ではなく，「摩擦」についてである。

　最も単純な説明は次のようになる。外国通貨建ての契約を扱うためには，外国為替について精通している必要がある。そして，この高度な知識を得るためには，固定費用を測定するのが困難であっても，実状を知ることである。貿易財Ⅰの場合，輸出業者は，一般的に，差別化された製品を販売する企業である。そのコストは，自国通貨建てではほぼ固定されている。そのため，この企業の通常の価格設定戦略は，自国通貨建て価格を固定することになる。このようなケースでは，企業は，いかなるケースでも当然のことなが

ら，為替レートに関する懸念を為替市場で取引する輸入業者に負わせようとすることになる。次に，小国が大国に輸出する特殊なケースでは，一般に小国は，外国為替に精通する必要があるが，大国は，その必要がないため，こうした問題は発生しないことになる。

逆に，貿易財IIの輸出業者は，価格が国内要因にほとんど左右されない製品を販売することになる。貿易財IIの輸出業者にとって，各契約には将来の為替レートに対する同時的な投機は含まれないという意味で，最も簡単な取引であり，世界のどこの国との契約であれ，同一通貨建て全ての契約を結ぶことが可能である。最も自然なのは国際的な交換手段となる通貨で契約を結ぶことである。

Kindlebergerは，貨幣と言語の間の類似点を用いてドルの役割を説明している。こうした状況について，Kindleberger説は極めて説得的である。別の国籍を有する人と意思の疎通を図ろうとすると，2人のうちの一方か，または両者が第2言語の習得に投資をしなければならなくなる。相手が大国の出身で，自らが小国の出身であるとすると，そこでは，両者は何らかの国際的な言語を使用することになる。オランダの指導的経営者とドイツの指導的経営者が契約を交わす場合には，おそらくドイツ語で会話をし，マルク建て価格で見積もりを行う。オランダの指導的経営者がブラジルの指導的経営者と取引を行う場合，その会話は英語で行われ，ドル建て価格で見積もりが行われることになろう。

以上の議論はあくまでも参考のためである。したがって，この議論をそれほど重視する必要はない。しかしながら，もう少しだけこの議論を先に進めることにする。例えば，国際資本市場は，特に固定レート制下の場合，取引される債券価格が極めて国際価格に近いという点で貿易財IIと似ている。LIBOR（ロンドン銀行間金利）とシカゴの小麦価格はともに，世界中でみることができる。そしてこのどちらのケースも，世界中で価格が参照されることから，国際的な契約はドル建てにすることが有効になる。

ドルの交換手段機能が有する複数均衡の可能性に対応して，ドルの有する計算単位機能にも均衡条件が存在するのかが問題となる。先進諸国間の貿易

においては，計算単位の選択は，基礎的な条件によって決定される。次に計算単位としてのドルとマルクと比較する。その結果，ドルは，米国の経済規模を背景にドルが潜在的に保有可能な機能以上の役割は果たしていない。ドルの使用において専横性がみられるのは，発展途上国との貿易財 II の貿易と，おそらく国際借款においてのみである。ここでもまた，ドルが使用されているから，ドルが使われるという状況がみられる。その意味では，その地位はマルクや円によって奪われる可能性がある。

第 4 節　国際的な価値保蔵手段としてのドル

銀行通貨としてのポンドとドル

　1913 年には，ポンドの運転残高は世界中の銀行と企業によって保有されていた。これは，ポンドの他の貨幣的な役割から生み出されたポンド需要を反映する部分もあれば，ロンドンを最も効率的な金融センターとする規模の経済性を反映するものでもある。ポンドでの貿易決済，ポンドでの元利返済，ポンド建て債務，ポンドの銀行間取引，これらすべてにおいて，ポンド残高を保有する必要がある。ポンドの媒介機能によって，ポンドは他の通貨よりもより流動性が高くなる。そして，ロンドン市場の規模の経済性により，ロンバート・ストリートのポンド残高は魅力的な取引条件となる。
　今日，ドルは，ポンドほど際立ったものではないが，同様な地位を保っている。これまでみてきたように，ドルはインターバンク市場では支配的な通貨であり，いまなお国際貸付の大部分がドルで行われ，そして貿易取引の決済においても支配的とまでいかないが，有力な通貨として機能している。ポンドに比べると若干複雑な形態ではあるが，規模の経済性もまた役割を果たしている。しかも，ドル残高はニューヨークだけでなく，ロンドンにおいても保有されている。したがって，ドルの優位性は，特定の地理的なセンターにおける取引活動の規模にではなく，その通貨の取引規模と密接に関連している。しかしながら，こうした経済性は現実的なものである。例えば，ロン

ドンの銀行にユーロ・ドラクマ勘定あるいはユーロ・エスクード勘定を要求する場合を想定すると明白である。少なくとも、ある最低規模に達していることの重要性が明らかになる。

しかしながら、価値保蔵手段に関して、ドルは、戦前のポンドとは異なり、不利な点が1つある。それは、変動為替レートによってもたらされる不確実性である。為替レートが不確実なため、資産保有者は資産を分散化させようとする。これは、単一通貨への収斂の障害となる。その結果として、1973年以降、ドルから他通貨への分散化が徐々に明白となっている。表10-3の第1行目は、ユーロ・カレンシー市場を示している。これによると、緩やかなドル離れが生じていることが分かる。

表10-3 価値保蔵手段としてのドル

	1970	1973	1980
欧州所在銀行の「オフショア」所有に占めるドルのシェア[a]	77.1	70.4	69.0
世界の外貨準備に占めるドルのシェア[b]	75.6	84.5	73.1
世界の外貨準備に占めるポンドのシェア[c]	12.6	5.9	3.0
外貨準備に占める「国際通貨」のシェア[c]	88.2	84.5	73.1

(出所) a. BIS *Annual Report*.
b. この数値は、EMS加盟国によってECUに交換されたドルを含む。IMF, *Annual Report* 1981, p.69を参照せよ。
c. 説明の文書を参照せよ。

準備通貨としてのドル

ドルで外貨準備を保有する最大の理由は、おそらく、ドルが介入通貨であることである。このことは、外貨準備が最初にドルで中央銀行に蓄積され、この外貨準備を中央銀行が分散化させようとする場合には、他通貨に交換しなければならないことを意味する。これはまた、介入のために、外貨準備をドルに再交換する必要性があることを意味している。大国では、そうした操作は取引費用では説明されないものがある。すなわち、ドル以外の通貨への交換と、ドル以外の通貨からの交換は、他国の外国為替市場に介入することを意味する。そして、このことは決して歓迎されないのである。そのこと自体は米国にとっては当然のことでもある。こうした通貨の政治的側面は、欧

州諸国の共同フロート制（スネーク制度，後に EMS となる）でも，加盟各国の通貨ではなく，ドルで外貨準備が保有され続けてきたのである。そして，これら加盟国は，しばしば，欧州各国の通貨を直接的にスワップするのではなく，同時にドルの売買を行うことによって加盟国相互の平価を維持してきたのである。

　こうしたドルの優位性を掘り崩しているのは，為替リスクに対抗して中央銀行が外貨準備を分散化することである。表10－3が示しているように，世界の外貨準備に占めるドルのシェアは，実際に，1970年代初頭に上昇し，その後低下している。しかし，ある意味において，これは，外貨準備の「非貨幣化」の尺度としては誤解を招くものである。なぜならば，ポンドは，依然として1970年においても国際通貨であったからである。表10－3の最後の行は，それ以降は違うが，1970年に限り，ドルとポンドのシェアを加えている。こうすることによって，外貨準備における国際通貨のシェアを大まかにでも測定することができるからである。このことから，一部の中央銀行がドルから流動性は低下するがリスクの少ない金融資産へと継続的かつ大幅にシフトさせていることが分かる。

第5節　ドルの役割についての見通し

ドルの役割についての決定要因

　前節で概略を説明した国際通貨の理論では，国際貨幣としての通貨の選択，およびその役割の重要性に及ぼす2種類の影響について強調した。第1に，世界市場において重要な特定国の通貨は，小国の通貨よりも国際通貨により適した候補である。第2に，国際通貨として特定（国）通貨を使用することそれ自体が，当該通貨の利便性を強化する。したがって，そこでは循環的因果関係の要素が作用している。この循環的性格は，交換手段の選択において最も明瞭になる。そこでは，ある種の市場のファンダメンタルズを構成する所与の決済・支払構造は，多くの異なる交換構造と整合的である。なぜな

らば，ある通貨に媒介機能をもたせる自己正当化効果が作用するからである。

この循環性が，ドルの将来見通しに関する懸念の多くの部分を構成しているのである。ここには取り扱いが難しい2つの可能性の問題がある。その1つは，ドルのファンダメンタルズにおける優位性がある臨界点まで低下することによって，ドルの国際的役割が急激に破綻に向かう可能性があるということである。もう1つは，国際金融市場における単発的な混乱がドルの利便性を減殺する可能性があるということである。こうした2つの可能性は，純理論的な議論ではない。なぜならば，こうした可能性がポンド凋落の歴史的考察を背景とした議論だからである。第一次世界大戦による国際市場の崩壊によって，ポンドの役割は断続的に低下した。しかし，そうしたポンドの地位低下は，世界における英国の経済的優位性の相対的低下の進展とはほとんど無関係に，他の要因の影響により，突然生じた国際市場の崩壊という事態にむしろ関連したものだった。

こうした2つの可能性を図示したものが図10-4である。ここではまず，国際通貨としてのドルの使用を示す指標が定義可能であると仮定する（各機能は少なくとも部分的に分割可能であることをは既に指摘した）。国際通貨としてのドルの望ましい使用量は，曲線 UU によって示されているように，ここでは実質使用量の増加関数である。この関数は，例えば，米国経済の相対的規模，資本市場の開放性および効率性に加え，為替レートの安定性，国際通貨分散化のインセンティブの強さなどの基礎的ファンダメンタルズ条件に依存する。こうしたファンダメンタルズを所与とすると，図に示されているように，いくつかの均衡が成立する可能性がある。数式による動学的説明がなくとも，ここでは X と Z が局地的な安定均衡であることは明らかである。Z は，国際通貨分散化での下の現在のドル本位制の状況にあたる。そして，X は，マルクと円が地域的な国際通貨の役割を担うような多極的な世界に相当する。

次に，ドルの基礎的影響力が徐々に衰えていく（実際に生じているように）と仮定する。したがって，曲線 UU は下方にシフトする（例えば，曲線 $U'U'$）。ドルの役割もまた徐々に低下し，Z から Z' へシフトする。しかし

図10-4 ドルの役割の崩壊の可能性

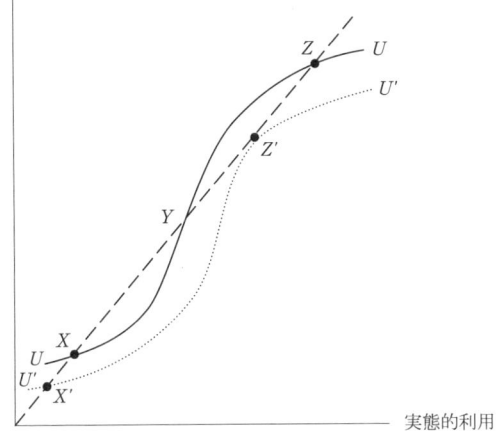

ながら、この点で、臨界水準に達することになる。ファンダメンタルズが少しでもさらに低下すれば、ドルの役割は崩壊することになる。ドルの使用量が低下していくにつれ、望ましい使用量も低下する。そして、ファンダメンタルズのさらなる弱体化が生じなかったとしても、ドルの役割は X' に低下することになる。

換言すれば、このシステムの一時的な混乱によって、国際市場はある均衡から別の均衡にシフトすることになる。こうしたシナリオを想定することは、それほど難しいことではない。例えば、欧州の戦争の傷跡である。これにより資本逃避が生じるため、為替管理が実施されることになる。この為替管理が、ドルによる決済慣習を揺るがすほど長期にわたる場合には、為替管理が撤廃されても、ここでの均衡は Z ではなく、X にシフトすることになるのである。

このことから、ドルの将来性について論じることはできない。関連する要因はここでの議論ほど単純ではない。この議論が単純化し過ぎていることは確かである。ドルの将来性を論じる場合にはもっと厳密な議論が望まれる。しかし、ここでの分析は、国際通貨システムおよび貨幣改革に関する多くの議論よりは論理的であり、正確な議論ではある。したがって、ここでの分析

から，ドルの将来における役割について検討する上で有効な示唆を得ることができる。すなわち，ドルのファンダメンタルズはその世界的な役割を維持可能なのか否かということである。

米国は十分に大きいのか

ドルのサステイナビリティ問題は，原理的には，数量モデルに基づく分析が必須である。残念ながら，ここではそれは望めない。ここで可能なことは，米国の地位と，第一次世界大戦以前の英国の地位を比較することである。当時，ポンドは，ドルがこれまで果たしてきたよりも，はるかに大きな役割を果たす国際通貨であった。その意味では米国の地位が絶対的なものか，絶対的なものになれば，ドルを基軸通貨とする国際通貨システムが継続的に機能することも可能であるといえよう。

表10-4は，米国の地位と，ポンドが絶対優位にあった時期の英国の地位を比較したものである。英国は，1913年には世界最大の貿易国であった。それは，1970年代後半の米国よりも大きいが，その差はわずかである。しかしながら，英国の国内経済規模は相対的に小さく，貿易におけるドイツのシェアが相対的に大きいのは，欧州における地理的要因を反映するものである。欧州以外では，米国の優位性は際立っている。

表10-4 「パックス・ブリタニカ」対「パックス・アメリカーナ」

	英国（1913年）	米国（1970年代後半）
世界貿易におけるシェア	16[a]	12.1[c]
世界産出量におけるシェア	14[b]	24.3[d]
最大の競合国との貿易シェア	12[a]	11.5[c]
	（ドイツ）	（ドイツ）
最大の競合国との産出量シェア	36[b]	10.1[d]
	（米国）	（日本）

（出所）　World Bank, *World Atlas.*
（注1）　a は輸出入の合計。
（注2）　b は工業生産。資料出所は（注1）と共に Rostow (1978)。
（注3）　c は1979年の輸出額。資料出所は *Report of the President on U.S. Competitiveness* (1980)。
（注4）　d は1978年の GNP。

この比較分析に基づくと，ドルは国際通貨システムにおける基軸通貨としての地位を維持し，ポンドが絶頂期にその機能を拡大させたように，ドルもその機能を拡張することができることになる。しかしながら，ここには2つの大きな相違点がある。1つはそれほど重要ではないが，もう1つは極めて重要な相違点である。

　まず，比較している時点について貿易における1次産品と工業製品のシェアが逆転していることがある。McKinnonによると，世界貿易は貿易財IIから貿易財Iにシフトしたわけである。このことから，中心国通貨の役割は低下することになる。なぜならば，貿易財Iよりも貿易財IIの貿易取引および決済において，中心国通貨がより多く利用される傾向があるからである。

　時間の経過によって生じた重要な変化は，既に一般化されたフロート制の出現である。これにより，国際通貨分散化のインセンティブが生じることになる。そして，これにより価値保蔵手段としてのドルの役割が低下したのである。おそらく，これは，ドル残高を処理するのに十分な理由となる。その場合，ドルの役割は損なわれるが，それは米国の相対的な地位低下を背景とするものではなく，基本的にはインフレーションの統制という一般的な問題を背景とするものである。

ドルの地位低下後の変化

　次に，ドルの役割が急激に低下した場合に，どのような事態が発生するかという問題が重要になる。ここでは，実際には，2つの問題がある。第1に，移行の問題がある。特に，価値保蔵手段としてのドルの役割が低下すると，破壊的な銀行取り付けが発生するのか否かということである。第2に，ドルから他通貨への国際通貨の移行が実際に生じるのか否かということがある。すなわち，ドルの他位低下が世界経済にどの程度の悪影響を及ぼすことになるのかということである。

　移行を論じる上で重要な点は，この問題が，実際に国際市場における財・サービスの取引に通貨を供給してきた米国自身の問題ではないということである。世界で保有されているドルの極僅かだけが，ハイパワーマネーに

よって裏付けられている。基本的には，世界で保有されているドルは，短期証券と銀行預金で構成されており，後者の大部分は米国以外の国に預託されている。その場合，原理的には，流動資産の望ましい通貨構成の変化は，いかなる資産の再分配も行われることなく，調整されることになる。銀行は，その預金者のユーロ・ダラー預金を現在の為替レートでユーロ・マルク預金あるいは欧州通貨預金に転換することができる。米国連邦準備銀行は，米国財務省債券を買い占めることができるし，その一方でマルク建て債券を売却することもできる。通貨転換には必ずしもキャピタル・ゲインあるいはキャピタル・ロスを生じるわけではない。

　問題が生じるのは，為替リスクに対する金融仲介機関のエクスポージャーが増大することである。国際的な銀行は短期借入の長期貸付を行っており，現在，これら両者のほとんどがドルで行われている。ドル離れは，短期借入と長期貸付が同一通貨で行われない移行期間を強いることになる。これは，金融システムの安定性に対して明らかにリスクをもたらすことになる。英国の事例は，移行が可能であることを示しているが，背景に国際通貨としてのポンドの崩壊は，金融センターとしてのロンドンの継続的な成長が背景に作用していることを忘れることはできないのである。しかし，そうした要因に理由付けを求めることは，あまりにも独善が過ぎるといえよう。

　長期コストについては，その全ての機能がドルから例えばマルクに交代しても，あまり大きな違いはないように思われる。しかしながら，実際により現実味のある結果は，ドル，マルクおよび円からなる多極的なシステムである。そこでは，これら全ての通貨によって，国際通貨としての機能の一部が担われる。インターバンク市場での取引費用は，国際的な銀行の経営コストとともに上昇することになる。しかし，これらのコストは現時点ではかなり低いため，比率的に大幅に上昇しても依然として低い水準に過ぎないことになる。おそらく，重要なことは，単一の国際的な価格尺度がない世界においては価格の比較が困難になるということである。しかし，確かに，原材料価格を見積もるために3つの通貨を使用しても，インフレーション，為替レート変動の既に経験した事態と比べて大きなコスト負担を発生させることには

ならないであろう。
　その場合の教訓は，ドルの機能のうちで崩壊してしまった機能よりも，崩壊しつつある機能について注意すべきであるということである。

第11章　通貨統合の政策問題

　過去10年にわたり，主要西欧諸国は，変動為替レートに決定的なまでに背を向けてきた。そして，歴史的にも例のない規模に拡大した通貨同盟実現に向けての途上を進んでいった。アジャスタブル・ペッグ制から構成される欧州通貨制度（EMS）は，長い期間をかけて信頼性を高めてきた。為替レートの再調整の幅は縮小され，その頻度も減ったのである。そのため，過去数年間で，欧州共通通貨のアイデアは，非常に速いスピードで知的な玩具から現実的な可能性へと変貌してきたのである。

　こうした変化をもたらした政治力学は，明らかに欧州ならではの事情を反映している。まず第1に，変動レートの変動性に対する幻滅感が，他ならぬ欧州で先行し，しかもより強くあらわれたことである。その理由の1つは，欧州域内における貿易量の規模にあり，もう1つは，変動為替レートによって，欧州共同体（EC）の諸制度，特に共通農業政策（CAP）の運営が，極めて大きなマイナス効果を被ってきたことによるものである。またもっと深層では，通貨同盟をテコとして1970年代半ばから1980年代半ばにかけて続いていた欧州経済の長期停滞状況を打開するのが目的であり，そのために，欧州経済統合のさらなる緊密化を活用せんとする試みを企画した政策者にとって，至極当然な政治的対応であった（経済学的な論理性は明確でない）。つまり，ブラッセルだけでしか通用しない用語で「成長を強化するために共同体の規模で取り組んでいこう」というスローガンを意味するものであっ

た。

　もちろん，欧州統合の拡大過程で欧州の動脈硬化を解消する新たな試みも実施されてきた。その第1波が，1992年で，1992年の試みは，さまざまな政策が複雑に交じり合ったものであった。1992年の試みの最終的な結果がどのようなものであれ，それは，経済理論からみればまさに議論の余地がない決断であった。市場統合の拡大によって，実際にはほとんど把握できないが，理論的には大きな利益が発生するはずである。1992年に発表されたチェッキーニ報告は，2，3の点から楽観的ではあるが，定性的な意味で，その結論は支持される部分を有するものである。

　通貨同盟への統合の深化とその推進は，1992年における政治的決定の延長上にある。財・サービスにおける貿易障壁の撤廃が一定以上の成果をあげれば，欧州経済統合の政治的リーダー層は，次なる新しい分野における試みを始めることになる。しかしながら，経済学的見地からすると，貿易統合と通貨統合は全く異なったものである。国際貿易の理論は，比較的よく理解されている（数量的ではなく，原理的に）。そして，貿易利益の性格は，それが比較優位，規模の経済性の利用あるいは競争激化によるものであっても，議論の余地はない。逆に，国際金融の理論は，十分に理解されているとはいえない。国際金融の理論は，信認，政策協調などの洗練された曖昧な問題だけでなく，取引費用，限定合理性などのさらに深遠な問題にも，大きく左右される。また，突然通貨統合という問題に強い関心が集まったため，ほとんど未知の領域に足を踏み入れざるを得なくなった。

　本章では，欧州通貨同盟によって提起されたいくつかについて問題の簡単な概略を説明する。その意味で本章は，若干散漫なものとなっている。ここでは，いくつかのモデルを簡単に説明する。現在，数式モデルを構築できない問題については，可能な限り一貫した議論を試みるが，この分析を一貫したフレームワークに統合することはない。ここでは，通貨統合が本質的に複雑なテーマであることを明示する。そして，この本質的な複雑さに対する認識が，ここでの合意の中心部分を占める。

　本章のタイトルは，通貨同盟の下における政策問題であるが，実際には本

章の大部分は別のテーマを取り上げている。すなわち,本章の大半は欧州諸国において用いられてきた通貨システムであるアジャスタブル・ペッグ制ではなく共通通貨導入の長所と短所を取り上げている。この問題を多く取り上げている理由としては,第1に,多かれ少なかれ,固定為替レートと変動為替レートの対立についての問題は,まさに結論的な先行研究はないが,これまでに既に膨大な先行研究が蓄積されている。一方,安定的な為替レートから実際に共通通貨へと向かう際に生じる効果についての研究は,ほとんどなされていない。共通通貨問題を取り上げる第2の理由は,従来概念上の問題に過ぎなかった共通通貨が現実の問題になっているということである。しかし,そうした通貨の創出は,完成した計画からはほど遠いものである。政策担当者は,通貨統合だけを検討しているわけではないため,経済学者が書いたメモに基づいて裏付けなしで支持を表明することになる。したがって,この問題を再検討することは,極めて有意義である。特に通貨統合を支持する層の熱意と,これを注目する層の落胆は,慎重な分析よりもその場限りの本能的な反応に左右されることになる。最後に,EMS型の固定レートのような穏当な計画との比較の上での共通通貨の費用・便益について検討することは,こうしたシステムが機能する上で必要となる政策を検討する上で有効である。

　本章は,6つの節から構成される。第1節では,貨幣経済学全般,特に通貨統合に関連した一般的な哲学上の問題を取り上げる。第2節では,伝統的な最適通貨圏の議論を再検討する。そして,これが通貨統合の形成の成否の問題,共通通貨導入に向けての最終段階を迎えるのかどうかの両方の問題に適用される。第3節および第4節では,政策協調と信認を含めたより最新の議論を検討する。第5節では,通貨統合後に財政政策の協調が必要なのか否かを検討する。第6節では,通貨統合に関する異なった議論を取り上げ,この議論を政治統合の必要性と組み合わせる。

第1節　貨幣と通貨統合：一般的な考察

　本章を2つの「哲学的」議論から始めよう。まず，一般的に金融論，特に，国際通貨制度に関する経済分析では，通常の経済的な分析ツールに基づく推定，仮定を用いて問題を解決することができないという点がある。次に，議論から導出された代替策を明確化することの重要性を主張することである。ここでは，最も魅力ある代替策として，変動為替レート，調整可能なペッグ・システム，共通通貨を取り上げて議論する。

　金融論および金融経済学に対する認識の問題から始めることにする。経済学者が認識している思考方法の大半は，ミクロ経済理論に基づいている。すなわち，特に摩擦のない経済モデル，競争的な一般均衡が思考的基礎に存在する。こうしたモデルを基礎として，市場は適切に機能し，明らかな市場の失敗がない限り，政府が介入すると厚生が低下するという一般的な仮説が導き出される。政策問題の多くについて，ミクロ経済学に基づく簡単な仮説によって，明確な指針が提供されている。残念ながら，金融経済学では，経験的に，標準的なミクロ経済学の仮説が有効でないことが明らかになっている。ミクロ経済学では摩擦がないことが仮定されている。これに対して，金融経済学は，厳密に言えば，摩擦に関する分析を主とするものである。そして，金融経済学は，この摩擦に対処できるように組み立てられている。

　まず貨幣の主要な機能について検討する。伝統的なJevonsの分類によると，貨幣には4つの機能がある。すなわち，交換手段，計算単位，価値保蔵，繰延償還の基準の4つである。これらのうち，最初の2つの機能こそが重要である。しかし，どちらの機能も，大部分の政策判断の基礎となる類のモデルでは理解されていない。交換手段は，取引費用を低下させる上で必要とされるが，標準的な経済モデルでは，取引費用は考慮されていない。そして確かに，最も洗練されたモデルでさえ，一貫した形で取引費用を取り込むことは困難である。計算単位としての貨幣の役割では，人々は経済計算を行

う上で使用可能な手段を必要とすると仮定している。当然のことながら，人は，相対価格の方向性全てを把握することはできない。しかし一方で，人が，自らが有する情報全てを使いこなせはしないとすると，限定合理性の世界に陥ることになる。この領域は，標準的な経済学の仮定の多くを前提として用いることのできない難しい領域である。

　しかし，経済学者の一部によって永々と試みられてきた経済モデルに体系的に貨幣を導入する試みは，一般的には，個人が購買行動より前に貨幣を保有することを条件とする。これは，クラウワー制約と呼ばれる交換手段の機能を示す近似的方法を通じて行なわれる。しかしながら，こうしたモデルを用いても，国際通貨協定を評価するために有効な指針は得られない。その理由には大別して2つある。第1は，これはモデル考案者自ら認めていることであり，このモデル自体の不完全性によるものである。こうしたモデルの多くは，交換手段としての貨幣の役割について説明力を持ち得るかどうか程度の説明力しかない。計算単位としての貨幣の役割については，このモデルは何ら説明力を持っていないのである。通貨統合の費用と便益は共に，貨幣が単一国的性質が強いか，多国間にわたる共有的・共通性が強いかのコントラストはあるが，貨幣の標準的役割に強く依存していることからも，計算単位的性質を捨省することの意味は重要である。第2に，貨幣の数量分析においては一般に，単一通貨の使用は，単一政府の法令によって強制されていると仮定される。この仮定は，多くの目的からも妥当性を有するものである。しかしながら，そうした仮定は，通貨統合に関する多くの問題を議論から外すことを意味する。したがって，標準的な経済理論から，欧州が直面している重要な通貨問題に関する指針はほとんど得られないことになる。

　計算単位として通貨の役割は取り上げられていなかったが，それは，経済理論から通貨統合に関する示唆が得られないことを示すためである。特に，自由市場を定義する仮定は何らの有効性もない。例えば，通貨協定に関しては，市場を通じて協定が正当化されるような過程は存在しないのである。また，代替的な国際通貨協定は一般的に自由市場（あるいは非自由市場）の特徴を有する可能性がある。自由市場システムに近い協定とは何か，その特徴

は，変動為替レート，固定為替レートあるいは共通通貨のうちで最適なシステムは何かが重要となるが，その答えは明らかではない。そして，自由度のランク付けを決定した場合でさえ，いかなる政策的な結論にも従えないものである。

次に，代替策の問題を取り上げる。ここでは，さまざまな比較検討が可能となる。例えば「フロート制」対「目標相場圏」，「固定相場制」対「アジャスタブル・ペッグ制」などがある。しかしながら，現在欧州で注目されているのは，フロート制，アジャスタブル・ペッグ・システムおよび共通通貨における政策的比較分析である。

欧州域内で，これらの選択が現在遡上に上っていることが興味深い選択である理由である。英国は，依然としてEMSの為替調整メカニズムへの参加には慎重な姿勢をとっている。他の欧州諸国にとって，長期的な問題は，EMSが将来に向けて，どのような方向性を有するものかということである。

もちろん，ここでは中間的な選択肢についても取り上げることにする。しかしながら，欧州通貨単位（ECU）に対する英国の「懸念」が的を射たものであることが議論されない理由も重要である。また，EMSがアジャスタブル・ペッグ制からより堅固な固定レート制への移行が望ましいことが議論されない理由も重要である。その背景には，ターゲット・ゾーン制とアジャスタブル・ペッグ制は，その経済的影響において大きな相違が存在することが認識されていないことがある。最近の先行研究にも示されているように，ターゲット・ゾーンは，それが信認を得ている間は，為替レートを変動幅の中間で安定させようとする傾向があるが，信認がなくなると，固定為替相場制同様の投機的攻撃のターゲットになる可能性が強くなる。一方，アジャスタブル・ペッグ制の場合は，少なくとも共通通貨との比較において，完全な固定相場制の場合よりも重要である。なぜなら，いかなる国民通貨システムでも，潜在的には，為替レートが変動可能なシステムだからである。この変動可能性は，それほど頻繁には影響を及ぼさないが，為替レート再調整が可能か否かに関する信認は，重要な相違点の1つである。

これは，本章における哲学上の根幹を構成するものである。以下では，こうした問題について分析を進めることにする。

第2節　最適通貨圏アプローチ

　通貨統合に関する議論の伝統的な出発点は，最適通貨圏と呼ばれるアプローチを通じたものである。最近の議論では，政策協調と信認に関して新しい現代的評価が加味されたものとなっている。しかしながら，最適通貨圏アプローチは，依然として，第1段階としては，非常に有益であり，他のアプローチとの比較においても重要度の高いものである。したがって，体系的思考のためにも，このアプローチを再検討することは重要である。

　基本的な最適通貨圏の議論は，欧州が2カ国だけ，すなわちフランスとドイツとから構成されていると想定することで説明される。次いで，これら2カ国の輸出財構成が異なると仮定する。例えば，フランスはチーズを輸出し，ドイツはソーセージを輸出しているとする。そしてまた，世界市場は，チーズとソーセージの相対需要をシフトさせる偶発的なショックに支配されていると仮定する。

　この時，フランスとドイツは自国通貨を維持すべきか否か。維持すべきだとしたら，両国間の為替レートは固定されるべきなのか，それとも変動させるべきなのか。そこで，後者の問題から考察していくことにする。

　為替レートの変動相場制を支持する基本的な議論は，レートが変動することでショックに対する調整プロセスが迅速に起動するという利点にある。チーズの世界相対需要が低下したと仮定する。この場合に，フランスの財および労働の相対価格も低下しなければならない。次に，この相対価格変化は，ドイツのインフレーションとフランスのデフレーションの同時発生の場合よりも，フランス・フラン（FF）の低下の場合の方が，一般的に容易である。特に，物価と賃金が硬直的な場合，為替レートの変化によって，当然起こるはずのフランスの景気後退を回避することができる。したがって，為

替レートの変動を容認することは，明らかにマクロ経済学的にも有効なのである。こうした有効性は，必要な場合の調整を伴う中央銀行による固定レートの通貨同盟（しかし共通通貨は保有しない）においても，裁量的な方法を通じて実現可能なのである。このシステムに付随する問題は，このシステムが，市場における見通しによって為替レートが変更されると認識された場合には，投機的攻撃を受けるということである。そうした投機的攻撃を抑止するために，中央銀行は，頻繁に平価を変更しないというコミットメントに信認を得る必要がある。そして，信認を保持し続けるには，中央銀行の為替レート調整能力を制限する必要がある。この問題は，過度に強調する必要はない。アジャスタブル・ペッグ・システムでは，為替レートの伸縮性に随伴する長所・有効性が機能する可能性があり，またそれはむしろ活用されるべきである。しかし，信認を取り付ける必要があるため，スムーズなマクロ経済調整という点では純粋な変動相場制よりも実効性が劣る傾向にある。

次に，変動相場制の問題点について取り上げる。まず，そうした問題はミクロ経済学的なものであるということである。変動相場制下の為替レートは，不確実性に基づくコストをもたらすものである[1]。為替市場が投機的で非効率な場合，それが過大な価格変動を生み出す（このことは，それが実際に生じる問題であることが，さまざまな事例からも示唆される）ため，付随するコストも大きくなる。基本的に，変動相場制下の為替レートは，当該国民通貨の計算単位機能を脆弱化させる傾向を有するものである。

次に，変動相場制から固定相場制への移行から，相対価格の調整が一層困難化する費用と不確実性が低下する一方で，国内通貨の価値が不明瞭化する

---

1 為替レートの不確実性から生じるコストは，国際貿易や国際投資を控えさせる為替リスクの効果によって要約されると考えられている。そして，為替レートの急激な変動が貿易量に及ぼす明確な負の効果がないということは，そのコストが取るに足らないものであったことを示していると論じられている。しかしながら，不確実性の効果は，単にリスクを加えるというよりも，もっと別の形をとるかも知れない。不確実性が存在することによって，待機と模様眺めの選択価値のために，コスト変化に反応して投資決定が鈍くなるかも知れない。あるいは，単純に，投資決定の質が低下するかも知れない。したがって，為替レートの急激な変動にも拘らず，貿易が増え続けているという事実は，為替レート急変動の実際のコストについてあまり多くのことを語っていないということである。

中での利益との間の問題が生じることになる。しかしながら,費用と便益は共に,貨幣の計算単位機能に依存するものである。一方で,企業は名目上は固定的な価格設定を行なう傾向が強いため,計算上の安定的な基準が重要となる。しかし,貨幣の計算単位機能は,基本的には,限定合理性の問題である。それは,深遠な理論的領域にある国際金融論における最も単純な課題においても同じである。

　このことは,次の段階で取り上げる固定相場制が有効になる条件の精緻化が高度な推論に過ぎないことを意味する。しかしながら,最適通貨圏アプローチから,対象となる国家間の経済関係が密接になればなるほど,為替レートの固定化が有効であるという示唆が得られることも事実である。このことは,図11-1に示されている。横軸は,欧州の国民総生産（GNP）で相対化した独仏間の貿易水準を示しており,縦軸には,通貨統合形成の費用と便益をプロットしている。便益曲線は右上がりの曲線であり,費用曲線は右下がりの曲線として描かれる。

　便益曲線が右上がりであることは,以下の議論からも説明されることになる。すなわち,為替レートの不確実性の低下に伴う効果,そして各国通貨の計算単位機能の強化という通貨統合の結果として生じる効果が,GNPに占めるウエイトが高まるにつれて,GNPに占める国際貿易のシェアも大きく

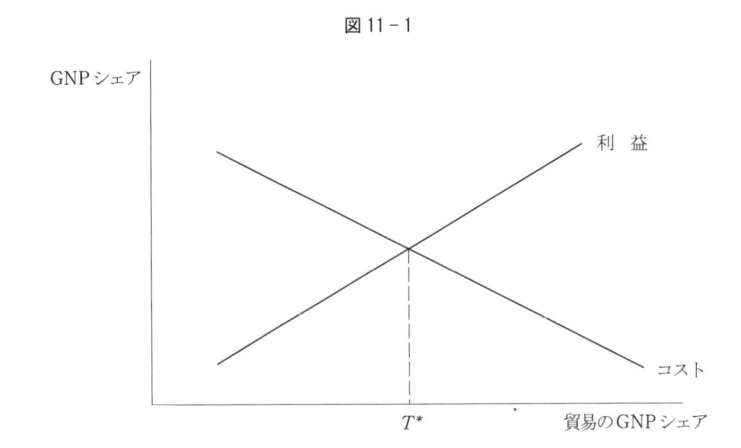

図 11-1

縦軸: GNPシェア
横軸: 貿易のGNPシェア
利益（右上がり曲線）
コスト（右下がり曲線）
交点: T^*

なるという議論である。これは，それぞれの効果を実測する方法がなくても，極めて明白なことである。

また，費用曲線が右下がりであることは，以下2つの議論から説明されることになる。まず，極めて当然であるが，異論のない議論として，対外的なショックに適応するために必要とされる価格調整の規模が小さくなればなるほど，通貨統合締約国における初期貿易量も大きくなる。例えば，先述した例で，ソーセージの需要増加とチーズの需要減少が同時に発生する場合の効果を考察する。すなわち，フランスの貿易収支はGNP比で1％悪化し，ドイツでは反対に1％改善する。このショックを相殺するには，フランスは，GNP比1％分だけ対独貿易収支を改善しなければならない。これは，ドイツ製品よりもフランス製品の競争力を引き上げることを意味し，これを実現するにはフランスの相対賃金および相対価格を低下させる必要がある。フランスのドイツ向け輸出が，当初のGNP比1％ではなく，20％の場合には，必要となる賃金引き下げ幅が小さくなることはいうまでもない。また任意のフィリップス曲線を前提として，フランス・フラン＝ドイツ・マルク間の為替レートに影響を及ぼさない形でショックを調整するために発生する費用は，独仏間の貿易が拡大すればするほど小さくなる。

費用曲線が右下がりになるもう1つの理由は，大規模な貿易が価格と賃金それ自体の調整に及ぼす効果にある。独仏間貿易のウエイトが大きい場合には，フランスの賃金を，明示的であれ暗黙的であれ，ドイツ・マルクに連動させることが可能になる。その結果，為替レート調整は一層実効性を失うことになる。すなわち，フランス・フランを減価させても，フランスの相対賃金および相対価格を引き下げることはできないことになる。それは単にフランスでインフレーションを引き起こすだけである。そして，両曲線の交点から，統合の臨界水準が明らかになる。貿易が T^* の水準を超えれば，変動相場制よりも固定相場制の方が有効なシステムとなる。

次に，最適通貨圏の議論に，要素移動の相違という要因を加えることにする。労働が独仏間を容易にかつ自由に移動すると仮定する。その時，チーズの需要が低下した場合，フランスの労働者はドイツに移動し，ソーセージを

作り始める可能性がある。これにより，賃金調整の必要性と不完全な調整から生じる費用の両者を軽減することができる。これは，固定相場制下における為替レート・コントロールの費用を引き下げることになるので，固定相場制は有効なシステムとなる。

ここでの課題は，特定2国間に通貨統合を形成すべきか否かという問題である。しかしながら，通貨統合形成に伴う費用と便益が計測可能な場合，この問題は，どのように世界を分割すると最適通貨圏が形成できるかという問題に変更することができる。通貨圏の最適規模は，世界全体よりも小さいが，一般的な国よりも大きいと仮定すると，通貨圏は，例えば，西欧，北米および西太平洋等，密接な相互貿易関係を有する地域ブロックから構成される。

規模としての「最適通貨圏」が，大国と世界との間の中間的な存在であるとする仮定は，現実の証拠に基づくものではない。したがって，欧州が通貨統合の形成において適正規模であるという仮定にも具体的な論拠は実際にはないのである。極端な例としては，世界全体が最適通貨圏を構成する最適規模と主張することも可能である。事実これは，McKinnon など国際金融研究者の間で一時期ではあるが高い支持を受けていたことがある。そして，こうした議論は，エコノミストの立場からすると逆説的な意味において安全な立場でもあった。なぜなら，実際にそうした事態が現実化する可能性は極めて低いからである。

しかしながら，その一方で，こうした議論は現在の政治環境においてはほぼ異端な立場である。すなわち，欧州という経済単位が通貨統合上の規模としてはあまりにも大き過ぎて望ましくない可能性というのも十分にあり得るということである。ここでは以下の点を指摘するに留める。すなわち，第1に，欧州における大国は，その全てが各国相互に大規模な貿易を行なっているわけではない。4つの主要国の域内貿易は GNP 比で平均15%程度である。これは，カナダの対米貿易よりも小さい。しかし，カナダは通貨統合を優先しているわけではない。第2に，為替レートの変化は，欧州域内の相対賃金率の変化にほとんど影響を及ぼさない。例えば1970年代中頃から1980

年代の中頃にかけての英国における競争力変化はその実例といえる。第3に、欧州諸国間の労働移動は、為替レート調整に代替するような調整力はないということである。

しかし、欧州が最適通貨圏ではないとして、米国が最適通貨圏を構成していると考えるべきか否かという問題もある。その点では、おそらく米国も最適通貨圏ではない。例えば、中西部のドルを切り下げることが可能であったとして、その政策的有効性の問題である。米国国内で変動レートを用いることは無意味である。そのことは、欧州よりも米国国内における要素移動が高いことによるものではない。しかしながら、それが無意味な理由は、「費用」対「効果」という客観的証拠のあるものではなく、政治的象徴性によるものである。

最適通貨圏という概念自体が政策指針までを提供してくれるものではない。しかしながら、思考の整理方法としては有益である。そして、少なくとも、認識できなかったことを明らかにしてくれる。また、固定相場制と共通通貨制度を比較する上でも有益であり、仮定等を若干修正するだけで用いることができる。

EMSのようなアジャスタブル・ペッグ制から共通通貨への移行は、むしろ平凡かも知れないが、具体的な効果が期待できる。すなわち、外国為替における取引費用がなくなることになる。また、このシステムの移行により、不確実性も除去されるため、計算単位としての貨幣の機能の面でも有効である。一方、共通通貨を採用すると、伸縮性が損なわれるため、新たな費用が発生することになる。

取引費用の削除は、それ自体は退屈な印象を与えるものであるが、無視できない内容を含むものである。確かに、金融機関相互の資金取引に用いられる外国為替のインターバンク市場における取引費用は僅かなものである。旅行者、出張者はいうまでもなく、国際貿易に従事する企業も2～3％のマージンを払ってリテールの外国為替を購入する。

この金額の大きさについても、共通通貨の創出から得られる利益の大きさを想定すると、この金額も小さいということになる。しかしながら、欧州に

おける外国為替取引の費用は，1992年に削減可能と想定されているクロス・ボーダー取引における費用（遅延，管理費用など）の推定額とほぼ同規模になる。国境費用の撤廃は，輸送費を直接的に削減可能なことに加え，産業合理化と競争激化を通じて間接的効果をもたらすことが期待されている。したがって，共通通貨は，平凡ではあるが，欧州における経済成長の原動力として期待される1992年の国境廃止措置に匹敵するものである。

　取引費用の削減から得られるこうした利益は，明らかに取引規模に依存するものである。それほど明確ではないが，計算単位としての貨幣の機能から得られる利益もおそらく同様である。一方，為替レート再調整の選択肢を排除することから生じる費用が低下すればするほど，貿易は拡大することになる。したがって，通貨統合から共通通貨への移行における「費用」対「効果」の関係は，変動相場制から通貨統合への移行の場合と同様なものと考えられる。おそらく，共通通貨の最適規模は，最も小さい通貨統合の最適規模よりも小さいことになる。したがって，（その規模が，規模における適正順位であるとすると）最適な世界は，通貨ブロックへと組織される共通通貨圏の階層構造となる。そして，階層相互間では変動相場制となる。

　その場合，これは伝統的な最適通貨圏アプローチを意味する。その意味では，このアプローチは，依然として，最も基礎的な考慮すべきアプローチであるといえる。しかしながら，最近の議論では，政策協調と信認の問題が，ますます重要な役割を果たすようになってきている。これは，1つには，知的流行を反映したものである。そして，もう1つには，1980年代に発生したEMSに関する特定の問題を背景とした動きである。したがって，推測上の議論ではあるが，そうした問題が収束した後は，伝統的な最適通貨圏アプローチが，依然として舞台の中心を占めていることになろう。その一方で，こうした新しいアプローチは，過大に評価されるが，明確には議論されず時代遅れになりがちである。したがって，こうした新しい問題に多少とも時間を割くことは有益である。

第3節　政策協調と中央銀行の役割

　為替レートにおける変動相場制が提唱された頃，変動相場制により各国は独立した金融政策を追求することが可能になると考えられていた。それ以降の歴史的展開において，変動相場制下における各国の政策的独立性は，当初想定されたものほど大きくなく，むしろ政策協調という重要な問題の存在が明らかになってきた。逆説的ではあるが，通貨統合は，変動制度制下で生じた政策協調の問題を解決する方法として一部から高く支持されている。こうした議論においては，変動相場制下の各国は，近隣窮乏化的なインフレ抑制に取り組むインセンティブを有することになる。すなわち，金融引締政策を実施することによって，各国は自国通貨を増価させ，インフレーションを急速に低下させることになる。残念ながら，全ての国がこのような政策選択を実行すると，これらの諸国は，集団的なインフレーション／産出量におけるトレード・オフに直面した場合以上に深刻な景気後退に直面することになる。

　固定相場制下では，政策協調の必要性から，こうした問題は除外されることになる。しかしながら，政策協調は，不思議にも，為替レートの固定化によって生み出されたものではない。何らかの追加的なゲームのルールが必要とされ，本質的に必要とされていることが，中央銀行の使命であることも，このプロセスにおいて認識されることになる。

　これは，極めて当然の帰結である。純粋な経済分析において明らかにされることは，固定相場制下では金融政策における政策協調が必要とされるということくらいである。通貨数よりも為替レートが1つ少ないことを示した$N-1$問題には，ある種の定理に関する内容が明らかな形で担保されることへの合意が必要になる。このことは，原理的には，ある種の対称的な政策協調によって満足されることになる。確かに，EMSは計画段階では対称的な制度であった。しかしながら，実際には，対称的なシステムにはならなかった。一方，固定相場制は，それが機能する際には，恒常的に非対称的になる

ことが一般的に認識されている。それは，ある国の中央銀行が，システム全体の中央銀行としての機能を暗黙的に引き受けるからである。

　事実，歴史的に見て金本位制下の最後の10年は，実際にはイングランド銀行本位であったといえる。ブレトンウッズ体制では，金の役割によって明確な対外的な規律が課されていたにも拘らず，米国連邦準備銀行が中心的な通貨当局に位置付けられていたことも明らかである。これに対して，EMSは最も有益な研究対象となっている。すなわち，形式レベルで完全に対称的なシステムであるにも拘らず，実際レベルでは一般的にドイツ通貨圏とみなされているのである。

　ドイツの優位性の理由については，説明を待たないところであろう。すなわち，ドイツは，欧州主要国において最もインフレ抑止に対する信認の高い国であり，他国が，ドイツの信認を利用する方法としてドイツの政策に追随することは有益である。こうしたドイツを追随する政策は，ドイツが厳格な経営者を有する欧州最大規模の経済であるという一致にも恵まれていた。特に興味深いことは，こうした強力な非対称的なシステムが，完全に潜在的に機能していることであり，明白な機能というよりは，潜在的な機能の問題である。形式的構造と実際上の結果とのこうした相違は，関連する全てのシステム上において有効なことが明らかであった。共通通貨制度への移行に伴う重要な問題の1つは，第4節で示すように，現実を覆い隠す能力が低下することかも知れない。しかしながら，ここでは単に，以下のように指摘するに留めることにする。すなわち，EMS下で機能した通貨の有する暗黙の役割相互の相違が，共通通貨には継承されなかったということである。なぜならば，固定相場制から共通通貨への移行は，中央銀行の位置付け等が明確化されたために容認され得たのである。

　共通通貨には明らかに，単一の中央銀行を明示的に任命する必要がある。しかしながら，ここでその理由を再度明示的に示すことには価値がある。金融論に関する最近の先行研究では，シニョーレッジ問題が過度に重視される傾向がある。それは主として，モデル化を前提としていることに関連するものである。しかしながら，中央銀行の必要性は，シニョーレッジ問題が実際

に重要な意味を持つ問題のうちの1つである。

　例えば，共通の中央銀行を設立せずに，通貨統合を形成するケースを想定してみよう。そこでは，各国の中央銀行が共通通貨を発行する権利を有することになる。最終的に，そこには外部性が発生することになる。各銀行の信用創造によって，それだけでシニョーレッジが生み出されることになる。そして，締約国全てに激しいインフレーションが発生することになる。その結果，過度のインフレ・バイアスが生じることになる。

　もちろん，こうした外部性は，純粋な変動相場制を含め，多国間関係においてしばしば共通してみられるものである。したがって，各国は，こうした外部性の克服を試みるか，こうした外部性をかなり十分に管理するために厳しい調整を行っている。しかしながら，通貨統合参加国間におけるシニョーレッジに関する対立は，1つの重要な理由のために，通常の政策協調問題よりも厳しいものとなる。その理由は，通常政策協調問題で緩和される規模の不平等が，ここでは，対立をさらに悪化させる要因となるということである。国際政策協調問題を考察する場合，例えば，ドイツとギリシャの事例のように，支配的な国の存在によって問題解決が図られる傾向にあるといえる。なぜならば，小国は，最終的に大国の指導に従うことになるからである。このことは一般に，覇権安定論と呼ばれる。しかしながら，中央銀行が存在しない通貨統合の場合には，こうした状況は逆転する。小国は，貨幣創造を積極的に行い，大国を圧倒することになる。その理由は，実質的に追加されたECUのシニョーレッジ利益が大国と小国で変わりないのに対して，インフレーション上昇による追加的コストはかなり小さいことに，小国が気づくからである。

　単純な数式を用いることで，この点はより明解になる。例えば独立した中央銀行を有する2国から構成される通貨統合を仮定する。一方の国は人口 n_1 を保有し，もう一方の国は，人口 n_2 ($n_1 > n_2$) を有するとする。単純化のために，両国は，人口の相違を除けば非常に同質的な国であると仮定する。そして，各国の1人当たりの実質貨幣需要を m とする（インフレ率に対して非弾力的であると仮定する）。また，各中央銀行は以下のような目的関数

をもつとする。

$$W = r - \beta\pi^2 \tag{1}$$

ここで，r は 1 人当たりのシニョーレッジ，π はインフレ率を意味するものとする。この通貨統合におけるインフレ率は以下のように示されることになる。

$$\pi = \frac{n_1 r_1 + n_2 r_2}{m(n_1 + n_2)} \tag{2}$$

ここで他国の水準を所与として，各国がシニョーレッジ水準の選択を行うものと仮定する。この時の 1 階の条件は，最初の国については以下のようになる。すなわち，

$$\pi = \frac{n_1 + n_2}{\beta n_1} \tag{3}$$

2 番目の国については以下のようになる。

$$\pi = \frac{n_1 + n_2}{\beta n_2} \tag{4}$$

明らかに，ここには 1 つの問題がある。人口規模の小さい第 2 国は，インフレ率が，大国が黙認する水準よりもより高い水準に達するまでシニョーレッジを徴収しようとする。このモデルを忠実に解釈すると，大国はこのシステムから通貨を猛烈な勢いで引き出そうとする一方で，小国は通貨の印刷が間に合う速さで通貨をシステムに押し込んでくることになる。現実的な解釈では，ギリシャとドイツの両国の中央銀行が ECU の発行権を有する場合には，ギリシャがこの通貨発行特権を乱用し，そのためにドイツはシステムから素早く離脱することになるのである。

このシステムの固定相場制との大きな相違は，固定相場制下では，ギリシャはドイツの人口規模を前提としてシニョーレッジの引き出しを期待することはできないのである。しかしながら，共通通貨制度の場合には，中央銀行における自国領域が弱体化しても，当該紙幣の価値は損なわれない。したがって，通常の中心国追随型の関係は崩壊することになる。

第11章 通貨統合の政策問題　257

このため，共通通貨制度の場合には，中央銀行を明確に特定しなければならないのである。この点が，固定相場制との重要な違いである。固定相場制下で，国民通貨が保持されるのは，中央銀行の役割が当該システム下では明示されていないからである。ブレトンウッズ体制下で，米国連邦準備制度理事会は，世界の中央銀行として効果的に機能し得たが，このことはシステム上では半分しか認められていなかったのである。EMS では，ブンデス・バンクが，完全に法律で規定されない形で中央銀行の役割を果たしてきた。しかしながら，共通通貨制度の場合には，中央銀行の任命は立法プロセスに依存することになる。以下で取り上げるが，このことから，通常その結果は，期待されたものと大きく異なる可能性が高いと考えられる。

第4節　信　認

　EMS は，将来に向けて従前同様の機能を果たすものと一般に認識されている。なぜならば，EMS は，自己管理に疎い国をドイツの信認に便乗させる装置であるからである。これは一種のアイロニーではあるが，このシステムが問題に対処する上で有効なシステムであることは明らかである。そこで，この議論を簡単に再検討してから以下の2つの問題を検討することにする。すなわち，他国がゲルマン民族の態度を好ましくないものと見做す必要性がなければ，EMS の成功は将来まで維持されることになるか否かという問題と，この信認強化関数が共通通貨制度への移行によって強化されるのか否かという問題である。
　信認の議論は，一種の標準モデルによって簡潔に説明することができる。まず欧州諸国が，自国のインフレ率 π を選択できると仮定する。そこでは，賃金契約に既に織り込まれている期待インフレ率 π^E を所与とする。また，各国が雇用とインフレーションの目標水準から逸脱したことに対するペナルティとなる損失関数を有すると仮定する。しかしながら，雇用は，実際のインフレーションと期待インフレーションとの乖離幅に依存することになる。

したがって，各国は「自然率」よりも高い水準の目標雇用をもつと仮定する。この自然率とは，実際のインフレ率と期待インフレ率が等しくなる場合に達成される。次に，そうした損失関数を二次方程式で示すと以下のようになる。すなわち，

$$L = (\pi - \pi^E - \alpha)^2 + \beta \pi^2$$

この式では，定数項 α は自然率よりも高い雇用を達成しようとする政府の願望を捉えている。そして，β は，インフレ嫌悪の尺度である。

事後的にこの損失関数を最小化しようとする国は，すなわち，π^E を所与として，π を選択すると，以下のようになる。

$$\pi = \frac{\alpha}{1+\beta} + \frac{\pi^E}{1+\beta}$$

しかしながら，賃金設定者がこのことを知っていた場合，期待インフレ率 π^E に基づく賃金契約が設定されることになる。その後，この期待インフレ率は政府によって実証される。その最終的な結果として，政府は，自然率以上に雇用を引き上げるという自らの政策目標を達成できず，政策目標未達成の代償をインフレーションによって支払わされることになる。

このことは，図 11-2 に示されている。そこには，各国政府がそれぞれ π^E によって決定される π の反応関数を有することが示されている。各ケースの均衡は，反応関数と 45°線の交点である。イタリアについての均衡点は I である。ドイツについては，雇用目標が穏当化すると，インフレ嫌悪度が大きくなるか，あるいはその両方であると仮定されるため，均衡点は G となる。次に，この種のモデルでは，低いインフレ率を達成するために犠牲を厭わなければ，実際に追加費用を負うことなくその目標を達成することができる。そのため，各国政府は，その反インフレ的な信認を強化することから利益を得ることができる。

以上のことから EMS 支持に関する一般的な論拠は明らかである。EMS にある種の道徳的なコミットメントを行ったイタリアが，ドイツのインフレ実績に歩調を合わせるという約束を確実に実行可能であると仮定すると，イ

図 11-2

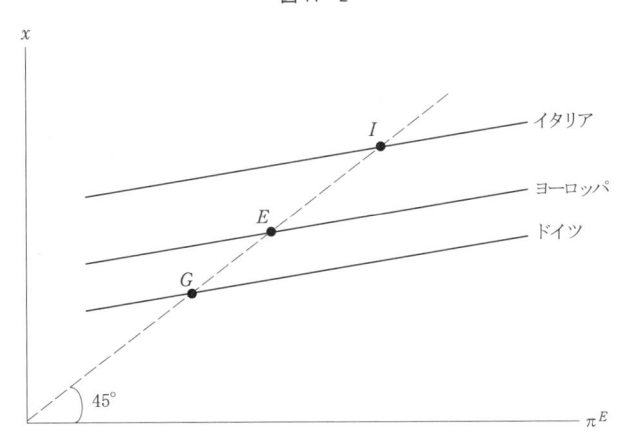

（図：縦軸 x、横軸 π^E、45°線上に点 G、E、I。平行な3本の直線「イタリア」「ヨーロッパ」「ドイツ」）

タリアはドイツの期待インフレ率を得ることになる。そして，イタリアは点 G で，ドイツを上回るパフォーマンスを達成することができることになる。

これは，明らかに過大評価を含む議論である。すなわち，この議論では，価格決定における合理性を正当化され得る以上に重要視している。そして，伸縮性を失うことによって発生する費用を無視している。しかしながら，この議論を通じて，残された問題に取り組むことができる。すなわち，この議論は，ドイツの特別な役割が失われた場合も妥当性を維持できるか否かという問題と共通通貨制下でも妥当するものか否かという問題である。

最初の問題に対する単純な答えはない。ドイツが恒常的に通貨の模範であり続けると想定することはできない。システムが究極的にはドイツの暗黙の役割に依存している場合には，最終的には困難な状況に陥る。このことはブレトンウッズ体制が崩壊した理由の中でも，他国が輸入インフレの源泉に対して求めることができた責任を米国が回避したことが大きな理由であったことからも理解できる。ドイツは必ずしも現在のドイツのままであるとは限らないのである。しかしながら，欧州は，それがより対称的であるという点で，ブレトンウッズ体制とは異なったものである。例えば，ドイツがインフレ問題を抱え，フランスではそれが解消されるような日が到来した場合に

は，両国が担う役割を逆にすることもおそらく可能である。なぜならば，ドイツは，圧倒的な欧州最大の経済ではないからである。

確かに，最終的にはほぼ拮抗した経済力をもつ4つの国を含んだEMSが，覇権機能の事実上の獲得競争が生じるシステムに将来的に発展していく可能性は否定できない。この場合，各国の国民的中央銀行は，その地位は条件付きとなるが，事実上の欧州中央銀行として機能し得るような保守的な金融政策を備えているものとみなされる。

次に，共通通貨制の下では，信認はより強くなるのか，それとも弱くなるのか，という問題を検討する。

一見すると，共通通貨制下では信認は必ず強化されると考えられる。なぜならば，固定相場制へのコミットメントは，国民通貨が存続する限り，常に条件付きとなるからである。固定相場制は，ある意味で，依然として，アジャスタブル・ペッグ・システムである。共通通貨制の導入は，為替レート安定化に関する単なる約束というよりもより信頼のおけるコミットメントである。パナマにおける事例からも明らかなように，共通通貨制以外のシステムを選ぶことは容易ではない。また，資本管理の実施，金融的独立性の追求も容易ではない。

しかし，示唆に富む別の議論もある。すなわち，共通通貨制は，インフレ抑制装置としての信認をEMS型システムほど与えてくれないのである。なぜならば，対称性が明らかなEMS下では，インフレ傾向の強い国は何らの政治的コミットメントなしに，自国の金融的独立性を暗黙裏に犠牲にすることができるからである。しかし，中央銀行を決定すると，こうしたことはもはや不可能になる。したがって，インフレ傾向の強い国の見解も考慮しなければならなくなる。インフレ傾向の強い国がそれを望むか否かには関係ないのである。このため，共通通貨制への信認は，実際にEMS型システムより小さなものになる。

次に，図11-2を再考する。そして，ドイツとイタリアが通貨統合を形成するケースを仮定する。また，中央銀行は両国の見解を反映するものと仮定する。この場合，欧州中央銀行の反応関数は，ドイツとイタリアの反応関数

の中間に位置することになる。したがって、点 E では、変動相場制下におけるイタリアよりはよいが、固定相場制下における均衡点である点 G よりも悪い結果となる。

　これは、明らかに極端な結果である。このような極端な結果はモデル上の議論に過ぎない。モデルにおいては、事前により拡張的な金融政策を望む理由は全くない。またモデルでは、雇用に無関心な中央銀行が、雇用を優先する中央銀行と雇用面では同様の政策対応を実施し、インフレ率の低下を通じてこの結果を実現することになる。より現実的なモデルでは、積極的な安定化政策に対してある一定の役割を与えている。そして、そうしたモデルにおいては、イタリアは、結果的に中央銀行の信認に多少犠牲を強いるとしても、欧州中央銀行を構成する委員会に議席を保持しようとするかもしれない。また、イタリアが、自国の為替レート安定化に対するコミットメントに信認を得る上で厄介な問題を抱えていた可能性は、ここでは無視してきた。

　そうした問題にもかかわらず、単なる固定相場制下よりも共通通貨制下における信認の方が悪化するという基本的な結果は、欧州共通通貨に対する過大評価を修正する上で効果的かつ有効な要因となる可能性がある。

第5節　財政政策

　1992年における市場統合と通貨統合から提起された問題は、高度に統合化された経済圏には、金融政策および通商政策における協調に加え、財政政策における協調も必要になるのか否かという問題である。この問題は、依然として明確な合意の形成されていない問題である。この問題を客観的に評価し、再検討することは有意義なことである。

　財政政策における協調の基本的ケースは、政策協調の一般的ケースに類似している。すなわち、これは、主要国間の外部性に基づくケースである。すなわち、通貨統合が形成され、締約国のどの国が中央銀行として機能するのか決まっていないとしよう。また、通貨統合内にある種の共通中央銀行が存

在するのにも拘らず，各国は個別に経常収支の目標を持ち，そして財政政策を安定化政策の基本的な政策手段としていると仮定する。この場合，このシステムには潜在的なデフレ・バイアスが存在することになる。各国は，経常収支黒字を追求するために緊縮的な財政政策を実施する誘惑に駆られる。しかし，これらの政策の総合的な結果によって経常収支が改善されることはほとんどなく，単に締約国の多くが産出量低下に直面することになる[2]。したがって，金融政策だけでなく財政政策における協調も必要になる。

この種の議論の妥当性については，1つの理論的な理由と2つの実際上の理由から疑問がある。理論的問題とは，金融政策上の問題である。ここでの議論は，望ましい需要レベルを達成するためには，十分に拡張的な財政政策が必要とされるというケインジアンの見解に依拠している。しかしながら，中央銀行が何らかの形で存在する以上，金融政策の役割を考慮できないという特定の理由はない。ここでいう需要は，地域的な需要ではなく，まさに問題となっているのは，欧州全体の総需要であるため，財政刺激のレベルが非常に重要であるという事実はなかなか理解されない。

現実的な問題として最初に明確化させておきたいことは，安定化を目的として財政政策を積極的に利用するようなケースは近年ほとんどないということである。したがって，財政政策が欧州通貨統合にとっての重要な問題になる理由もほとんどないのである。また，この問題を米国の連邦システムと比較することから有効な示唆が得られる。財政政策における政策協調はそれほど重要ではないのである。事実，米国においては，州および地方の財政管理の必要性は認められていない。全体的にみると，財政政策における政策協調は，金融政策における協調に比べると，その重要性において低く，これによって多くの支持を得ようとしても難しいといえよう。

---

[2] Cohen＝Wyploszは，逆のシナリオを示唆している。Cohen＝Wyploszによると，通貨統合の参加国は，締約国内では経常収支に及ぼす財政政策の効果には無関心である。したがって，その他世界に対する締約国の経常収支赤字が最適規模よりも大きくなるような財政政策を実施することになる。この仮定に基づくモデルの論理には欠点はないが，これが，この問題の現実的な特徴であるとはいえない。

第6節　通貨統合と政治統合

　これまでの議論では，欧州通貨統合を熱狂的に支持する議論，あるいは欧州共通通貨の創出を強く支持する議論はほとんどない。最適通貨圏の理論から，外国為替レートの伸縮性によるコストが小さく，不確実性のコストが大きく，重要国間の経済関係が密接で統合化されている場合には，通貨統合が有効であるとの示唆がある。その意味では欧州は，経済規模が大きいが，統合度は低いため，この基準には適合しない。同様に，共通通貨の最適圏は，固定レート制の最適圏よりも小さいことからも，欧州に共通通貨を導入した場合の有効性については疑問であるという示唆が得られる。

　しかしながら，欧州では共通通貨の創出に対して政治的に根強い支持がある。それは，経済学とはほとんど関係のない理由であった。その意味で，政治的な支持について経済学的優位性を論議することに意味はない。通貨統合を形成するためには，より密接な政治的同盟関係の構築が前提となるかも知れない。それは，厳密な経済学的観点からみて実際に望ましいことかどうかということとは関係がない。米国において相互に再調整可能な地域通貨を導入することは経済学的には合理的であっても，このこと自体の荒唐無稽さについては先に指摘した。ここでは，米国に地域通貨を導入することが不可能な理由と，欧州に共通通貨が必要とされる可能性がある理由を説明する。

　議論の前提として以下のように仮定する。すなわち，統合された政治組織には，人，モノ，サービスの完全な自由移動が必要であり，歴史的に，政府は，統治体間における自由移動を保証することに政治的アイデンティティの重要な側面を見出してきた。事実，距離に拘らず，国内の手紙には同一の郵便料金を課すという慣行，コストあるいは地理的な要因よりも政治的要因によって行われた鉄道（例えば，カナダの鉄道システム）などが行われてきた。

　経済的な自由移動の保証が政治的統一性の重要な象徴になる場合，この自

由移動の1つとして共通通貨の導入が含まれ得ることは認識する必要がある。カナダの事例が象徴していることは，バンクーバーの居住者がモントリオールにおいてカナダ・ドルを使うことができるが，シアトルでは使えないということである。これが別の状況であれば，カナダの政治的独立性の多くは無視されることになる。

例えば，欧州において，フランスの法貨をドイツ・マルク，ドイツの法貨をフランス・フランとして，並行的に流通させると仮定すると，2つの問題を提起することになる。すなわち，これら通貨が実際に等しく受け容れられるとすると，第3節で議論した競争的なシニョーレッジ問題が生じることになる。しかしながら，ほぼ間違いなく，最も広汎に使用されている通貨は累積過程を通じて他の通貨を締め出す傾向がある。したがって，欧州は，最終的にはいずれにしても単一通貨に収斂することになる。明らかに，このケースでは，通貨は国民的な中央銀行ではなく共同体内の統一中央銀行によって発行される必要がある。

自由な競争プロセスを通じて，欧州では単一通貨に収斂する傾向があるという議論は，欧州が最適通貨圏であることを示唆することになる。それは，市場における自由競争の結果である。しかしながら，ここでは，第1節の哲学的な視点が当てはまる。金融論における議論の性格を前提にすると，市場における自由競争の結果には特別な意味はない。すなわち，市場は常に正しいわけではない。但し，市場競争を通じて世界に流通する通貨が少数の通貨となる可能性は否定できないのである。欧州の経済規模が大きく，多様性に富み，また統合度も低いことから，単一通貨から経済的利益を得られない可能性も十分ある。しかし，欧州共通通貨の導入自体は興味深い試みである。また，経済的効率性が全てであるとは限らない。共通通貨の導入が，欧州における政治的統合を前提とすることはほぼ間違いない。共通通貨の導入は，調整プロセスを通じて伸縮性を失うことよりも重要である。

参考文献

N. Bailey, A safety net for foreign lending, *Business Week*, January 10, 1983.
G. Bertola and R. Caballero, Target zones and realignment, *Mimeo*. Princeton, 1990.
J. Bhagwati, Immiserizing growth: A geometrical note, *Review of Economic Studies*, No.25, pp.201-205, 1958.
J. Bhagwati, International trade and economic expansion, in *Trade, Tariffs, and Growth*, Cambridge: The MIT Press, 1969.
O. Blanchard and L. Summers, Perspectives on high world real interest rates, *Brooking Papers on Economic Activity*, No.2, 1984.
W. Branson, Causes of appreciation and volatility of the dollar. In *The US Dollar: Recent Developments, Outlook, and Policy Options*, Kansas City: Federal Reserve Bank, 1985.
W. A. Brock, A simple perfect foresight monetary model, *Journal of Monetary Economics*, No.1 (April), pp.133-150, 1975.
Brookings Institution, Workshop on the US current-account imbalance: Comparative tables and charts, *Brookings Discussion Papers in International Economics*, No.58, 1987.
R. Bryant and G. Holtham, The external deficit: Why? Where next? What remedy? *Brookings Review*, No.5, pp.28-36, 1987.
J. Bulow and K. Rogoff, The dept buyback boondoggle, *Brookings Papers on Economics Activity*, 1988.
S. Claessens, I. Diwan, K. Froot, and P. Krugman, *The art of the deal: An Analytical Overview of Market-Based Dept Reduction Schemes*, Draft report Prepared for the World Bank, 1989.
W. R. Cline, *International Dept and the Stability of the World Economy*, Policy Analyses in International Economics, No.4, Washington, D.C.: Institute for International Economics, September, 1983.
B. J. Cohen, *The Future of Sterling as an International Currency*, London: Macmillan, 1971.
F. Delgado and B. Dumas, Monetary contracting between central banks and the design of sustainable exchange-rate zones, *NBER Working Paper*, No.3440, 1990.
A. Dixit, Entry and exit decisions under uncertainty, *Journal of Political Economy*, Vol.97, pp.620-638, 1989.
A. Dixit and J. Stiglitz, Monopolistic competition and equilibrium product diversity, *American Economic Review*, Vol.67, pp.297-308, 1977.
R. Dornbusch, Exchange rate expectations and monetary policy, *Journal of International Economics*, Vol.6, pp.231-244, 1976.
B. Dumas, Pricing physical assets internationally, *NBER Working Paper*, No.2569, 1988.
J. Eaton, J. M. Gersovitz and J. Stiglitz, The pure theory of country risk, *European Economic Review*, Vol.30, pp.481-513, 1986.
M. S. Feldstein, International debt service and economic growth: Some simple analytics,

NBER Working Paper, No.2138, 1986.
M. S. Feldstein and H. C. Feldstein, Domestic saving and international capital flows, Economic Journal, No.90, pp.314-329, 1980.
R. Flood and P. Garber, A model of stochastic process switching, Econometrica, Vol.51, pp.537-551, 1983.
R. Flood and P. Garber, Collapsing exchange rate regimes: Some linear examples, Journal of International Economics, Vol.17, pp.1-13, 1984.
R. Flood and P. Garber, The linkage between speculative attack and target zone models of exchange rates, NBER Working Paper, No.2918, 1989.
J. Frankel, International capital mobility and crowding-out in the US economy: Imperfect integration of financial markets or of goods markets? in R. W. Hafer, ed., How Open is the US Economy, Lexington, MA: Lexington Books, 1986.
M. Friedman, The case for flexible exchange rates, in Essays in Positive Economics, Chicago: The University of Chicago Press, 1953.
K. Froot and M. Obstfeld, Exchange rate dynamics under stochastic regime shifts: An unified approach, NBER Working Paper, No.2835, 1989a.
K. Froot and M. Obstfeld, Stochastic process switching: Some simple solutions, NBER Working Paper, No.2998, 1989b.
L. Girton and D. W. Henderson, Central bank operations in foreign and domestic assets under fixed and flexible exchange rates, Federal Reserve Board, International Finance Discussion Paper, No.83, May 1976.
M. Goldstein and M. Khan, Income and price effects in foreign trade, in R. W. Jones and P. B. Kenen, eds., Handbook of International Economics, Amsterdam, Elsevier, 1985.
R. Gordon, US fiscal deficits and the world imbalance of payments, Hitotsubashi Journal of Economics, Vol.27, pp.7-41, 1986.
A. Grassman, A fundamental symmetry in international payment patterns, Journal of International Economics, Vol.3, pp.105-116, 1973.
V. Grilli, Managing exchange rate crises: Evidence from the 1980s, Journal of International Money and Finance, 1989.
M. Harrison, Brownian Motion and Stochastic Flow Systems, New York: Wiley, 1985.
H. Houthakker and S. Magee, Income and price elasticities in world trade, Review of Economics and Statistics, Vol.51, pp.111-125, 1969.
H. Johnson, Economic expansion and international trade, Manchester school of Economics and Social Studies, Vol.23, pp.95-112, 1955.
H. Johnson, International Trade and Economic Growth: Studies in Pure Theory, London: Allen and Unwin, 1958.
R. Jones, The origin and development of media of exchange, Journal of Political Economy, Vol.84, pp.757-776, 1976.
C. Kindleberger, International Money, London: Allen and Unwin, 1981.
Pentti J. K. Kouri, The exchange rate and the balance of payments in the short run and in the long run: A monetary approach, Scandinavian Journal of Economics, Vol.78, pp.280-304, 1976.
P. R. Krugman, A model of balance of payments crises, Journal of Money, Credit and Banking, Vol.11, No.3, August 1979.

P. R. Krugman, Scale economies, product differentiation, and the pattern of trade, *American Economic Review*, Vol.70, pp.950-959, 1980.

P. R. Krugman, Vehicle currencies and the structure of international exchange, *Journal of Money, Credit and Banking*, Vol.12, pp.513-526, 1980.

P. R. Krugman, Fiscal policy, interest rates, and exchange rates: Some simple analytics, *Mimeo*, MIT, 1985a.

P. R. Krugman, International debt strategies in an uncertain world, in J. Cuddington and G. Smith, eds., *International Debt and the Developing Countries*, Washington: World Bank, 1985b.

P. R. Krugman, Is the strong dollar sustainable? in *The US Dollar: Recent Development, Outlook and Policy Options*, Kansas City: Federal Reserve Bank, 1985c.

P. R. Krugman, Prospects for international debt reform, in *International Monetary and Financial Issues for the Developing Countries*, Geneva: UNCTAD, 1985d.

P. R. Krugman, Trigger Strategies and Price Dynamics in Equity and Foreign Exchange Markets, *NBER Working Paper*, No.2459, 1987.

P. R. Krugman, Financing vs. forgiving a debt overhang, *Journal of Development Economics*, Vol.29, pp.253-268, 1988.

P. R. Krugman, Target zones with limited reserves, *Mimeo*, MIT, 1989.

P. R. Krugman, Target zones and exchange rate dynamics, *Quarterly Journal of Economics*, 1991.

P. R. Krugman and R. Baldwin, The persistence of the US trade deficit, *Brookings Papers on Economic Activity*, No.1, 1987.

R. Kubarych, *Foreign Exchange Markets in the United States*, New York: Federal Reserve Bank, 1978.

R. McKinnon, *Money in International Exchange*, Oxford: Oxford University Press, 1979.

R. McKinnon, *An International Standard for Monetary Stabilization*, Washington: Institute for International Economics, 1984.

R. McKinnon and K. Ohno, Getting the exchange rate right: Insular versus open economies, presented at American Economic Association meetings, New Orleans, December 1986.

S. Magee and R. Rao, Vehicle and non-vehicle currencies in international trade, *American Economic Review Papers and Proceedings*, Vol.70, pp.368-373, 1980.

C. Mann, Exchange rates and import prices, presented at NBER Summer Meeting, Institute for International Economics, August 1987.

S. Marris, Deficits and the Dollar: The World Economy at Risk, *Policy Study in International Economics*, No.14, Institute for International Economics, 1985.

M. Miller and P. Weller, Solving stochastic saddlepoint systems: A qualitative treatment with economic applications, *CEPR Discussion Paper*, No.308, 1989.

R. Mundell, Capital mobility and stabilization policy under fixed and flexible exchange rates, *Canadian Journal of Economics and Political Science*, Vol.29, pp.475-485, 1962.

R. Mundell, A new deal on exchange rates, presented at the MITI symposium "The Search for a New Cooperation," Tokyo, January 1987.

S. A. B. Page, The currency of invoicing in merchandise trade, *National Institute Economic Review*, Vol.81, pp.77-81, 1977.

R. Portes, Debt and the Market, unpublished, presented at the Group of Thirty Plenary Meeting, New York, September 1987.

P. C. Roberts, The dollar "crisis" changes its spots, *The Wall Street Journal*, January 23, 1987.

W. W. Rostow, *The World Economy: History and Prospect*, Austin: University of Texas Press, 1978.

J. D. Sachs, Theoretical Issues in International Borrowing, *Princeton Studies in International Finance*, No.54, Princeton University, July 1984.

J. D. Sachs, The Debt overhang problem of developing countries, presented at the conference in memorial Carlos Diaz-Alejandro, Helsinki, August 1986.

S. W. Salant and D. W. Henderson, Market anticipation of government policy and the price of gold, *Journal of Political Economy*, Vol.86, pp.627-648, 1978.

A. Swoboda, Vehicle currencies in the foreign exchange market: The case of the dollar, in Robert Z. Aliber, ed., *The International Market for Foreign Exchange*, New York: Prager, 1969.

R. Wakasugi, Attack the problem at its source, *Look Japan*, p.3, July 1987.

J. Williamson, *The Exchange Rate System*, Washington: Institute for International Economics, 1985.

J. Williamson, *Voluntary Approaches to Debt Relief*, Washington: Institute for International Economics, 1988.

L. Yeager, *International Monetary Relations: Theory, History and Policy*, New York: Harper and Row, 1976.

訳者あとがき

「経済学者あるいは政治学者の考えは，その正誤に依らず，一般に理解されている以上の影響力を持つものである。事実，世界はほんの僅かなことに支配されているのである。そして，知的影響とは無縁であると思い込んでいる実務家こそが，実は廃れた経済理論の奴隷に他ならないのである。そして，気のふれた政府高官もまた，古い学者の虜となっているものである。広範な利益から生まれる力というものは，遅かれ早かれ，理念の広がりと比較されるものであり，広範な利益ではない理念というものは，極めて危険なものなのである。」これは，ジョン・M・ケインズの大著『雇用・利子および貨幣の一般理論』(*The General Theory of Employment, Interest, and Money*)の一節である。

また，ジョーン・ロビンソンはかつて，米国経済学会の会長講演において，社会科学，特に経済学の学問的危機について言及した。それは学問としての経済学の理論的な停滞を危惧したものというよりも，経済学が理論的な精緻化を追求する余りに，現実社会との間に乖離を生じたことを示唆し，危惧したものであった。それは思想的，政治的な観点から起こった「経済学の第二の危機」であって，経済学者の間に深刻な亀裂を生み出した。資本主義的市場経済に信仰的な信頼を抱き，それを弁護するための経済学の考え方が，南海の孤島を襲った悪疫のように流行したのもその頃（1970年代）であった。こうしたスキゾフレニックな現象に対する危惧がそこにはあった。こうしたスキゾフレニックな現象に強い安定力が働き，経済学本来の目的と機能が経済学者の間で明確に再認識されるようになったのは，1980年代中頃以降であった。しかし，その一方で，経済学におけるフォーマル化が進展したのも，その時期であり，それ以降の経済学は数学的精緻化が学会を席巻していった。そのため，ベルグソン哲学を背景とした「直感的認識」に対す

る逆風が形成された。社会のエトスは直感的認識によって捉えられることが多いが，そうした直感的認識というものはフォーマル化が困難なものが多く，そのために，理論的には評価を得られないという現象を発生させるに至った。かつてヨゼフ・シュンペーターは「経済学においては理論以前の直感的認識（ビジョン）が重要である」と指摘したが，こうした「ビジョン」が経済学的には高い評価を得られない環境となったのである。こうした環境は，ロビンソンが「危機」と称した状況を打開する上で中心的な役割を果たしたソースティン・ヴェブレンにはじまる制度主義によって形成されたともいえる。制度主義の下で，経済学者は，現実の経済社会の制度的諸条件を論理的，数学的な枠組みをもつ分析視点の下で，謙虚に，創造的に集約し，その社会的含意を見極めようとする作業を再開したのである。こうした一連の歴史的変遷はまさにアイロニーである。

　経済学は，この世において有限な資源から，いかに価値を生産し分配していくかを分析・研究する学問である。総じて社会全般の経済活動が研究・分析の対象であり，現在では，資本主義・貨幣経済における人，組織（いわゆる「経済主体」）の行動を分析・研究対象とするものが中心となっている。また，人類学（経済人類学），社会学（交換理論），政治学（公共選択論・合理的選択論）と隣接する学際領域である交換，取引，贈与，負債など必ずしも貨幣を媒介としない「価値」をめぐる人間関係・社会の諸側面，哲学・思想的考察の対象となっている労働，貨幣，贈与も分析・研究対象に組み込まれており，また，経済システムの働きに深く関わる部分については経済思想と呼ばれるなど，その守備範囲は極めて広いといえる。

　しかし，経済学は，その誕生が社会政治問題と不可分であったことから政策への提言として社会へ関わる機会が多く，19世紀以降は，社会的な判断において経済学は不可欠の存在となってきている。また，社会問題を対象としている性質から，最終的に社会的不幸を予測する理論も多々生まれ「沈鬱な学問」とも呼ばれている。古典力学などと違い，社会全体の動きを対象としている場合があるため，実験が不可能な分野が多いが，これは経済学の成り立ちに照らして考えると，極めてパラドクシカルな側面であるといえよ

う。また，理論的な精緻化が，現実社会の分析から経済学自体を乖離させる側面もある。この点について，先に紹介したケインズは，「経済政策を提起するものは，現実に対し絶えず十分な知識をもつ努力をしなくてはならない。しかし，過去の理論の奴隷でありがちな経済学者は，しばしば自分の理論で現実を割り切ってしまうものである。」と指摘している。

　理論的整合性，精緻化は，時として学術的進化に傾倒し，現実社会を分析するツールとしての機能性が第二義的な扱いを受けることがある。学術的な精緻化は，経済学の現実社会分析ツールとしての機能性を高め，その有効性を拡延するものではあるが，精緻化は現実からの乖離を招来したり，数式を用いたフォーマル化がなされていないアイデアを排除したり，といった本来の目的からの逸脱も散見される。しかし，本来的な目的からすると，現実と理論との間のフィードバックのプロセスは不断に続けられなくてはならないはずであり，ジョン・ヒックスが「理論は実証分析の召使いである」と指摘しているように，現実社会から乖離した経済学というのも，存在に矛盾を孕んでおり，逆説性を禁じ得ない。

　本書の著者であるポール・R・クルーグマンは，こうした経済学における逆説性に異を唱えると共に，その一方で，従来の理論的「定理」，「命題」の検証，修正に精力的に取り組んでいる経済学者の一人である。その意味で，クルーグマンの研究は大きな波紋を学界に幾度も投げ掛けてきた。そうしたクルーグマンの試みは，1991年には，米国経済学会が40歳以下の傑出した研究者に与える「ジョン・ベイツ・クラーク賞」の受賞という形で評価されてもいる。クラーク・メダルの受賞者の多くが，その後ノーベル賞を受賞していることから，ノーベル賞の登竜門とも呼ばれており，このことは，クルーグマンが学界において一定以上の評価を得ているという証左でもある。

　本書はクルーグマンの『*Currencies and Crises* (The MIT Press, 1992.)』の全訳である。同書はクルーグマンの国際経済分野における論文集2冊のうちの国際金融分野を取りまとめたものである。もう1冊は国際貿易分野の論文集で『*Rethinking International Trade* (The MIT Press, 1990.)』（『国

際貿易の理論』文眞堂，2001年）である。筆者にとって，クルーグマンの著作の翻訳は，1995年に上梓した『戦略的通商政策の理論』(*Strategic Trade Policy and the New International Economics*, The MIT Press, 1989)，『経済発展と産業立地の理論』(*Development, Geography, and Economic Theory*, The MIT Press, 1995.) を含めて本書で4冊目（いずれも文眞堂刊）となる。

著者であるクルーグマンは，1953年に米国ニューヨーク州オルバニーに生まれ，1974年にイェール大学を卒業後，MIT（マサチューセッツ工科大学）大学院に進学し，1977年に経済学博士（Ph.D.）を取得している。博士号取得後は，母校イェール大学の助教授として研究者の道に入り，MITで準教授，教授を務めた後，スタンフォード大学に教授として転出した。その後，再びMITに戻り，C・P・キンドルバーガー，R・ドーンブッシュ等の国際経済学分野における碩学の後を受けてMITにおけるフォード財団寄附講座担当教授（Ford International Professor of Economics）に就任した。現在はプリンストン大学教授として活躍している。

クルーグマンの研究業績については，既に広く知られており，ここで再録はしないものの，いわゆる理論経済学の分野のみならず，空間，複雑系に至る新しい領域においても精力的な研究業績を残しており，また，経済学に留まらず広く社会批評，政治批評までも含むマルチ・タレントであり，その論考には少なからぬ影響力を有する経済学者の一人であることは間違いない。本書は，そうしたクルーグマンの業績の中では，国際金融分野の理論的研究を集めた論文集であり，いわゆるテキスト等のような体系的な構成はとっていないものの，『*Rethinking International Trade* (The MIT Press, 1990.)』同様に既存の理論の体系的検証と命題の修正とを含む「新しい国際金融理論」の提起の試みであり，現実妥当性の検証と実証化の試みは，本書を貫くテーマであるといえる。特に，債務問題を取り扱った部分は，クルーグマン自身がCEA（米国大統領経済諮問委員会）のスタッフ・エコノミストとして担当した分野でもあり，他の部分とは異なったリアリティも感じられる。もちろん，原書をそのまま読まれることをお勧めするが，本書を通じて読者

がクルーグマンの試みに多少とも触れることができれば，訳者としては望外の喜びである。細心の注意を払って訳出を試みてはいるものの，訳文が生硬であったり，読み難い箇所，あるいは誤訳も残されているかも知れない。それらは全ては筆者の責任に帰するものである。この点については，読者諸賢の叱責をお受けしたい。

　最後となったが，本書に限らずご指導を賜ってきた方々にこの場をお借りしてお礼を申し上げたい。まず，筆者のとっての原点である恩師である久保田順立教大学名誉教授にお礼申し上げる。久保田教授との出会いが，いまある筆者の原点であり，折にふれていただいたアドバイスに大きな影響を受けてきたことは間違いない。しかし，本書の翻訳・編集作業中，2006年7月まだ梅雨明けぬ日，突然恩師の訃報を耳にすることとなった。ほんの少し前に奥様と久保田先生のお話をさせていただいたばかりで，俄に信じ難いことであった。「偲ぶ会」の開催など，事実を受け容れざるを得ない，その事実と直面させられる機会を経た今も筆者は，その事実に当惑している。その久保田教授が病に倒れられて以降，羅針盤を失った筆者を厳しく指導し，導いて下さっているのが三戸公立教大学名誉教授である。特に，ここ数年は三戸教授の暖かいお人柄から，幾度も励まされたことは間違いない。いまなお日々研鑽される三戸教授の研究に対する厳しいご姿勢には頭が下がる思いでいる。こうした恩師との出会いは，何ものにも代え難いものであることは言を待たない。その全てに心よりお礼申し上げる。

　学生時代の恩師の訃報に加え，筆者は留学時代にお世話をお掛けしたイェール大学のジェームス・トービン名誉教授の訃報という悲しい知らせも耳にすることとなった。80歳を超えても変わらぬ活躍を続けてこられたトービン教授の訃報は，筆者にとっては衝撃でもあった。当たり前のように感じてきた存在が突然なくなることの喪失感とでも形容すればいいのか，適当な表現が思い付かない。その偉大過ぎる業績にただただ頭が下がるばかりである。ただ，トービン教授に関することで筆者が後悔の念を禁じ得ないことがある。それは，トービン教授が提案したことから命名された「トービン・タックス」についてのことである。生前トービン教授とのやり取りの中

で，いわゆる「トービン・タックス」として名称は紹介されているものの，その内容が教授の意図するものとは違った形で紹介されることがある。そこで，教授ご自身が書かれたもので，その意図を正確に伝えたいというご提案をし，トービン教授から関連する論文を何本か直接いただいていたことである。近いうちに，そのお約束は果たしたいと考えている。

コロンビア大学のヒュー・パトリック名誉教授は，いまもコロンビア大学のセンター運営にご活躍のご様子で，時折いただくお便りから，留学時代と変わらぬ励ましのお言葉をいただいている。パトリック教授には，学術的な指導のみならず，広く留学生活全般にわたる暖かいご指導を賜ったことはいまも忘れられない。メリーランド大学のトーマス・シェリング教授については，本書翻訳の過程で，ノーベル賞受賞という朗報を耳にすることができた。長年にわたるシェリング教授のご研究に対して与えられた栄誉であり，我がことのような喜びを感じている。ただ，シェリング教授のご研究の成果は，現時点ではあまり日本語で読むことはできない。筆者も『国際経済学 (International Economics)』(時潮社，2000 年) を翻訳させていただいたが，今回の受賞に関連するご業績についても近く是非日本語でご紹介させていただきたいと願っている。

このほかにも，スタンフォード大学時代には，ダニエル・オキモト教授，スティーブ・クラズナー教授 (現在は，米国国務省政策企画室長)，ジョン・ショーベン教授，ジョン・テイラー教授等，貴重なお時間をいただいてご教示いただいた。調査という仕事を通じてご教示を受けた矢野経済研究所の水越孝社長，杉本武巳役員ほか，スタッフの方々にも感謝している。また，吉田恒昭東京大学教授には，折にふれてお声をお掛けいただき，研究機会をいただいたりした。残念ながら力及ばず，貢献するには遠く及ばないが，いつかご期待にそえるようになりたいと思っている。本書の編集過程では，筆者の最初の指導学生であった小原恵美理さん，現在筆者の研究室に所属している小澤崇宏君，大田口絢子さん，長嶺孝一君にもご協力をいただいたことも忘れてはならない。

筆者は現在芝浦工業大学で教鞭を執らせていただくと共に，大幅なカリ

キュラムの見直し・再編と，学部・学科の再編とに関与させていただいている。大学の置かれた厳しい状況，将来に向けての大学のあり方など，担当者として，関与してみてはじめて経験できることも多い。得難い経験をさせていただいている。その機会を与えられた上村智彦工学部長にもこの場をお借りして感謝申し上げたい。ここにお名前をご紹介できなかった方々にもさまざまな形でご教示をお受けしており，心よりお礼申し上げる。

さて，本書の翻訳も，文眞堂の前野隆氏の手によるものである。厳しい出版事情の中も，筆者に出版機会を与えられた同社と，前野隆氏に感謝申し上げる。また，さまざまな遅延により，出版時期が遅れ，大変ご迷惑をお掛けした。その点は深くお詫び申し上げる。しかし，本書がこうして形となったのは，前野隆氏の励ましがあったればこそであり，本書完成の最大の功労者は，ほかならぬ氏であると筆者は考えている。心よりお礼申し上げる。

最後に私事にわたるが，筆者がクルーグマンの翻訳を最初に手掛けた時は独身であった。2冊目の時には結婚して長女が生まれ3人の家族となり，3冊目には長男が誕生し4人家族，そして4冊目となる本書を手掛けている現在は次女を含めて5人家族となった。時間の経過を感じずにはいられない。筆者がこうして多くの時間を仕事に，研究に投入することができているのは，妻美樹の存在を抜きには語れない。また，家族の支えがあったからこそ，本書を上梓することができたと考えている。本書の完成を家族に報告すると共に，これを捧げる。

2007年　陽春　大学の研究室にて

高　中　公　男

索　引

ア行

アジャスタブル・ペッグ制　240, 245, 251
EMS　10, 233, 240, 245, 251, 252, 253, 254, 257, 258
一方的債務削減措置　192
インフレーション（＝インフレ）　14, 29, 34, 40, 41, 42, 45, 46, 92, 165, 238, 246, 253, 255, 257, 258

カ行

外貨準備　9, 86, 96, 97, 98, 100, 101, 102, 103, 104, 122, 123, 124, 126, 127, 128, 129, 130, 131, 133, 134, 174, 175, 176, 177, 178, 183, 185, 188, 189, 190, 204, 205, 232, 233, 234, 238, 243
価格・正貨流出入機構　96
貨幣　91, 95, 215, 218, 243, 244, 248, 251, 252
為替レート　1, 5, 6, 7, 9, 10, 14, 19, 22, 23, 24, 25, 29, 40, 42, 43, 45, 47, 48, 58, 59, 61, 85, 86, 87, 88, 91, 92, 93, 94, 95, 96, 97, 101, 102, 103, 104, 106, 107, 109, 110, 111, 112, 115, 119, 120, 123, 124, 125, 126, 127, 129, 130, 131, 132, 133, 134, 135, 136, 137, 138, 139, 140, 221, 230, 232, 240, 242, 245, 246, 247, 248, 253
　実質──　5, 20, 21, 22, 31, 32, 34, 36, 39, 40, 41, 42, 43, 46, 47, 48, 61, 62, 64, 65, 66, 67, 70, 71, 72, 73, 77, 81, 129
　名目──　7, 20, 21, 24, 25, 34, 37, 39, 40, 41, 42, 44, 45, 46
　固定──　12, 13, 38, 87
規模経済　217
規模の経済性　221, 222
キャピタル・フライト　9, 55, 58, 170, 210
協調的債務削減策　209, 210, 211, 212
協調融資　167, 168, 169, 170
金平価　135, 140

金本位制モデル　132, 138
金融政策　29, 30, 38, 107, 108, 253, 261, 262
経常収支　8, 24, 27, 28, 42, 47, 60, 88, 91, 101, 262
　──危機　85, 86, 87, 96, 99, 100, 102, 103
　──操作　24
　──不均衡　19, 20, 21, 31, 41, 42, 46, 47
減価　138
国際経済　19
国際収支　27, 28
固定相場制　1, 9, 10, 25, 42, 85, 94, 106, 245, 247, 249, 250, 253, 254, 256, 257, 260

サ行

債権　194
　──国　12, 145, 146, 147, 148, 149, 150, 151, 152, 153, 154, 155, 156, 157, 160, 164, 165, 167, 168, 169, 170, 171, 172, 173, 174, 176, 177, 178, 181, 184, 185, 186, 187, 188, 189, 193, 195, 198, 200, 201, 203, 204, 205, 209, 210, 211, 212
債券　179, 185
最適通貨圏アプローチ　246, 248, 252
債務　11, 145, 146, 147, 148, 149, 150, 151, 152, 155, 156, 157, 158, 159, 161, 162, 163, 164, 165, 166, 167, 168, 169, 170, 171, 172, 173, 174, 175, 176, 177, 178, 179, 181, 182, 183, 184, 185, 186, 189, 191, 193, 195, 196, 197, 199, 200, 201, 203, 205, 206, 207, 208, 209, 210, 211
　──買い戻し　166, 175, 176, 177, 178, 180, 181, 183, 184, 185, 186, 198, 199, 200, 201, 203, 204, 205, 208, 209, 211
　──完済　186, 187, 193, 195, 202
　──危機　11, 47, 167,
　──国　4, 11, 12, 145, 146, 147, 151, 152, 153, 154, 157, 158, 159, 160, 161, 162, 163, 164, 165, 166, 167, 168, 169, 170, 171,

索　引　277

　　　　　173, 174, 175, 177, 178, 179, 180, 181,
　　　　　183, 184, 185, 186, 187, 189, 190, 191,
　　　　　192, 193, 194, 196, 197, 198, 199, 200,
　　　　　201, 202, 203, 204, 205, 206, 208, 209,
　　　　　210
　　──削減　4, 5, 12, 173, 175, 179, 181, 188, 189,
　　　　　191, 192, 193, 194, 196, 198, 201, 203,
　　　　　204, 206, 207, 208, 209, 212
　　──支払　192
　　──超過　145, 146, 148, 149, 155, 158, 163,
　　　　　165, 171
　　──超過問題　147, 163
　　──の株式化　12, 166, 181, 182, 183, 184, 185,
　　　　　192, 204, 206, 207, 208, 209
　　──返済　26, 146, 147, 148, 149, 150, 151, 156,
　　　　　159, 160, 167, 170, 177, 179, 193, 195,
　　　　　204, 207, 209
　　──免除　11, 145, 146, 153, 155, 157, 158, 159,
　　　　　160, 162, 164, 165, 166, 171, 172, 175,
　　　　　178, 181, 182, 185, 186, 187, 191, 192,
　　　　　193, 195, 198
　　──ラッファー曲線　12, 173, 185, 186, 188,
　　　　　190, 195, 196, 197, 198, 210, 211, 212
財政政策　20, 24, 25, 33, 39, 41, 47, 48, 261, 263
財政収支　28, 29, 31, 47
Ｊカーブ効果　55, 58, 59, 61
市場志向型債務削減策　192, 209, 210
資産　45, 63, 115, 116, 184
　　──転売　57
資本　39, 45, 57, 103
　　──流出（＝キャピタル・フライト）　102,
　　　　　103, 183
　　──流入　45, 55, 56, 57, 59, 62, 182, 183, 208
支出弾力性　53, 54
証券化　166, 178, 179, 180, 182, 183, 184, 185,
　　　　　186
所得弾力性　53, 64, 65, 67, 68, 69, 70, 71, 73, 74,
　　　　　77, 78, 80, 81, 82
信認　58, 108, 119, 120, 121, 123, 139, 216, 241,
　　　　　242, 245, 246, 247, 252, 257, 260, 261
　　──回復　86, 87, 102
　　市場の──　58
政策協調　241, 242, 246, 252, 253, 261, 262
請求権　146, 154, 155, 158, 159, 160, 162, 164,

　　　　　168, 169, 171, 172, 182, 185, 189, 193,
　　　　　195, 198, 200, 202, 203, 207, 210
ソブリン・リスク　145

タ行

ターゲット・ゾーン　5, 10, 106, 107, 108, 109,
　　　　　110, 111, 112, 113, 114, 115, 116, 117,
　　　　　118, 119, 120, 121, 123, 128, 136, 137,
　　　　　138, 139, 140, 245
中央銀行　4, 85, 121, 129, 130, 135, 140, 170, 182,
　　　　　183, 208, 218, 219, 232, 233, 247, 253,
　　　　　254, 255, 256, 257, 260, 261, 262
　　──の役割　257
調整メカニズム　20
通貨統合　241, 242, 243, 244, 248, 250, 252, 253,
　　　　　255, 261, 263
デフレーション　34, 40, 41, 42, 46, 246
動学的行動　91, 94
投機　87, 96, 98, 102, 129, 138, 140, 141, 230
　　──的攻撃　9, 10, 86, 87, 98, 99, 100, 102, 103,
　　　　　122, 123, 126, 127, 128, 129, 130, 131,
　　　　　132, 133, 134, 135, 137, 138, 139, 140,
　　　　　141, 245, 247
ドル化　215

ハ行

覇権
　　──安定論　255
　　──国　225
不胎化介入　123, 126, 136
ブラッドレー提案　145
ブレイディ提案　12, 191, 201
フロート制　89, 107, 112, 124, 125, 134, 136, 237,
　　　　　245
変動相場制　9, 10, 13, 91, 246, 247, 249, 253, 255
ベーカー提案　145
貿易収支　6, 21, 27, 28, 29, 31, 34, 39, 45, 48, 49,
　　　　　50, 59, 61, 66, 88

マ行

マネーサプライ　38, 91, 97, 108, 109, 110, 112,
　　　　　116, 117, 118, 124, 125, 126, 128, 129,
　　　　　130, 132, 133, 136, 138, 140
モラル・ハザード　175

ヤ行

45°ルール　65, 73, 74, 77, 78, 80, 81

ラ行

リンダー効果　35

訳者紹介

高中公男（タカナカ　キミオ）

1961 年　東京都に生まれる
　　　　立教大学経済学部経済学科卒業
現　在　芝浦工業大学工学部
著　書　『多国籍企業論』谷沢書房，1991 年
　　　　『日米相互依存の経済学』ダイヤモンド社，1993 年
　　　　Foreign Direct Investment in the United States, Jicho-sha, 1993.
　　　　『貿易の理論と政策』時潮社，1997 年
　　　　『世界経済の戦後構造』時潮社，1998 年
　　　　『開発経済学研究』時潮社，1998 年
　　　　『外国貿易と経済発展』勁草書房，2000 年
　　　　『海外直接投資論』勁草書房，2000 年
　　　　Essays in International Economics, Jicho-sha, 2001.
　　　　『アジアの経済成長と貿易戦略』日本評論社，2001 年
　　　　『居住性技術の現状と将来展望』矢野経済研究所，2005 年，他
訳　書　J. トービン著『国際マクロ経済』勁草書房，1990 年
　　　　S. クラズナー著『日米経済摩擦の政治経済学』時潮社，1995 年
　　　　P. クルーグマン編『戦略的通商政策の理論』文眞堂，1995 年
　　　　R. ドーンブッシュ＝L. H. ヘルマース編『国際マクロ経済学』時潮社，1997 年
　　　　T. シェリング著『国際経済学』時潮社，1997 年
　　　　P. クルーグマン著『経済発展と産業立地の理論』文眞堂，1999 年
　　　　R. ドーンブッシュ著『国際マクロ経済学』勁草書房，2000 年
　　　　P. クルーグマン著『国際貿易の理論』文眞堂，2001 年，他

国際金融の理論

2007 年 5 月 10 日　第 1 版第 1 刷発行　　　　　　　　　　検印省略

著　者　ポール・R. クルーグマン

訳　者　高　中　公　男

発行者　前　野　眞　太　郎

発行所　東京都新宿区早稲田鶴巻町 533
　　　　株式会社　文　眞　堂
　　　　電話 03（3202）8480
　　　　FAX 03（3203）2638
　　　　http://www.bunshin-do.co.jp
　　　　郵便番号（162-0041）振替00120-2-96437

組版／印刷・モリモト印刷　　製本・イマキ製本所
© 2007
定価はカバー裏に表示してあります
ISBN978-4-8309-4584-7　C3033